60TH ANNIVERSARY OF
INSTITUTE OF LAW, CASS

法治国情与法治指数丛书

主　编／田　禾　吕艳滨

中国政府透明度
（2009~2016）

吕艳滨　田　禾／著

Government Transparency in China

(2009-2016)

社会科学文献出版社
SOCIAL SCIENCES ACADEMIC PRESS (CHINA)

法治国情与法治指数丛书
编辑委员会

丛书序

2018 年是中国社会科学院法学研究所建所 60 周年。时光如白驹过隙，一个甲子转瞬即逝。在此期间，我们有幸成为法学研究所的一员，在这个平台上耕耘收获，见证了法学研究所的风雨历程。2003 年，法学研究所第一次推出了"法治蓝皮书"，这是一本盘点当年中国法治发展成效、总结存在问题的学术图书，至 2017 年已经出版了 15 本。为纪念法学研究所建所 60 周年，让更多的人认识和了解"法治蓝皮书"，蓝皮书工作室特推出"法治蓝皮书"精选本 12 卷，以飨读者。

"法治蓝皮书"是社会科学文献出版社皮书系列大家庭中的一员，是法学研究成果传播的重要平台。它忠实记录了中国法治的发展，为中国乃至世界提供了一个了解中国法治的渠道，也为法学研究者、法律工作者提供了一个展示其观点的平台。"法治蓝皮书"发展到今天，以其强大的影响力推动着中国法治方方面面的进步。

"法治蓝皮书"是一个新生事物，并无可资借鉴的经验和道路。创刊以来，在历任主编的不懈努力下，"法治蓝皮书"希冀找到一条最为合适的道路，最终，它成功地从数百本皮书中脱颖而出，成为最具影响力的皮书之一。

回顾"法治蓝皮书"走过的道路，令人唏嘘。如何充分发挥法学研究所的作用，用蓝皮书这样一种传播方式，指点江山、挥斥方遒，用学术力量影响和改变中国一直困扰着我们。2006 年，我正在日本早稻田大学比较法研究所访学时，收到李林所长的一封邮件，大意为征询我是否有兴趣来做蓝皮书的工作。做蓝皮书需要奉献，是公益性的，接下这个工作不仅要付出大量的时间和精力，且其不在学术评价体系之内，成败难料，可我鬼使神差，却接下了这个艰巨的任务，我想李林所长当时一定也大大地松了口气。

作为一本法学专业图书，"法治蓝皮书"受众有限。说它权威吧，不如全国人大、最高人民法院、最高人民检察院的工作报告；说它时效强吧，赶不上一些法制专业传媒，政府部门、司法机关也不把法学学术研究机构当回事，经费短缺，无米下炊。当时，"法治蓝皮书"要想在数百本皮书里崭露头角真是一件很难的事。虽然困难重重，但也并非没有干事的动力。改革开放以来，中国社会经济发生了翻天覆地的变化，这带来了社会分化，引起社会心理变化。今天，社会矛盾增多，不信任感增强，贫富差距拉大，道德失范行为增多，对国家治理、社会治理形成了很大的挑战。在这种复杂的形势下，需要一种机制来凝聚共识，维护社会的秩序、公平和安全，社会才能继续进步。法治就是这样一种具有广泛共识的治理模式，是社会治理的最大公约数。一个人无论他属于那个阶层，无论他在改革中是受益者还是受损者，都希望以某种机制来维护和保护自己的利益，也就是说法治为权力运行和利益分配设置了基本底线。法治并不是一个非常复杂的制度架构，其基本含义非常明确：有良法，必须反映广大人民的意志和利益；法律应得到实施，无论是公权力机关还是老百姓都应遵法守法；法律应当公开透明，使人们的行为具有可预期性，减少社会矛盾和交易成本。正是因为法治具有以上功能，它成为中国目前治国理政的最有效方式，是国家治理体系和治理能力的基本依托。

"法治蓝皮书"正是在这样的认识基础上追寻自身的奋斗目标的。"法治蓝皮书"不是一个旁观者，而是一本广泛"在场"、深度参与社会生活的学术著作。为了实现这样的目标，需要创新方法和探索路径。基于自身的特点，"法治蓝皮书"确定了几条基本原则。

首先，"法治蓝皮书"应以全新的姿态出现。"法治蓝皮书"的正式名称又叫"中国法治发展报告"，因此"法治蓝皮书"的所有内容都与中国法治的理论与实践紧密相连，有泥土芬芳、草根味道，摒弃"假大空""高大上"，以及自说自话、自娱自乐，自我搭建宏大"理论体系"的研究方式。

其次，"法治蓝皮书"应以制度运行为分析重点，并非聚焦个案，不讲故事，不声泪俱下地控诉，不冷冰冰地"拽"概念、做文字游戏，而是以应有的人文关怀，挖掘故事后面的场域、逻辑、价值，以学者的姿态冷静地分析制度的缺陷、运行的不足，体现一个研究机构的应有功能。

再次，"法治蓝皮书"应以法治国情调研报告为重要内容，因为，国情是中国选择法治发展道路的最大考量。课题组深入基层，在工厂、农村、田间地头、村民家中访谈座谈；在各级人大、政府、法院、检察院深入调研，总结各地方、各部门法治发展的创新经验，发现法治发展存在的瓶颈问题，提出解决问题的方案，这些方案有根有据而非传统的"大力丸"。课题组成员每年在全国各地的调研出差时间可谓惊人，由此而带来的效应也非常巨大，所形成的研究报告以及这种研究方式获得了广泛认同。

最后，"法治蓝皮书"应以量化评估为核心内容，这不仅体现为法学研究范式的创新，也体现为全新的研究成果。研究部门和实务部门长期以来交集不多，各说各话。法律制度运行主体是实务部门，运行状况却很难知晓。实务部门的自我总结——功绩伟大成效显著，但民众的获得感不足是显而易见的事实。课题组大力倡导并身体力行第三方评估，对人大立法、政府依法行政、法院检察院公正司法、社会法治建设的情况进行评估，形成了若干非常有影响力的评估报告，报告不仅总结取得的成效，还非常尖锐地指出存在的问题，以至于报告每年2月通过"法治蓝皮书"发布以后，一些部门局促不安，如坐针毡，放下高居庙堂的架子，"屈尊"来到法学研究所与课题组交流，实现了研究与实务的及时沟通、理论与实践的精准对接，大大推动了相关部门的工作，也提升了法学研究的影响力。

蓝皮书本身也确立了一套标准。一般而言，学术报告很难具有社会影响，为了突破这种局限，"法治蓝皮书"认为，一篇报告一定要具备以下几个因素。一是所选用的文章一定具有问题意识，这个问题不仅在学术上有价值，在实践中也有意义。因此，"法治蓝皮书"既反对毫无原则的歌功颂德，也拒绝破坏性的批评，而是以理性和建设性的态度客观分析和总结法治状况。二是"法治蓝皮书"选用的文章一定是公权力机关关注的问题，它体现在以下两方面。一方面，它必须是公权力机关与社会服务和管理有关的问题。例如，政府信息公开、行政审批制度改革、行政执法等。另一方面，它是公权力机关的职权行为，其在依法履职时是否具有合法性的问题。上述两方面是公权力机关的职责所在，也是最受社会关注的问题。三是蓝皮书文章一定是与公众密切相关、社会公众也最为关心的问题，如环境安全、食品安全、教育、住房保障等。四是蓝皮书的文章一定是媒体非常关心的问题。在信息化时代，媒体竞争非常激烈，新、快、准、有效成为媒体的生命。在这种形势下，传统媒体逐渐式微，新兴媒体逐渐成为传播的主要渠道。信息的价值、新颖性、及时性、有效性成为媒体关注的焦点。"法治蓝皮书"的定位恰好为媒体提供了这样的平台。每年"法治蓝皮书"的发布都为媒体提供了眼花缭乱的盛宴，以至于媒体人士常常感叹，"法治蓝皮书"为什么每年只出一本，出来就呈狂轰乱炸之势？鉴于这样的情势，从2015年开始，"法治蓝皮书"开始编辑出版"地方法治蓝皮书"，是"法治蓝皮书"的姊妹篇。

正是确立了上述四条标准，"法治蓝皮书"在理论和实务中逐渐形成了巨大的影响力。常有国内外关心中国法治发展的人拿着"法治蓝皮书"登门交流，各地政府、法院也将"法治蓝皮书"对其的评价念兹在兹，甚至记入本部门年度工作报告或高悬于墙上。每当我们到基层开展国情调研，偶见"法治蓝皮书"对有关部门的评价被挂诸墙上，或记载于城市名片中时，都会会心一笑，我们确实做了一点有意义的工作。"法治蓝皮书"发布期间，会形成较大的舆情，以至于发布后的一周乃至一个月内，工作室都会用较大的精力来回应这些舆情。因为，"法治蓝皮书"并不仅仅是展示成就，还会指出某些问题，个别被指出的部门非常不满意，也难免恼羞成怒。有人会愤而质问，你们是谁啊？凭什么来评价我们？在他们眼中，一个研究机构就像吃白饭的一样，有什么资格说三道四！由于有些部门掌握资源，弄得我们的上级主管部门经常惶惶不可终日。还好，中国社会科学院确实是一个研究圣地，正如有领导所说，学者做研究，只要数据是真实的、方法是科学的、结论是可靠的、目的是建设性的，就应当允许。值得称道的是，经过数年的修炼，多数部门的傲慢已经逐渐消失，转而谦虚谨慎地来与我们共同探讨，是为一大进步。

限于人力和时间，以及作者关注的重点，"法治蓝皮书"的这 12 卷本肯定有一定的疏漏，未能详尽描绘法治的所有领域和所有细节，因为这是一个不可能完成的任务。尽管如此，"法治蓝皮书"12 卷本还是囊括了法治的重点领域和当年的重大法治事件，足以成为分析中国法治年度进展的珍贵资料，这就足够了。

这 12 卷本分别是《中国法治发展：成效与展望（2002～2016）》《中国立法与人大制度（2002～2016）》《中国政府法治（2002～2016）》《中国民商经济法治（2002～2016）》《中国刑事法治（2002～2016）》《中国司法制度（2002～2016）》《中国社会法治（2002～2016）》《中国人权法治（2002～2016）》《中国政府透明度（2009～2016）》《中国司法透明度（2011～2016）》《中国法治国情调研（2006～2016）》和《中国地方法治实践（2005～2016）》。

《中国法治发展：成效与展望（2002～2016）》收录了"法治蓝皮书"每年的年度总报告，盘点了中国法治的年度进展，是"法治蓝皮书"的精髓和最重要内容。

《中国立法与人大制度（2002～2016）》分析了中国历年的立法进展以及中国最根本的政治制度——人民代表大会制度及其主要职能、代表制度、人大监督等内容。其中，从 2014 年开始，立法指数报告特别分析了全国 31 家省级人大的立法状况，如立法的重点、程序、公开和征求意见情况等。

《中国政府法治（2002～2016）》是"法治蓝皮书"的重要内容，收录了行政审批制度改革、行政执法改革等选题。

《中国民商经济法治（2002～2016）》对历年民商经济立法、执法、司法方面的热点问题进行了分析。

《中国刑事法治（2002～2016）》分析了历年的刑事法治发展、犯罪形势及预测，并对部分重大刑事法治问题进行了研究。

《中国司法制度（2002～2016）》对中国的司法改革与进展、人民法院的改革创新、检察体制改革、法院信息化助力司法改革、中国的法律服务业等进行了总结分析。

《中国社会法治（2002～2016）》从劳动法治、社会保障法治、慈善公益法治、卫生计生法治、环境保护法治、能源法治、教育法治、体育法治、消费者保护法等方面分析了有关的热点法治问题。

《中国人权法治（2002~2016）》对历年中国在人权法治方面取得的成效进行了总结分析。

《中国政府透明度（2009~2016）》《中国司法透明度（2011~2016）》是中国社会科学院法学研究所开展法治指数评估的重要成果。其中，课题组从2010年开始，连续8年对各级政府的信息公开进行第三方评估，对这项制度的发展起到了实质性的推动作用，《中国政府透明度（2009~2016）》展示了中国在推进政务公开方面取得的成效与存在的问题。此外，课题组从2011年开始，对全国包括最高人民法院在内的各级法院和海事法院的司法公开进行评估，率先提出司法透明度的概念并付诸全国性评估，促使全国法院的司法公开有了大幅度的进步并向纵深发展；从2012年开始，课题组对全国包括最高人民检察院在内的检察院进行检务公开评估，引起了最高人民检察院和地方各级检察院的重视。《中国司法透明度（2011~2016）》收录了相关的评估报告。这些指数评估报告客观记录和生动反映了中国法治建设进程，产生了强烈反响，成为近年来法学界和法律界重要的年度学术热点。

值得一提的是，《中国法治国情调研（2006~2016》及《中国地方法治实践（2005~2016）》收入了历年来我们在各地深入调研的报告，是我们付出心血较多的研究成果。近年来，中国社会科学院法学研究所坚持理论联系实际，扎根中国法治实践开展实证法学研究。课题组依托法学研究所在全国10余个省份建立了20多个法治国情调研基地，每年参与法治国情调研的人数数百人次，就党委、政府和司法机关的人大建设、政务服务与公开、社会管理、司法改革、法院信息化等多项内容开展了深入的访谈调研。"法治蓝皮书"课题组走遍了祖国大地，我们到过经济最发达的地区，也到过一些欠发达地区，无论经济发展水平如何，人们对法治的迫切心情是一样的。各地有很多法治创新的实践，打破了法治只有西方道路"独木桥"的神话。当然，中国的法治建设还存在很多问题，我们意识到法治建设是一个漫长的过程，需要几代人的努力，万不可有毕其功于一役的超现实想法。通过总结地方经验、分析顶层设计不足，课题组将普遍性的法治理念与中国本土性的法治探索、法治实践有机结合起来，在服务国家法治决策与地方法治发展方面颇有建树。

2015 年，《立法法》修改，出于经济社会发展的需要，人大首次赋予全国 286 个设区的市以立法权。课题组在广东省调研时了解到，中山市基于扁平化管理改革，不设区。按照修法精神，中山市因未设区，可能失去立法权。全国有五个不设区的地级市，分别是广东省中山市、广东省东莞市、海南省三亚市、海南省三沙市、甘肃省嘉峪关市，它们将会受此影响。中山市地处珠江三角洲，经济总量大，社会发展速度快，亟须立法权来推进社会治理。课题组在调研之余为中山市以及其他城市向中央和全国人大建言，在各方的努力下，最终中山市获得了立法权。中山市获得地方立法权后起草的第一部地方性法规即《中山市水环境保护条例》。2015 年，水环境治理，如"内河清流和城区治涝工程"被作为中山市的"十件民生实事"之一。《中山市水环境保护条例》的立法目的是解决水环境监管工作中部门职责分工不明确、水污染防治、饮用水源保护问题。中山市带着问题立法，避免立无用之法。水环境保护涉及区域广、部门多，甚至涉及多个市，立法首先就是要解决各自为政的问题。通过立法，中山市建立了水环境保护协调机制，由环保部门统筹，各相关部门共享数据。该条例对中山市的水环境保护起到了良好作用。中山市人大还创新和夯实了基层人大代表制度，让乡镇人大代表从会期的"4 天代表"，变为"365 天代表"，使曾经被边缘化的乡镇人大逐渐站在了社会治理的中心。

在革命老区金寨，法治使当地的村级组织面貌一新。当地村级组织将公开作为工作的重要方法，以公开赢得公众信任。公开的项目囊括村级组织的各方面工作，包括村级收入、用餐、惠民资金发放使用等。按照严格的制度规定，村干部接待用餐买一块豆腐都必须进行公示，提升了基层组织的权威。

法院判决执行难一直困扰着中国司法。2016 年之前，全国法院判决得到有效执行的平均比例不高，而涉法信访则有 80% 与执行有关。地处改革前沿阵地的深圳中级人民法院为解决执行难问题，构建了解决执行难的标准体系、建设了鹰眼查控系统，率先在全国打响了基本解决执行难的第一枪。鹰眼系统实现了以下功能：银行存款的查、冻、扣，房地产查询和控制，协助有权机关查询，如人员查询、扩展查询财产种类等。课题组总结了深圳中级人民法院的经验，并向全国推广。2016 年，最高人民法院院长周强在十二届全国人大四次会议上庄严承诺，用两到三年的时间基本解决法院的执行难问题，并委托中国社会科学院法学研究所法治国情调研团队作为第三方对此进行评估。至此，全国法院掀起了基本解决执行难的热潮，可以预见，法院判决执行难将在近期有较大的改观。

杭州市余杭区是法学研究所的法治国情调研基地，课题组每年都会总结余杭的经验和创新，每年都有新的惊喜。课题组先后就余杭的诸多法治问题进行调研并形成了分量颇重的调研报告，分别是《实践法治的基层试验田——杭州市余杭区法治建设调研报告》《重建中国基层社会秩序的探索——余杭法务前置调研报告》《余杭基层法治化探索》《余杭区"大数据"推进基层治理法治化调研报告》《流动人口服务管理的法治化与现代化——余杭区创新流动治理的实践》。从这些调研报告可以看出，余杭法治建设折射出了中国法治建设的缩影，展现了中国基层法治建设的风貌。余杭的实践既有整体的宏观性思维，也有具体的区域性特点，不失为理解中国的一个样本。

在四川，"5·12"汶川地震发生后，我们抵达灾区震中，与灾民同悲共泣，发现地震相关法律问题特别多。我们翻越大雪山，进入炉霍。炉霍县位于甘孜藏族自治州中北部，是去藏抵青之要衢和茶马古道之重镇，也是第二次国内革命战争时期的革命老根据地。炉霍寿灵寺法律进寺庙的做法让人耳目一新。一个偶然的机会，调研时来到了我当知青时下乡的地方原双流县黄甲乡，并见到了当年的生产队队长刘汉洲，他虽年事已高，但精神矍铄，两眼有神，非常激动，称我是第一个离开后回来的知识青年。回乡后恍若隔世，原所在生产队、曾经居住过亮着煤油灯的小草屋已不复存在，被改革的浪潮席卷成了开发区。

2008 年我们在贵州黔东南调研，恰逢凝冻灾害发生，道路结冰，差一点就被困在黔东南动弹不得，也因此发现了中国灾害应急管理的问题和缺陷。

诸如此类，不胜枚举，虽然辛苦，收获良多。

2017年是党中央提出依法治国基本方略二十周年和中国社会科学院成立四十周年，5月17日，习近平总书记向中国社会科学院致贺信，希望中国社会科学院和广大哲学社会科学工作者，坚持为人民做学问理念，以研究我国改革发展稳定重大理论和实践问题为主攻方向，立时代潮头，通古今变化，发思想先声，繁荣中国学术，发展中国理论，传播中国思想。

习近平同志的贺信明确提出了社会科学工作者应当怎样做研究、应当为谁做研究这两个重要问题。这也是摆在社会科学工作者面前的现实问题。对学者而言，理想和现实交织并存。经过多年的学习和研究，学者的大脑中往往存在一个"理想国"，理想和现实之间存在巨大的鸿沟。面对现实中的诸多不如意，或是牢骚太盛怨天尤人，或是闭门修书不问天下之事。可以说，"法治蓝皮书"课题组在一定程度上解决了怎样做研究的问题。"法治蓝皮书"课题组长期跟踪现实，深入实际，理论与实践相结合，创新了法学研究方法和成果，取得了很好的社会效应。在为谁做研究方面，课题组目标明确，为人民做研究、为推动中国法治建设进步做研究，这也是课题组广受赞誉之处。

本丛书编辑之时，正值中国共产党第十九次全国代表大会即将胜利召开。近年来，"法治中国"概念的提出，标志着中国法治建设的理念进一步深化。党的十九大将对中国的法治建设作出新的理论指导和制度建设安排，依法治国将进一步成为中国共产党执政的基本方式，法治也将为人民带来更大的福利。如同广大的社会科学工作者一样，法治蓝皮书工作室也期待着中国共产党第十九次全国代表大会的召开，期盼着法治能够进一步奠定其社会治理的支柱性地位，不仅成为中国共产党依法执政的准则，也成为政府依法行政、法院公正司法、全民尊崇法律的标准，法治建设必将迎来新的春天。

田　禾

2017年7月17日于北京

摘　要

　　为了客观评价中国政府信息与政务公开的成效和面临的问题，中国社会科学院法学研究所课题组自 2009 年开始，连续每年开展中国政府透明度指数评估。评估坚持依法设定指标、评价客观情况、以公众需求为导向、反映现状与引导发展相结合、总体评价与突出重点相结合的理念，历年均设置相应的评估指标体系，以量化的方式，对国务院部门、省级政府、较大的市政府和部分县级政府公开政府信息的情况进行评价。回顾历年的评估结果可以发现，国家日益重视政府信息与政务公开工作，已经将公开作为管理社会的重要手段和法治政府建设的重要方面；政府信息的公开范围逐年扩大，公开行为逐步规范。同时，历年评估也指出了存在的问题，如公开理念的树立需要时间，公开标准需要细化，公开平台需要整合优化，等等。未来，深化公开工作，还需要加大宣传，完善立法，明确标准，借助信息化提高公开平台的友好性；不仅要做好结果公开，也要做好预公开，实现公开、解读、回应一体化发展。

Abstract

In order to objectively evaluate the achievements made and the problems encountered by China in the disclosure of government information and openness of government affairs, a project team of the Institute of Law, Chinese Academy of Social Sciences has been carrying out assessment of indices of government transparency in China for eight consecutive years since 2009. In the assessment, it has adhered to the principles of setting indices in accordance with law, making the assessment objectively, reflecting the current situation while guiding the future development and assessing the general situation while highlighting key points, established a new index system every year in light of the actual situation, and carried out quantitative assessment of the disclosure of government information by various departments under the State Council as well as by provincial-level governments, governments of larger cities, and some county-level governments. A review of the assessment results in the past eight years shows that the state is attaching more and more importance to the work of disclosure of government information and openness of government affairs and has taken it as an important means of social governance and construction of a law-based government. The scope of disclosure has been expanding every year and the procedure of disclosure gradually standardized. Meanwhile, the annual assessment has also exposed some problems: the consciousness of openness among government officials still need to be strengthened, the standard of openness to be further elaborated, and the platform of openness and disclosure to be integrated and optimized. In the future, China should further deepen the work of openness by strengthening publicity, improving legislation, elaborating standards, increasing the user-friendliness of platforms of disclosure through informatization, and attaching equal importance to both disclosure of results and disclosure in advance, so as to realize the integrative development of the mechanisms for the disclosure and explanation of government information and for the response to requests for the disclosure of government information.

目　录

Content

导论　公开——一种全新的政府治理视角

　　公开透明是法治的基石。1766 年，瑞典制定《关于著述与出版自由的 1766 年 12 月 2 日之宪法法律》，开 "信息公开法" 之先河。该法废除了以往对出版物的事前审查，允许自由印刷并传播政府文件。1966 年，美国出台《信息自由法》（*Freedom of Information Act*），允许任何人（any person）在毫无利害关系的情况下即可申请联邦政府机关公开政府信息。20 世纪 90 年代后世界信息公开立法呈现加速趋势，世界各国纷纷推动政府的公开透明。对于为什么要制定政府信息公开法，人们更多讨论的是要保障公民的知情权或者信息权。进一步说，公民作为国家的主人有权知悉并可以传播各类不涉及秘密的官方信息，这被作为一项基本人权，明确地写进了澳大利亚、韩国等国的政府信息公开法中，一些有关人权的国际公约中对此亦有规定，如《世界人权宣言》《公民权利和政治权利国际公约》《国际更正权公约》等①。可以毫不过分地说，保障知情权是制定政府信息公开制度的逻辑起点和最终目标，这无论是在立法中，还是在理论研究上都已经几无争议。但还必须看到，随着社会的发展，政府信息公开透明的作用正在逐步发挥，已经绝非保障知情权那么简单。

---

① 《世界人权宣言》第 19 条规定："人人有权享有主张和发表意见的自由，此项权利包括持有主张而不受干涉的自由，和通过任何媒介和不论国界寻求、接受和传递消息和思想的自由。"全文见《世界人权约法总览》，四川人民出版社，1990，第 960~964 页。《公民权利和政治权利国际公约》第 19 条第 1 款规定："人人有自由发表意见的权利，此项权利包括寻求、接受和传递各种消息和思想的自由。"全文见前揭书，第 972~985 页。《国际更正权公约》序言称，"力望实施其全国人民获享充分及翔实报道之权利"。

一 以公开促进政府权力运行转型

公权力运行的模式经历了一个从统治、管理到治理的演进过程。"统治"是农业社会的产物。农业社会以家庭为基本生产单位，土地等自然资源在经济社会发展中具有基础性的作用。社会流动性差，社会处于相对封闭状态，"鸡犬之声相闻，老死不相往来"。民众自给自足，只存在少量的满足生活生产需要的交易。皇权是社会管理的强大后盾，国家采用的是家长式管理模式，具有单向性特点，社会公众只是被动接受管理。命令、指挥、强制是国家管理社会的主要手段，国家依靠强制力只需单方面发布命令，强制公众服从，就可以达到维护社会秩序和国家正常运转的目的。由于信息的不对称和知识的垄断，公众缺乏作出自我判断的足够能力，普遍对政府和公权力无比敬畏。

"管理"是工业社会的必然要求。工业社会以工业生产为主导，资本具有不可替代的作用，以科学技术高度发达、生产效率全面提高、社会分工精细等为主要特征。工业生产的规律充分延展到社会政治生活之中，流水线式的生产和生活方式要求社会成员有严格的社会分工，有纪律、守秩序、守规则、接受管理、服从安排是国家对社会成员的基本要求。在工业社会，虽然社会成员开始掌握更多的知识，政府的权威在一定程度上受到质疑，但社会成员对决策的参与和影响力仍然非常有限，人们只是社会运转中的某个配件或螺丝钉，除了对自身福利等提出一定要求，如要求改善待遇、劳动条件、同工同酬、男女平等等以外，很难参与国家的治理，更谈不上对政府运行方式和国家发展趋势作出贡献。

治理则是后工业社会的要求。后工业社会又称知识社会，是一个与信息的收集、传递、利用等有密切关联的时代，绝大多数劳动者从主要加工制造物品转变为主要创造、开发和利用信息。后工业社会中，信息正在逐步取代资本而成为重要的资源，信息的传递和知识的传播成为推动社会发展的最主要动力，并打破了知识的垄断，社会成员的主体地位明显提升，希望并有能力参与和影响决策，传统上单向运行的权力模式难以维系。我国地域广阔，各地所处发展阶段不同，总体上还处于农业社会、工业社会、后工业社会并存的社会发展阶段，政府治理的情况更为复杂。

公权力运行的三种模式具有不同的特点。强调"统治"的政府运行模式扎根于社会的等级差别，以维护社会的等级秩序为终极目标；而强调"管理"的政府运行模式则强化对社会的管理，以政府作为管理的主体并处于核心地位，以个人、社会组织为被管理的对象，以追求效率为政府管理的最终目标。上述两种模式都以国家的强制力为保障，以统治者和管理者与个人、社会组织之间的鲜明界限为特征，强调统治者、管理者与被统治者、被管理者之间权力运行的单向性。而治理虽然仍旧将维护社会秩序、追求社会发展效率、维护社会公平与正义作为重要的目标，但是，政府还需要更好地解决市场失灵和政府失灵的问题。权力运行已经不能以无视个人、社会组织的存在为条件，不能只注重权力运行的单向性和直线性，而更需要关注个人、社会组织的多元需求、多重意愿，在权力运行方式上需要的是政府与个人、社会的合作，而不是单方对公众发号施令，让其被动服从。

治理是一种运用制度维持秩序的活动和过程，即为最大限度地增进公共利益，满足公民的需求，在各种不同的制度关系中运用权力去引导、控制、协商和规范公民的各种活动。治理与统治、管理的最大区别不在于否定权威和权力在其中的作用，也不在于放弃维持正常的社会秩序的目的，而在于两者在理念与过程上存在的差异。治理体现的是协商与合作的原则和过程，政府与权力都不是唯一的权威，治理过程不仅仅依靠自上而下的权力运行，而更多地依靠政府与公众、社会组织的互动、共同参与和平等协商①。"治理意味着'统治的含义有了变化，意味着一种新的统治过程，意味着统治的条件已经不同于前，或是以新的方法来统治社会'。"②

后工业社会的到来为人们提供了高效便捷的信息传播手段，加速了知识的传播和普及。信息不再像过去那样被政府所垄断和控制。面对海量的信息，公众自主性不断增强。公众掌握了信息，也就掌握了知识，不再盲

---

① 参见俞可平主编《治理与善治》，社会科学文献出版社，2009，第5~6页。
② 俞可平主编《治理与善治》，第31页。

从于他人的说教，而倾向于用自己的判断去认识世界和改造世界。第四媒体和第五媒体的普及更改变了信息传播的单向性特点和信息传播为政府和传统的大众传媒所垄断的状况，令言论表达与互动更加便利，推动整个社会从封闭走向开放。政府对某个观点、意见或需求的无视，不仅仅会招致个别行政相对人的不满，也可能被媒体迅速放大引发全社会的质疑、非议乃至不信任。无视公众的意见、建议还可能导致其决策缺乏科学性和实施的民众基础。一些重大决策不与公众进行充分的沟通和必要的协商、没有取得公众认同，很难得到公众的支持，也很难得到有效的执行。即便政府依靠国家强制力作为后盾，强行推行其决策，也往往会遭受公众的质疑、反对乃至抵制，并造成政府与公众之间的对立，动摇政府治理的权威性乃至合法性。"信息化对于推动'新行政法'的生产和发展起了特别重要的作用。……在很多情况下，行政机关想不公开、不让公众参与都不可能，想神秘也神秘不了。信息化为'阳光政府'提供了现实的条件。"① 当然，促使治理社会的方式由命令服从转向协商合作的因素很多，其中民主法治发展起到很重要的作用，但信息传播的日益公开便利无疑为其提供了不可或缺的物质基础和客观条件。

随着信息在社会经济发展中的基础性作用越来越明显，公众最大限度地获取信息的需求也日益旺盛，政府必须积极主动地公开其掌握的信息，不断提升自身管理的透明度。反过来，政府透明度的提升在一定程度上会束缚政府的手脚，对治理提出更高的要求。首先，信息的快速传播决定了政府必须要及时应对瞬息万变的社会情况，能够对各种事态的发展作出及时的权威回应，包括准确、及时、全面、有效地与公众进行沟通，向其提供各种信息。任何滞后、回避都可能给政府治理带来严重的后果，丧失处置各种事件的最佳时机，最终使政府公信扫地。其次，信息的公开透明正在挑战政府固有的管理模式。信息的公开透明使公众获取信息更加容易，其知识普及程度逐步提高，越来越有能力、有意愿参与政府决策，不再甘于被动接受政府指令，传统上命令、强制、单向性服从的管理模式已经很

① 姜明安：《把握社会转型趋势 加强对"新行政法"的研究》，载姜明安主编《行政法论丛》第11卷，法律出版社，2008，第11页。

难适应政府治理的需要。最后，信息的公开透明也使得政府处于公众的监督之下，成为被公众监控的对象。政府必须谨慎行事并规范和约束自身行为，任何越轨和不规范都可能遭到公众舆论的严厉抨击，并危及自身的合法性。

二 以公开提升政府公信力

在现代社会，公众的知识水平有了质的提升，政府要想维护自身的公信力，就必须付出比传统社会更多的努力和更高的代价。加强信息公开，充分有效地运用信息进行治理，成为提升政府的权威和公信力不可或缺的方式和途径。维持政府的公信力除了要求政府言必行、行必果且不朝令夕改之外，同样需要确保自身活动的公开透明以及与公众的顺畅沟通。有的管理者感叹说，"以前一个警察可以管 100 个群众，现在 100 个警察管不了一个群众"，这反映了政府权威正在受到巨大挑战。事实上，随着民主法治的发展，神秘主义和威权政治已经不能为政府带来公信力，只能引发公众的质疑和抵触，并影响政府治理的效果。相反，政府管理的可视化、公众的可参与化却可以实实在在地提升政府公信力。今天，增强政府运行的透明度，充分高效地向公众提供信息，加强与公众之间的信息沟通，对提升政府的权威和公信力必将起到十分重要的作用。

目前，新媒体的普及对政府治理提出了更高的要求，要求政府能够对瞬息万变的社会作出快速应对，最大限度地向公众提供信息，用信息的公开透明遏制谣言、虚假信息的泛滥蔓延，消除各种误解，提升政府的权威。

及时、准确地回应公众舆论，已经成为现代政府治理实现善治的重要手段之一。回应（responsiveness）就是要求公共管理人员和管理机构必须对公民的要求作出及时、负责任的反应，并定期主动向公民征询意见、解释政策和回答问题，回应性越大，善治的程度也就越高[①]。"对于普通市

[①] 参见俞可平主编《治理与善治》，社会科学文献出版社，2009，第 10 页。

民而言，关键问题在于他们与政府官员的交往或交涉能够得到回应，以及这些回应是否满足了他们的要求。"① 政府如果不能及时把握舆论发展动态，并及时、准确地向公众提供真实、可信的权威信息，则极容易导致舆论失控，使政府治理遭遇困难，甚至引发社会危机。2008 年的瓮安事件就是典型的例子。瓮安县各级干部的反思表明，党委、政府和公安部门面对社会上出现的谣言、谎言等信息，没有正常的、开放的、权威的信息发布渠道，发布信息慢、声音弱、信息少，甚至在一段时间内主要是被动地封堵虚假信息，最终导致群众不明真相并被别有用心的人所利用，责任应归咎于掌握信息和掌握信息发布权的政府相关部门②。瓮安事件的教训之一，就在于有关政府部门错失了向社会发布权威信息的最佳时机，以至于谣言、谎言走在了政府信息之前，当谣言、谎言满天飞之后，再出面发布任何信息，就很难取得公众的认可和信任，最终导致严重的群体性事件发生。2009 年湖北石首事件、2017 年四川泸县事件与瓮安事件也有很多相似之处。

当然，全面公开也必然有助于树立政府公信。例如，安徽省金寨县作为全国扶贫开发工作重点县，随着各类惠民资金规模的不断增加，普通群众对惠民资金的流向分配关注程度越来越高。过去资金分配不规范，由于经手人多、审批环节多，各层级的贪污、挪用、截留、代领、优亲厚友等现象并非罕见，导致惠民资金的投放精准度不高，且容易滋生基层干部违法犯罪，群众相关信访投诉压力巨大。为让群众更全面了解、参与惠民资金监督管理，金寨县由仅偏重"结果公开"向过程公开与结果公开并重转变，实行政策宣传公开、信息采集公开、对象评议公开、审核审批公开、资金发放公示"五公开"。例如，白塔畈镇在确定农村低保户时，除政策宣传公开外，执行三榜公示制度，一是将村民代表大会民主评议符合低保户的人员在镇村公开栏公示 7 天，二是将经镇政府审核评定的结果再在镇村公开栏公示 7 天，三是经县主管部门审批后将结果在镇村公开栏长

---

① 多丽斯·A. 格拉伯：《沟通的力量——公共组织信息管理》，张熹珂译，复旦大学出版社，2007，第 247 页。
② 参见刘子富《新群体性事件观——贵州瓮安"6·28"事件的启示》，新华出版社，2009，第 71~75 页。

期公示。通过全程公开，大大增强了工作透明度，提升了政府为民服务的公信力。

三 以公开维护社会公正

公正包括实体性公正和程序性公正。前者要求利益的分配必须符合人们善与恶、好与坏的评判，实现与被分配者的付出、受损、地位等方面的完全匹配。后者则主要关注公正的实现过程，要求利益分配的过程可控，其过程对被分配者而言具有分配时间的一致性、规则的代表性，分配过程与规则不受任何私利的左右。实体性公正是一种理想化的状态，受到人们先天条件、后天环境等的影响，实现绝对的实质性公正是人类社会长期追求的目标。程序性公正强调对过程的设计和控制，是使结果尽可能接近实质性公正的必由之路。而公开虽不必然导致公正，却是辅助实现公正的重要手段。

公开意味着，利益分配的规则、利益分配的各个环节、利益分配中考量的因素、利益分配的结果都要向当事人乃至公众公开。借此，一方面当事人或者公众可以参与提出不同的意见，供决策者或者执行者修正利益分配过程；另一方面，还可以压缩决策者或者执行者的自由裁量空间，减少其徇私舞弊的可能。公开可以令所有当事人意识到，虽然分配结果与自身预期还有一定差距，但至少对所有当事人都是一视同仁的，因此至少还可以称为是公平的。当然，公开绝不能等同于公正，其只是实现公正的条件和保障。

四 以公开规范公权力运行

信息公开无疑令政府机关及其工作人员处于公众"放大镜"之下，政府机关及其工作人员除各类涉密信息外的行为和结果都要公之于众，供公众评价、监督。政府行为的任何谬误、不周延都可能被作为公众批评政府的依据。为此，政府行为必须更加规范，并注重自身能力的提升，避免自己陷入被动或者遭受质疑。2011年，《政府信息公开条例》（以下简称

《条例》）实施至今，有的政府机关对该工作重视不够，如《条例》规定了每年 3 月底前发布上一年政府信息公开工作年度报告的要求，仍有不少政府机关无视此项工作，不能按时发布，或不能准确发布①。2014 年，针对部分美剧被从网络媒体下架的问题，有申请人向国家新闻出版广电总局申请公开执法依据②，拷问其是否有充分的执法依据与理由。这表明，政府对社会的管理是否规范，已完全处于公众的关注和监督之下，以公开促透明，才能倒逼政府提高行政能力、规范权力运行，提高政府公信力、实现社会公正和社会发展。正是基于此，国家的不少制度安排都强调了以公开来加强社会监督、规范权力运行的内容，如中办、国办印发的《关于推行地方各级政府工作部门权力清单制度的指导意见》指出，大力推进行政职权网上运行，加大公开透明力度，建立有效的权力运行监督机制；《国务院关于规范国务院部门行政审批行为　改进行政审批有关工作的通知》提出，规范行政裁量权，主动公开行政审批信息，除涉及国家秘密、商业秘密或个人隐私外，各有关部门要主动公开本部门行政审批事项目录及有关信息，及时、准确公开行政审批的受理、进展情况和结果等，实行"阳光审批"。

五　以公开助力构建服务型政府

"知识就是力量"，而在信息化时代，对政府而言，"服务就是力量"。政府信息公开、便利公众获取、降低各种门槛、提高服务质量应该是各级政府的座右铭。《中共中央关于全面深化改革若干重大问题的决定》提出，要建设服务型政府，其本质就是要贯彻为人民服务的宗旨和理念。近年来，各地方各部门以行政审批制度改革为突破口，建设政务大厅，实行行政审批权相对集中、网上审批、并联审批等，以推进政务服务水平的提

---

① 参见《人社部官网两年年报一字不差：回应称是技术失误，已将两个"乌龙年报"撤下》，《南方都市报》2011 年 3 月 31 日，第 A15 版；《三年雷同的"乌龙报告"改了：2008~2010 年的东莞市统计局信息公开工作报告重新上网》，《南方都市报》2014 年 4 月 26 日，第 AA10 版。

② 《美剧为何下架？大学生向新广总局申请公开法律依据》，http://chuansongme.com/n/439794，2014 年 5 月 18 日。

升。不少地方和部门习惯于将大厅硬件建设水平高、工作人员素质高，甚至为办事群众提供免费打印复印、医药包等作为服务好的一个评判标准。但是，有的地方和部门却忽略了一个重要的问题，就是政务服务信息公开的质量不佳往往影响群众办事，令群众对政务服务水平缺乏获得感。大量的权力清单和服务指南信息未加分类堆积在政府网站上，不便于办事企业和群众查询获取。权力清单的内容复杂、专业性强，一般的办事群众很难依据公开的权力清单了解办事的方式、要求等。而且，权力清单多头公开导致的信息内容不一致，实时动态管理难落实导致的信息错误，也都普遍存在。比如，不少地方实体办事大厅的办事指南与网站公开的指南内容不同，办事地址、联系电话、办理条件、办事流程等相差悬殊，甚至公开在政府门户网站不同栏目的内容大相径庭；不少地方和部门的咨询电话无效——电话打不通、打通无人接听、接听不能告知准确信息。这些导致办事群众为搞清楚需要准备哪些材料、具备哪些条件，要多跑几趟冤枉路。如此一来，不管政府在简政放权、构建服务型政府方面做了多大的努力，但办事群众都没有获得感。对于办事群众而言，最关心的是该找哪个部门办事、提供哪些材料、多久办好、能否少跑几次大厅。正因如此，现在提出的"让信息多跑路、让群众少跑腿"，很大程度上都依赖于公开，这是服务型政府的基础。

六 以公开维护社会稳定

维护社会秩序的稳定是政府治理的重要目标，而以公开促稳定则是其重要手段。从广元柑橘事件①，到 2009 年的杭州三菱跑车事件②，再到 2012 年的什邡钼铜事件，以及厦门、大连、宁波、昆明等地发生的 PX 事

---

① 2008 年 10 月因有关部门面对"柑橘长蛆"的信息广泛传播，事前宣传不够，事后回应滞后，导致公众产生恐慌心理，当年导致大量柑橘滞销，产业遭受巨大损失。

② 2009 年 5 月，在处理一起三菱跑车肇事致人死亡事件时，警方面对媒体和公众提供信息闪烁其词、不严谨，引发公众对交警部门的强烈指责和对交警部门是否能公正办案的质疑，甚至一度质疑之后出庭受审的嫌疑人是被人"顶包"。

件，鹤山核原料事件①、杭州垃圾焚烧厂事件②，无不在一定程度上肇因于信息公开不及时、不准确。分析 2012 年什邡钼铜事件和近年来频发的 PX 事件的诱因及过程，不难发现，地方政府引入此类项目无疑都有发展本地经济的良好初衷，且都履行了各种审批手续，甚至有些地方还建有完善的决策参与机制和风险评估机制，但由于决策过程中未能妥善处理决策与民意的关系，没有认真听取和反映群众的意见，尤其是没有及时公开有关信息，引发了群众的怀疑、不满，造成了政府、群众、项目运营投资方多方皆输的局面。

过去，在一些管理者眼中，公开是导致社会不稳定的因素。在他们看来，公开得越多，公众知道得越多，政府就越难以管理，甚至会出现越来越多的不稳定因素。2014 年 5 月，南京市一放射源丢失，有关部门担心过早公开引发社会恐慌，90 小时后才对外公布情况③。但其代价是可能导致更多的人在不知情的情况下被放射源照射招致身体健康受损。此外，2000 年前后，一些地方曾发生过因害怕曝光而截断邮路、收缴报纸的事件，当地管理者都打着维护社会稳定的旗号④。这些做法无非都是因为管理者还沉浸在威权主义的惯性思维下，以家长自居，把群众当成不谙世事的孩子。事实上，目前中国群众的知识水准大为提高，在互联网的支持下，甚至具备极高的专业水平。把群众当孩子看管、事事替民做主的时代已经一去不复返。对群众而言，捂着盖着令人生疑，因为，既然是好事，

① 《社会各界反对意见较多，政府决定充分尊重人民意愿——鹤山宣布取消核燃料项目》，《南方都市报》2013 年 7 月 14 日，第 A06 版。

② 《网民就杭州垃圾焚烧厂事件呼吁政府信息公开》，《中国青年报》2014 年 5 月 12 日，第 8 版。

③ 《放射源丢失事件追踪》，《扬子晚报》2014 年 5 月 13 日，第 A4 版。

④ 例如：四川某县委书记，因《农民日报》刊载揭露其超标用车盖房的文章而下令收回并焚毁当日的报纸，参见《书记烧党报》，《南方周末》2000 年 10 月 26 日，第 15 版；山东某县也发生了因《法制日报》刊登批评该县的报道而"失踪"的事件，参见《公民的权利不容剥夺——新闻、法律专家评说"法律日报失踪"案》，《法制日报》2000 年 10 月 18 日，第 1 版；《法制失踪以后》，《南方周末》2000 年 10 月 5 日，第 1 版。而在江西则发生了有关部门以"社会稳定"为由查禁宣传中央减负政策的《减轻农民负担工作手册》，并追究相关人员责任的事件。参见《何为禁书》《农民不知情就能稳定吗》《不让公安乱出警》，分别载于《南方周末》2000 年 10 月 26 日第 15 版、2000 年 11 月 16 日第 1 版、2000 年 11 月 23 日，第 13 版。

政府就没有必要偷偷摸摸，反之，必然不是好事。久而久之，只能是管理者日渐透支政治资源和公信力，引发更大的不稳定。

七　以公开替代传统监管方式

信息是一种影响性工具和引导性工具，政府通过向公众提供信息，将公众、社会、政府所面临的问题以及政府行为的意图、目的等告知公众，进而影响公众的认识和行为，引导公众，使其行为最大可能地接近政府治理的目的。信息也是对命令、强制等硬性管制措施的替代，信息在政府治理过程中主要发挥了向公众提供信息，为公众提供自我选择以及参与公共事务的能力与机会等的作用，并可以避免政府直接硬性要求公众做与不做而可能对社会和私人生活产生过度干预，有助于维护政府治理的权威。

政府向公众提供信息可以实现政府与公众的良性互动，维护政府权威。向公众提供信息有助于推动公众作出自我选择，更多地参与公共事务。信息并不完全等同于知识，但是，知识必然通过信息来传载。政府将自己在管理过程中获取、制作的信息提供给公众，可以提高公众对有关问题的认识水平，反过来，借助所掌握的各种公共信息，公众可以更好地对国家的公共管理发表言论、见解，提出批评、意见，与政府进行有效的交流和沟通。这既可以避免政府利用政府强制力为后盾，单方强行推行有关政策而引发公众的抵触和反对，影响政策执行的效果，还可以依靠群策群力提高决策的科学性。实践早已证明，政府多走群众路线、多就教于民更有利于实现"善治"。而且，公开透明的政府治理非但不会导致政府在公众中丧失威信，反而有助于维护其权威。

信息工具可以作为政府治理的一项"软措施"，通过信息公开达到政府预期的治理效果。政府将足够的信息提供给公众，将判断和选择的权利最大限度地交给公众，公众则可以利用所掌握的信息作出自己的判断，并自行选择采取什么样的态度和行动。因此，信息的公开、提供也被作为一项重要的替代性管制措施，是对过去单方的、硬性的命令——强制性管制措施的替代。

国务院办公厅发布的《2017年政务公开工作要点》提出，深入解读政策背景、依据、目标任务、涉及范围，以及经济转型发展中的亮点等，及时准确地将政策意图传递给市场和企业，以政策解读的"透"赢得市场预期的"稳"；按月公开全国财政收支情况，解读财政收支增减变化情况及原因、预判财政收入走势，主动解释说明收支运行中可能引发社会关注的热点问题；组织召开月度、季度国民经济运行情况新闻发布会，及时发布解读社会关注的重要指标数据，增加反映质量、效益、结构以及供给侧结构性改革推进情况等方面的内容。这些也都渗透着以公开替代监管的理念。此外，《企业信息公示暂行条例》在简政放权的背景下，提出公开政府机关掌握的企业信息，加强企业自律，构建诚信经营的市场环境；《国务院关于建立完善守信联合激励和失信联合惩戒制度　加快推进社会诚信建设的指导意见》（国发〔2016〕33号）、《国务院办公厅关于加强环境监管执法的通知》（国办发〔2014〕56号）等也将公开作为加强监管执法的重要手段。

第一章　政府透明度指数评估概况

2007 年 1 月 17 日国务院第 165 次常务会议审议通过了《政府信息公开条例》，该条例自 2008 年 5 月 1 日起开始施行，这在中国法治政府和透明政府建设过程中具有里程碑意义，标志着中国的政府信息公开工作进入了法治化轨道。这样一部关系到人民群众切身利益、关系到政府依法规范用权、关系到政府职能转变的重要立法最终的落实情况怎么样，借鉴境外理论和经验拟定的各项公开制度实践中运行如何、效果如何，同时，各级政府机关落实《政府信息公开条例》的情况怎样、取得哪些进展、面临什么困难，政府机关构建透明政府的"供给"与社会获取政府信息的"需求"之间的矛盾得到了多大程度的弥合，尤其是如何进一步推动公开制度的落实，都需要观察和分析。对此，可以根据社会上披露出来的一些个案进行分析，但缺乏系统性和推动力。于是，中国社会科学院法学研究所课题组经过反复论证，决定借助法治国情调研活动，设计一套评估指标体系，启动对政府信息公开制度落实情况的第三方评估，自 2012 年开始，评估又依托中国社会科学院创新工程项目不断扩展评估对象和范围。

一　评估目的

政府透明度指数评估采取研发评估指标体系、对评估对象进行打分排名、对所有对象公开政府信息的情况进行统计分析的方法，度量政府信息公开制度的落实情况，展示政府信息公开制度实施中取得的成效、存在的问题。但其核心不是打分排名，而是要通过对部分行政机关公开政府信息的情况进行量化研究，找出落实政府信息公开制度过程中存在的共性问题，发现制度落实的难点、制度设计本身的问题，进而提出完善政府信息公开制度、推动落实公开要求的路径，以建设性地推动提升政府透明度。

二　评估原则

（一）依法评估原则

政务活动的一个基本原则是法有明文授权方可为，这是行政机关履行职责的依据，也是做好政府信息公开工作的基础。因此，评估的指标体系坚持有法可依的原则，即所有指标均有法律法规、政府文件等依据或者原则性规定，不随意设置标准、拍脑袋进行评估，以做到让被评估者乃至公众心服口服。因此，评估指标均依据《政府信息公开条例》等法律法规、国务院办公厅近年来发布的涉及政府信息公开的文件以及国务院部门发布的各自领域推进公开工作的文件设定。

（二）客观评估原则

开展第三方评估的目的是评价各行政机关落实政府信息公开工作的成效，故应避免主观性评价。因此，评估将"好"与"坏"这样主观性、随意性极强的判断标准转化为客观且具备操作性的评估指标，着眼于行政机关是否依法、准确、按时公开相关信息，并方便公众查询。相关部门按照规定公开了信息，并且公众能够便捷获取即为"好"。评估人员对评估事项仅可作"有"和"无"的判断，而不能主观判断"好"与"坏"，最大限度减少评估人员的自由裁量空间。此外，由于满意度调查的方式主观性较强难以客观地发现行政机关政府信息公开工作中存在的问题，所以，政府透明度指数评估不采取此方式。

（三）评估常态原则

第三方评估立足于评估相关部门的日常工作，避免运动式评估，以防止被评估对象为了取得好的评估结果，为应付评估，提前做好各种准备，使评估结果看上去很好，但并不一定能反映实际情况，这将背离第三方评估的初衷，影响评估结果的公信力。因此，第三方评估坚持"四不"原则，即不提前通知、不提前布置、不作动员、不告知详细评估内容。

（四）重点突出原则

各行政机关应公开的政府信息种类繁多，《政府信息公开条例》及国务院办公厅每年下发的政府信息公开工作要点也对众多重点领域的信息公开工作提出了要求，且各类机构的职责要求不完全一样。因此，评估指标主要选择当前对推进法治政府建设、透明政府建设、满足公众信息需求、提升政府公信力、监督政府依法行政等较为重要的领域作为评估重点。

（五）结果导向原则

公开政府信息的目的是让公众能够及时、准确、全面、便利地获得信息，并有效帮助其办事、明确自身权利义务边界。行政机关公开信息只是做好公开工作的第一步，更为重要的是要让公众能够有效获取和利用信息。因此，对政府信息公开工作的评估，坚持基于公众视角，以结果为导向，以公众需求为重点，分析各被评估对象实际的公开效果，以及从外部观察政府信息是否依法公开、是否方便公众获取。

三　评估对象

政府透明度指数评估自 2009 年以来所选择的评估对象范围是逐步扩大的。

2009 年的评估对象为 43 个较大的市（不包括民族自治地方的较大的市）。根据修订前的《立法法》第 63 条第 4 款，较大的市是指省、自治区的人民政府所在地的市，经济特区所在地的市和经国务院批准的较大的市。选择较大的市，是因为这些城市具有地方性法规和规章的制定权，且与公众生产生活的关系较为密切。

2010 年，增加了国务院所属的 59 个部门。国务院所属部门包括国务院组成部门、国务院直属特设机构、国务院直属机构、国务院直属事业单位、部委管理的国家局（以下简称"国务院部门"），具体部门的选择主要考虑相关部门是否对外行使行政管理职权以及与公众生产生活是否具有密切关系。

2011 年，评估对象中增加了 26 个省、直辖市（以下简称"省级政府"），暂不含 5 个民族自治区。

2013 年，评估对象有所调整。由于国务院机构改革，课题组将所评估的国务院部门调整为 55 个。不再评估国家电力监管委员会、监察部、国家预防腐败局，国家卫生和计划生育委员会是新组建合并的机构，由于原卫生部、国家人口和计划生育委员会的网站截至 2013 年 12 月仍未整合，课题组仍对原卫生部、国家人口和计划生育委员会的网站进行了评估。地方政府方面，将民族自治区政府全部纳入评估范围，实现了对 31 个省、自治区、直辖市（以下简称"省级政府"）和 49 个较大的市的全面评估。

2014 年的评估对象包括 54 家国务院部门、31 家省级政府、49 家较大的市。其中，国家新闻出版广电总局的网站并未进行整合，而是两个网站（http：//www. gapp. gov. cn/与 http：//www. chinsarft. gov. cn/）同时运行，因此，实际评估的国务院部门网站为 55 个。

2016 年的评估对象则包括 49 家较大的市、100 家县（市、区）的政府，54 家国务院部门和 31 家省级政府的评估另行通过《中国政务公开第三方评估报告》进行发布。由于政务公开需要逐步提升基层的公开水平，满足公众的切实需要，因此，从 2016 年开始，课题组将县级政府纳入评估范围。本次选取的 100 家县（市、区）（以下简称"县级政府"）来源于国家预防腐败局办公室、全国政务公开领导小组办公室 2012 年 1 月 4 日发布的《关于公布依托电子政务平台加强县级政府政务公开和政务服务试点单位的通知》，除东莞市大朗镇外，其他县级政府均为本次评估对象。

四　评估指标

（一）2009 年评估指标

2009 年的评估指标由六大板块组成，分别是政府门户网站运行状况

（权重 10%）、政府信息公开目录完善状况（权重 22%）、政府信息公开指南的有效性（权重 17%）、依申请公开平台的有效性（权重 17%）、政府信息公开工作年度报告的有效性（权重 14%）、房屋拆迁信息的公开性（权重 20%）。《政府信息公开条例》从主动公开到依申请公开、从公开形式到公开内容等方面，对政府机关履行公开义务作了较为详细的规定，但本次评估没有考察所有的内容，仅评估了政府机关履行公开义务较为重要的几个方面，即政府信息公开目录、政府信息公开指南、依申请公开信息、政府信息公开工作年度报告等与方便公众获取信息和有利于监督政府公开信息较为密切的事项。同时，考虑到 20 世纪 90 年代后期至今，房屋拆迁一直是关系公众切身利益、影响政府与公众关系的重要因素，本次评估将房屋拆迁信息的公开化作为考察的个案，并以与之有关的信息获取为线索，对政府机关履行公开义务的情况进行了验证。

（二）2010 年评估指标

2010 年对地方政府的评估基本延续了 2009 年评估时的指标，但对评估板块和部分指标进行了微调。2009 年指标包括"政府官方网站运行状况"，考虑到绝大部分地方政府已经建立各自的官方网站，2010 年指标未单独设计此板块，而是将网站运行情况融入其他板块的指标中一并考察。在 2009 年以拆迁信息的公开为个案进行验证的基础上，2010 年，课题组追加公众关注度极高的食品安全信息公开作为新的评估个案。同时，对 2009 年指标中的部分内容进行了优化。2010 年指标还对各评估板块的权重进行了调整，由 6 部分组成，总分 100 分，分别包括：政府信息公开目录的设置情况（权重 20%）、政府信息公开指南的设置情况（权重 15%）、依申请公开平台的运行情况（权重 20%）、政府信息公开工作年度报告的形式和内容（权重 15%）、房屋拆迁信息的公开情况（权重 15%）、食品安全信息的公开情况（权重 15%）。

在设计国务院部门的评估指标时，课题组将预算信息的公开作为验证的个案。其评估指标包括 5 部分，总分 100 分，分别是政府信息公开目录的设置情况（权重 20%）、政府信息公开指南的设置情况（权重 20%）、依申请公开平台的运行情况（权重 20%）、政府信息公开工作年度报告的形式和内容（权重20%）、预算信息的公开情况（权重20%）。

（三）2011年评估指标

2011年评估对国务院部门和较大的市的个案评估指标作了调整，国务院部门评估了规范性文件的公开情况，较大的市评估了食品安全信息公开情况和行政审批信息公开情况，课题组对两大类评估对象保持不变的评估板块的指标进行了微调，以进一步加强对实质公开情况的评估。省级政府的评估则将环境信息公开情况作为其个案验证板块。另外，在各部分的分值分配上，提高了实质性公开信息板块的分值比例，降低了形式性内容的分值比例。

国务院部门的评估指标包括5部分，总分100分，分别是：政府信息公开目录（权重25%）、政府信息公开指南（权重15%）、依申请公开平台（权重25%）、政府信息公开年度报告（权重15%）、规范性文件公开情况（权重20%）。

省级政府的评估指标包括5个部分，总分100分，分别是政府信息公开目录（权重25%）、政府信息公开指南（权重15%）、依申请公开平台（权重25%）、政府信息公开年度报告（权重15%）、环境信息公开情况（权重20%）。

较大的市的评估指标包括6个部分，总分100分，分别包括：政府信息公开目录（权重20%）、政府信息公开指南（权重15%）、依申请公开平台（权重20%）、政府信息公开年度报告（权重15%）、食品安全信息公开情况（权重15%）、行政审批信息公开情况（权重15%）。

（四）2012年评估指标

鉴于在国务院及各级政府部门的推动下，各级政府机关的政府信息公开工作已经稳步开展，且一些公开的形式已经相对完备，为了更加客观地反映政府信息公开的实施情况，课题组对2012年的评估指标作了进一步调整。此次调整主要减少了对实施政府信息公开制度的形式审查，减少了公开形式的指标和权重，增加了个案验证的指标与权重，评估更注重一些重点信息的公开情况。2012年的评估取消了政府信息公开指南板块，国务院部门增加了工作信息公开情况的评估，省级政府增加了政府公报、规范性文件、行政审批信息公开情况的评估，较大的市政府则增加了规范性文件、环境信息公开情况的评估。

国务院部门的评估指标包括 5 个部分，总分 100 分，分别是：政府信息公开目录（以下称"目录"，权重 20%）、工作信息（权重 20%）、规范性文件（权重 25%）、依申请公开（权重 25%）、政府信息公开工作年度报告（以下称"年度报告"，权重 10%）。

省级政府的评估指标包括 7 个部分，总分 100 分，分别是：目录（权重 15%）、政府公报（权重 5%）、规范性文件（权重 15%）、行政审批信息（权重 15%）、环境保护信息（权重 15%）、依申请公开（权重 25%）、年度报告（权重 10%）。

较大的市的评估指标包括 7 个部分，总分 100 分，分别是：目录（权重 15%）、规范性文件（权重 15%）、行政审批信息（权重 15%）、食品安全信息（权重 10%）、环境保护信息（权重 10%）、依申请公开（权重 25%）、年度报告（权重 10%）。

（五）2013 年评估指标

2013 年度评估指标基本维持了 2012 年评估的内容，但权重分配更倾向于公开的实质情况。

国务院部门的评估指标包括 5 个部分，总分 100 分，分别是：政府信息公开目录（权重 15%）、工作信息（权重 25%）、规范性文件（权重 25%）、依申请公开（权重 25%）、政府信息公开工作年度报告（权重 10%）。省级政府的评估指标包括 7 个部分，总分 100 分，包括目录（权重 15%）、政府公报（权重 5%）、规范性文件（权重 15%）、行政审批（权重 15%）、环境保护（权重 15%）、依申请公开（权重 25%）、年度报告（权重 10%）。

较大的市政府的评估指标包括 7 个部分，总分 100 分，包括目录（权重 10%）、规范性文件（权重 15%）、行政审批（权重 15%）、食品安全（权重 15%）、环境保护（权重 15%）、依申请公开（权重 25%）、年度报告（权重 5%）。

（六）2014 年评估指标

2014 年，国务院部门的评估指标包括 5 个部分，总分 100 分，分别是：政府信息公开目录（权重为 20%）、工作信息（权重为 20%）、规范性文件（权重为 25%）、依申请公开（权重为 25%）、政府信息公开工作年度报告（权重为 10%）。

省级政府和较大的市的评估指标分别包括 6 个部分，总分 100 分，分别是：目录（权重为 15%）、规范性文件（权重为 15%）、行政审批信息（权重为 15%）、环境保护信息（权重为 15%）、依申请公开（权重为 30%）、年度报告（权重为 10%）。

（七）2015 年评估指标

根据 2015 年政府信息公开的重点领域以及制度实施情况的新进展、新要求，2015 年的评估指标相比此前作了较大调整。

国务院部门的评估指标包括 5 个部分：政府信息公开专栏（15%）、规范性文件（25%）、财政信息（20%）、政府信息公开工作年度报告（15%）、依申请公开（25%）。

省级政府的评估指标包括 7 个部分：政府信息公开专栏（10%）、规范性文件（15%）、财政信息（15%）、行政审批（15%）、环境保护信息（15%）、政府信息公开年度报告（10%）、依申请公开（20%）。

较大的市的评估指标包括 7 个部分：政府信息公开专栏（10%）、规范性文件（15%）、财政信息（15%）、行政审批信息（15%）、环境保护信息（15%）、政府信息公开工作年度报告（10%）、依申请公开（20%）。

（八）2016 年评估指标

2016 年评估中，课题组根据《政府信息公开条例》、国务院办公厅《2016 年政务公开工作要点》等的规定，设定了 2016 年的评估指标。

针对较大的市的评估指标包括 8 个部分：政府信息公开平台（10%）、规范性文件（15%）、行政审批信息（15%）、行政处罚信息（15%）、环境保护信息（15%）、棚户区改造信息（10%）、政府信息公开工作年度报告（5%）、依申请公开（15%）。

针对县级政府的评估指标包括8个部分：政府信息公开平台（10%）、规范性文件（15%）、行政审批信息（15%）、行政处罚信息（15%）、社会救助信息（10%）、教育信息（15%）、政府信息公开工作年度报告（5%）、依申请公开（15%）。

五　评估方法

对政府透明度指数的评估过程中，课题组每年依据上述指标体系，分别对主动公开、依申请公开等的情况进行观察分析。采取观察和验证的方法，即浏览相关政府网站的有关栏目和信息，分析其信息公开状况，并就有关链接、检索系统、电话、电子邮件、信息公开申请提交系统等的有效性进行了实际验证。为了确保评估结果的客观、真实、有效，进行实际验证时，凡遇到验证失败的，课题组均会对有关事项进行多次验证，如链接无效、无法正常打开的，课题组均采用更换时间段、计算机、网络接入方式、浏览器程序等方式进行反复确认，仍旧不能打开的视为链接无效；进行电话验证的，凡电话占线、无人接听的，均另择工作时间进行多次拨打，经两个工作日仍无法接通的，视作电话无效。在提交政府信息公开申请方面，凡提供在线申请平台（包括电子邮件）的，均通过在线申请的方式验证，无此功能且允许提交申请的，均通过中国邮政快递（EMS）发送了书面申请。

政府透明度评估启动于2009年，当年评估时间为2009年11月9日至12月15日，2010年评估时间为10月22日至12月15日，2011年评估时间为3月15日至12月31日，2012年评估时间为3月5日至12月15日，2013年评估时间为3月5日至2014年1月23日，2014年评估时间为3月5日至12月31日，2015年评估时间为3月10日至12月31日，2016年评估时间为10月17日至12月31日。

第二章　2009 年政府透明度指数评估

一　总体情况

评估发现，政府网站已经成为地方政府公开政府信息的重要渠道。2009 年评估的 43 个城市都有各自的市级政府门户网站，并均在网站醒目位置设有专门的政府信息公开平台，有的还建有专门的政府信息公开或者政务公开网站。各地方政府网站通过政府信息公开平台向公众主动公开了大量信息，涉及政府机构设置、机构职责、政策法规、办事依据和流程、政府管理最新动态等事项。

地方政府门户网站正成为地方对外集中办公和向公众提供信息的重要平台。绝大多数地方政府门户网站可直接链接到所属的各类机关、下属区县政府的网站。并且，绝大多数门户网站集中公开了市级政府及所属各类机关、下属区县政府乃至公用事业单位的各类信息，很多信息可以通过地方政府门户网站集中检索查询。

另外，绝大多数地方政府较为注重贯彻《政府信息公开条例》的有关规定。例如，按照《政府信息公开条例》的要求，在政府门户网站上设置了政府信息公开目录（没有本级政府目录的占所有网站的 93.02%）、政府信息公开指南（有本级政府指南全文的占所有网站的 72.09%）、依申请公开（有有效的依申请公开栏目的占 88.37%）、政府信息公开工作年度报告（有专门的年度报告栏目的占 74.42%）等栏目，编制了相应的内容等。

政府网站公开信息较为注重方便公众获取信息。评估发现，很多地方政府门户网站借助政府信息公开栏目，按照事项种类对各类政府信息进行归类，有的地方政府还按照所涉及的部门、文件类型等对文件进行多种分类，绝大多数信息都可以在线浏览、下载，并提供多种检索方式，方便公众检索信息。很多政府网站将涉及拆迁等重要事项的信息集中公布在专门的栏目中，有的还置于较为醒目的位置。尤其是很多地方政府的有关部门针对课题组的验证电话咨询、电子邮件咨询或者提交的政府信息公开申请，能够在法定期间或最短的时间之内作出正面的、积极的回应和答复。

但是，评估中也发现了一些问题。第一，政府门户网站运营尚存在一些问题，主要是网速慢，个别门户网站或者下属部门的网站经多次尝试仍无法正常打开，有的网站甚至还带有病毒。第二，一些政府门户网站履行《政府信息公开条例》规定的情况不好。有的政府网站没有提供政府信息公开目录，或者目录链接内容无法打开；有的没有提供政府信息公开指南，或者指南内容不全面；有的没有提供年度报告，或者报告内容流于形式，避重就轻。而且，有的政府网站理解《政府信息公开条例》内容有误，包括曲解《政府信息公开条例》规定的依申请公开资格条件、过度收集申请人信息等。第三，网站信息不集中。比如，有的政府网站同时提供了"政府信息公开""政务公开"平台，内容既有交叉，又各不相同。再如，课题组选取拆迁作为个案，在各政府网站上检索拆迁的有关信息，并进行验证，结果发现，很多政府网站的相关信息极为分散，一些网站只提供拆迁法规政策，或者只提供拆迁公告，并且，个别政府门户网站提供的信息与主管拆迁的政府机关所提供的信息不一致。第四，网站信息获取不方便。有些网站在栏目设置、信息编排上缺乏科学性，忽视使用者获取信息的便利性。查询者为了获取一些信息犹如身陷"信息迷宫"，需要耗费大量的时间和精力，甚至出现针对相同的信息或者栏目，同一时间有的人能找到有关信息有的却不能，同一个人在某一时间可以找到而在另一时间却找不到该信息的情况。有的网站没有针对政府信息公开目录提供检索功能，或者所提供的检索功能设计不合理，检索效果不理想。课题组成员均为法学研究专业人士，有多年使用互联网的经验，并熟悉评估需要观察和验证的各类事项。即便如此，在考察个别政府网站时，为了完成预定的评估项目，仍需要花费 3~4 小时，极端的情况下，为了确信某个网站确无所要验证的信息，需要花费更长的时间。普通公众获取信息的难度可由此窥其一斑。第五，个别政府网站只重形式不重内容。部分政府网站配置了各类信息的栏目，但是，有关的链接或者无法打开，或者链接到与标题无关的内容。有的网站所提供的信息还存在错误，如电话号码、电子邮件等信息有误。课题组在利用各政府门户网站提供的电话进行验证时发现，有的电话号码为空号，有的电话长期占线或一直无人接听，有的虽有人接听，但接听人员提出本部门不负责有关事务，或者不熟悉相应业务。

二　地方政府网站运行状况

地方政府网站运行的基本状况是考察的第一个板块。此板块共设 4 个子项目，即政府门户网站的有效性、下级政府机关网站的链接、政府信息公开平台的设置、政府信息公开规定的公开化。政府门户网站的有效性主要考察被调查的地方政府是否有门户网站，是否可以顺利打开；下级政府机关网站的链接主要考察各地方政府是否在门户网站首页提供所属各部门、各区县政府的网站链接，并验证链接的有效性；政府信息公开平台的设置主要考察各地方政府网站是否在其门户网站上提供专门的政府信息公开栏目或者专门的平台；政府信息公开规定的公开化主要考察各地方政府是否在门户网站上提供本级政府有关政府信息公开的法规、规章或者规定，未制定本级政府的规定的，则应提供上级政府的规定或者《政府信息公开条例》。

此次评估的地方政府网站均有以 gov.cn 作为后缀的域名，绝大多数可以正常打开网页。这表明，经过国家多年的大力推动，各地电子政务建设已经取得很大成效。但也有 2 家地方政府的网站经多次验证仍无法打开，只能通过其"政务公开网"浏览有关信息进行后续评估。另外，有两个地方政府分别拥有两个以 gov.cn 作为后缀的网站，两个网站均可以登录，并可以正常打开网页，网页内容也在更新之中。经电话咨询当地有关部门得知，原网站多由当地的信息中心等机构运营管理，之后，改为由政府办公厅（办公室）运营。在改制过程中，当地政府没采取原网站整体移交的办法，而是在保留原网站的同时，开设了新网站。这反映了当前电子政务存在的重复建设问题，也给公众检索信息带来不便。在评估中，对这两个地方，课题组以当地有关部门确认的最新的政府门户网站作为评估的对象。

但部分地方政府网站建设存在滞后性。在 43 家地方政府网站中，有 35 家网站在主页下方提供了有效的下级政府机关的链接，占所有网站的 81.4%。其他 8 家网站中，有 2 家网站因主页无法打开，无法验证下级部门链接的有效性；2 家网站部分下级部门的链接无法打开网页；1 家网站有部分下级机关列表，但这些列表没有配置相应的网站链接；1 家网站提供的下级机关的链接不全；1 家网站没有提供下级部门的网站链接；还有 1 家网站仅提供了部分区县网站的链接，未提供下级部门网站链接。

43 家网站均在醒目位置设有政府信息公开或者政务公开的栏目或者平台，有的地方政府还专门建设了政府信息公开或者政务公开的子网站。上述 2 家政府门户网站未能打开的政府就建有专门的政务公开网站。这些专门的栏目、平台或者子网站成为门户网站其他栏目之外，专门、集中向公众提供各类政府信息的重要渠道。这在一定程度上表明，随着《政府信息公开条例》的贯彻实施，地方政府已经将政府信息公开作为政府管理的重要内容。

43 家网站均在政府信息公开的专门平台及其政策法规栏目中全文提供了政府信息公开方面的规定，很多网站还公开了本地制定的政府信息公开规定，以及依申请公开、收费、政府信息公开内部管理、政府信息公开内部监督考核机制等方面的相关制度。

三　政府信息公开目录

编制和公布本机关的政府信息公开目录（以下简称"目录"）是《政府信息公开条例》规定的各级政府机关的一项重要职责。目录是按照制定部门、标题、关键词、所涉及的事项、内容概述、生成时间等要素，对政府信息进行编辑和归类，以规范政府机关的信息管理活动，提高信息管理水平，方便公众在浩瀚的政府信息中获取自己需要的内容。目录是贯彻政府信息公开尤其是主动公开的重要保障，主动公开做得好，政府便无须面对公众以个体形式提出的众多申请，有助于降低管理成本。目录编制的水平决定了政府信息公开的质量。在信息化时代，计算机、互联网所提供的大容量信息存储功能、多功能的数据库程序、高效率的信息传输与管理方式等为推动目录的电子化和在线服务提供了技术平台。

本次评估考察了有关地方政府门户网站本级政府、所属政府部门、下级政府机关、公用企事业单位的目录编制情况，目录栏目的有效性、便利性，目录内容链接的有效性、便利性，目录的检索功能及其有效性和便利性情况。

评估发现，大部分地方政府在其门户网站上提供了目录，并配有相应政府信息的链接，公众可以直接在线获取主动公开的信息。43家地方政府网站中，有40家门户网站设有本级政府的目录，39家门户网站设有所属政府部门的目录，36家门户网站设有下级政府部门的目录，22家门户网站设有本市公用企事业单位的目录（见图1）。各地方政府都按照一定的标准（如事务类别、涉及部门等），在其目录栏目中对相关信息进行了归类，还有3家网站按照体裁、主题、对象、机构等提供了多种归类，方便不同需求的公众查阅信息。

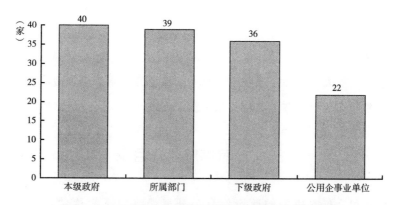

图1 地方政府网站设置政府信息公开目录栏目的情况

在市级政府目录的链接中，经随机抽查10条信息进行验证，有33家网站的10条信息全部可以打开，占所评估的43家地方政府网站的

76.74%；3 家网站能打开 7~9 条信息；3 家网站能打开 4~6 条信息；1 家网站 10 条信息均无法打开；余下的 3 家网站因无本级政府的目录无法进行验证。在所属政府部门的目录中，课题组在各地方发展和改革委员会、教育局、民政局、公安局、劳动和社会保障局中每个单位分别随机抽取 2 条信息进行了验证。其中，26 家政府网站提供的链接可以全部打开，占所评估的 43 家网站的 60.47%；有 1 家网站能打开 7~9 条信息；7 家网站能打开 4~6 条信息；2 家网站能打开 1~3 条信息；3 家网站 10 条信息全部无法打开；余下的 4 家网站因无相应的目录栏目无法进行验证。在下级政府的目录链接有效性方面，课题组随机在目录中选取了 3 个区县，每个区县随机选取 3 条信息进行了验证。有 27 家政府网站提供的链接全部可以打开，占所评估的 43 家网站的 62.79%；2 家网站提供的链接能打开 7~8 条信息；有 1 家网站能打开 4~6 条；1 家网站能打开 1~3 条信息；5 家网站的所有信息都不能打开；余下的 7 家网站因无相应的目录栏目无法进行验证。对于公用企事业单位的目录，课题组随机从门户网站提供的目录中选取了 3 家单位，每家单位随机验证 2 条信息。其中，13 家门户网站提供的链接全部可以打开，占所评估的 43 家网站的 30.23%；3 家网站提供的链接能打开 3~4 条；1 家网站提供的链接能打开 1~2 条；5 家网站提供的链接全部不能打开，或者不提供链接；余下的 21 家网站没有提供此类目录。

本次评估对地方政府网站政府信息公开目录的检索功能进行了考察，重点观察和验证了目录中跨子目录的检索功能、组合检索功能的有无及其有效性等。43 家地方政府网站中，有 21 家专门针对政府信息公开目录设置了简单检索功能（即以单独一项条件进行检索的功能），且能以"拆迁"作为关键词进行有效检索，其中有 18 家网站还提供了多种不同方式的简单检索功能，如按照标题关键词、正文关键词、发文单位、文号等；另外，在这 21 家网站中，有 13 家提供了组合检索功能，经验证其中 12 家网站的组合检索功能可以有效使用。

评估发现，绝大多数地方政府都设置了专门的政府信息公开目录，利用信息技术实现了目录的电子化，整合了本级政府、本级政府各部门、下属各区县政府、下属公用企事业单位的各类政府信息，并配备了检索功能。一些网站还通过设置多种分类、突出重点事项等方式，方便公众在线查阅信息。有的网站尝试了一些人性化设计，如宁波市政府网站提供的信息还具有语音播报功能。

但是，评估中也发现了一些问题。首先，部分地方政府网站的目录不健全。这主要表现为，目录中涉及的政府信息较少，很多内容和栏目尚在建设和维护之中。而且，有些目录没有电子化，不具备检索功能，或者检索功能形同虚设。其次，一些网站目录中的信息链接存在问题。第一，信息链接不全面，并非所有机构均有信息链接，有的门户网站所列的部分机构或者部门无链接，或者没有将所有下属部门和区县列入网站主页；第二，信息链接不能有效打开，很多具有链接功能的项目点击后显示"无法打开网页"，或者打开的信息与该链接显示的主题无关；第三，个别网站所提供的部分信息是以非主流的文档格式存储的，要求使用特定的阅读工具（如 SEP 阅读工具），给公众获取信息增加了不必要的麻烦。

四 政府信息公开指南

编制本机构的政府信息公开指南（以下简称"指南"）是《政府信息公开条例》要求各级政府机关在推行政府信息公开制度时应当履行的另一项职责。指南类似于政府信息公开制度的说明书，不熟悉政府信息公开制度的公众可以根据其了解自己享有的权利、谁有义务提供政府信息、负责政府信息公开的工作机构、获取政府信息的方式和途径、无法依法获得政府信息时寻求救济和获得帮助的渠道等。课题组考察了地方政府指南的有效性、政府信息公开工作机构有关信息的有效性、主动公开形式的说明、依申请公开信息提出条件和流程的说明、政府信息公开监督救济方面的说明等内容。

课题组首先考察了各地方政府指南的有效性，即其门户网站是否提供本级政府的指南全文。有 31 家网站提供了本级政府的指南全文，其余网站经使用本网站搜索和常用搜索引擎亦未发现其指南。没有提供本级政府指南的 12 家网站中，有 4 家提供了本级政府办公厅的指南；1 家在依申请公开栏目中对申请条件、流程等作了说明；另有 7 家未提供任何指南性内容，这 7 家中有 1 家网站虽有政府信息公开指南栏目，但此栏目却链接到了政府信息公开目录。上述 31 家网站大多数均按照统一的格式在指南中对政府信息公开的有关事项作了说明，仅有 1 家网站采用问答这一更为生动、直观的方式对政府信息公开制度进行了解释。

《政府信息公开条例》要求政府机关在指南中提供政府信息公开工作机构的有关信息，以方便公众进行咨询、提出申请，据此，课题组对该机构的名称、地址、电话、传真、电子邮件、办公时间等信息进行了统计分析。有 31 家网站提供了政府信息公开机构的名称（在统计中，仅提供办公厅政府指南或者在依申请公开栏目中作说明的也统计在内），占 43 家政府网站的 72.09%。有 30 家网站提供了政府信息公开工作机构的地址，但都没有提供公共交通工具换乘方式或者方位示意图。有 23 家网站说明了政府信息公开工作机构的办公时间，另有 2 家网站仅笼统地说明工作时间为 "工作日"，课题组将其判定为未准确提供办公时间信息。

课题组对政府网站提供的政府信息公开工作机构的电话号码和电子邮件地址进行了验证，结果不是十分理想。一些网站提供的号码或者邮件地址有误，电话无法打通，邮件无法成功发送或被系统退回，还有的电话打通后，对方或者声称不负责公开事务或者态度恶劣拒绝回答咨询，有相当一部分电子邮件发送成功后没有收到任何回复。

有 29 家网站（含未提供指南的网站）提供了政府信息公开工作机构的电话号码，有 8 家网站虽然提供了指南，但没有列明电话号码。课题组以普通公民身份，在正常办公时间对所提供的电话号码进行了验证，并向对方咨询如何申请政府信息。验证时无人接听或者占线的，隔 30 分钟左右再次验证，3 次均无法接通的，第二周进行再次验证，仍无法接通的，不予加分。经过验证，有 2 家网站提供的号码有误（1 家网站提供的电话已经停机，1 家网站提供的电话为传真）；有 3 家网站提供的号码一直无人接听；1 家网站提供的号码一直占线；有 23 家网站提供的号码可以接通，其中，5 家为第二周验证时打通的。23 家网站中，7 家网站的电话接通后，对方有的表示本机构不负责政府信息公开事务，有的表示自己不清楚政府信息公开事务；1 家网站的电话接通后，接电话的工作人员态度恶劣，表示该机构不回答任何问题；15 家网站提供的电话接通后，接听电话的工作人员回答了课题组的咨询。上述 15 家网站中，有 12 家第一周验证即打通电话，另外 3 家第二周继续验证时打通了电话（见图 2）。在验证过程中，课题组发现，相当一部分地方接听电话的工作人员对咨询政府信息公开事宜态度较为谨慎，反复询问课题组成员的所在地；有的地方提出，要申请获取当地的政府信息，申请人必须和该信息有直接的利害关系，必须是该信息涉及事项的具体当事人，并提出在界定政府信息公开申请人的资格方面，各地方政府有自由裁量权。

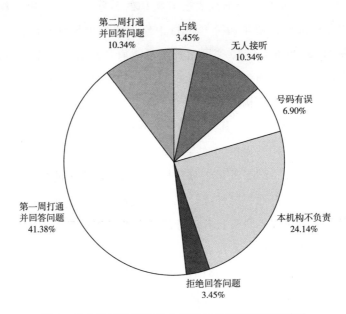

图 2　地方政府政府信息公开工作机构电话验证结果

23 家政府网站在其指南中提供了政府信息公开工作机构的电子邮件地址。课题组利用同一个电子邮件地址，对网站提供的电子邮件地址进行了验证，有 5 家网站提供的地址有误，邮件被退回，18 家网站提供的地址可以成功发送邮件。截至评估结束，仅 4 家地方政府的有关部门回复了邮件，解答了咨询（见图 3）。值得指出的是，4 个城市中，洛阳的回复最快，在验证邮件发出后 15 分钟即作出了回复和解答；长沙在邮件发出的次日即回复邮件，对咨询问题进行了解答；郑州在邮件发出后的第 5 日作出了答复；广州在邮件发出后的第 14 日作出了答复。这说明这些地方政府的工作人员业务熟，对工作认真负责。评估结束后，课题组又收到了青岛市有关部门 2009 年 12 月 31 日下午发来的回复邮件，解答了咨询。考虑到该答复已过课题组设定的时限，此项未予加分。

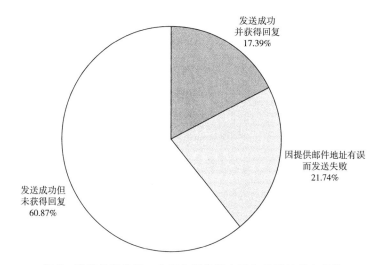

图 3　政府信息公开工作机构提供的电子邮件地址的有效性

　　凡提供指南的网站均能够对其主动公开政府信息的形式作出说明，但对依申请公开的提出条件，很多网站却没有准确地予以说明。在考察此项目时，凡没有指南的，则对其依申请公开栏目等中列明的申请条件进行观察。共有 35 家网站提示了依申请公开的条件，其中 25 家网站指出，提出政府信息公开申请只适用于主动公开的信息之外的信息，混淆了主动公开与依申请公开的关系。另 10 家网站未明确标明条件。

　　有 33 家网站对依申请公开的流程作了说明（含没有专门的指南，但在其他栏目中进行说明的网站）。其中，20 家网站既提供流程的文字说明，也提供流程图；10 家网站仅提供了文字说明；1 家网站仅有流程图，没有文字说明；2 家网站提供的说明与实际情况不符，如指南提出可以通过互联网提交申请，但该网站不提供此功能（见图 4）。课题组还注意到，有的地方在指南中提出，该地方所有申请只能通过互联网提出，不支持当面、传真、信函和电子邮件申请。

　　所有提供指南全文的 31 家网站中，有 29 家网站说明了政府信息公开

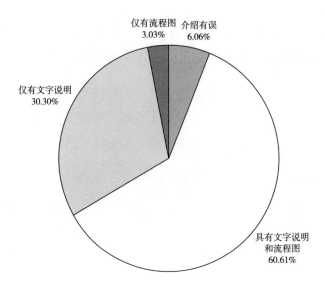

图 4　依申请公开流程说明的情况

的监督机制。其中，21 家列明了监督机构的名称，但其中 17 家网站没有提供监督机构的地址，且所有网站均没有提供公共交通工具换乘方式或者方位示意图。有 1 家网站没有提供监督机构的联系电话，有 16 家没有提供监督机构的电子邮件地址，有 8 家提供了在线投诉平台。对政府信息公开的救济途径，有 27 家网站在指南中作了说明。

从评估情况来看，绝大部分地方政府网站提供了指南文本，基本涵盖了《政府信息公开条例》要求的内容，并对政府信息公开工作作了说明。但是，一些政府的指南也存在一些问题。首先，从指南内容看，一些地方政府对政府信息公开制度的理解有偏差。这主要体现在对申请条件的表述上。其次，指南这一制度还没有得到很好贯彻。评估发现，不是所有的地方政府都在网站上公开了指南，有的地方只有所属部门的指南，没有本级政府的指南，有的地方甚至将本级政府的指南与本级政府办公厅的指南相混淆。再次，指南所记录的信息存在与实际不符的现象。这一方面体现为电话号码、电子邮件无效，另一方面体现为对流程等的描述与事实不符。电话无人接听或者占线以及电子邮件无回复，这可能与当地政府机关人员有限有一定关系，但既然对外公开了相关信息，政府就有义务让其在实际工作中起到解答公众疑问、了解公众需求的作用。最后，指南描述的内容还有不够细致的地方。比如，对工作时间的表述仅仅使用"工作日"无法令公众获知准确的办公时间；对机构地址的表述也有必要列明公共交通工具换乘方式或者方位示意图，以方便不熟悉路途的公众。

五　依申请公开

依申请公开是切实保障和落实公众知情权，限缩政府机关公开政府信息的自由裁量空间，提升政府管理透明度的重要制度。举凡引入政府信息公开制度的国家和地区，无不允许任何公众申请政府机关公开其掌握的所有政府信息，无须审查公众获取信息的目的与用途及其是否与所申请公开的信息有利害关系。在依申请公开信息平台的有效性方面，课题组考察的主要内容有：地方政府门户网站是否提供了依申请公开栏目，是否提供申请表格，是否具有在线申请的功能，在线申请平台是否具有便民性和有效性，在线申请是否准确地适用了《政府信息公开条例》的有关规定。比如，包括对申请人信息的收集是否适度，是否对当事人申请用途、目的进行调查。

43 家地方政府门户网站中，有 40 家网站有依申请公开政府信息的专门栏目，但其中有 2 家网站的栏目无法打开，其余 38 家网站点击该栏目后，均可以打开在线申请的页面。有 32 家提供了申请表格以方便公众通过传真或者在线申请，其中，提供 Word 等格式文件的有 27 家，其中有 1 家网站要求公众注册成网站用户并登录后方可下载表格；提供网页格式的有 3 家；1 家没有提供统一的表格，需要到各部门网站下载，且部分网站无法下载。不提供表格的网站有 9 家，另有 2 家虽有下载表格的栏目，但链接是空的（见图 5）。

有 34 家网站允许通过互联网在线申请，其中，1 家需要通过发送电子邮件的形式提交，其余 33 家则提供了在线填写表格和直接提交的平台，但这 33 家中有 2 家网站必须先实名注册并登录后方可进行申请。

在可以在线申请的网站中，为本市所有部门和区县设置统一的提交平台的有 31 家，另有 3 家只能到各部门和各区县的网站上提交申请。31 家有统一平台的网站中，有 11 家不要求提交时须选择申请部门，有 20 家网

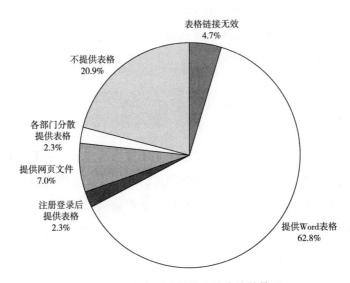

图 5　地方政府网站提供申请表格的情况

站要求必须选择提交申请的部门。

　　公众在提交申请时，除了要填写姓名以及通信地址、电话、传真、电子邮件等联系方式外，各网站还普遍要求公众在以个人身份申请时提供身份证号码、工作单位，甚至性别、年龄等信息，要求以法人及其他机构身份申请时提供单位组织机构代码、联系人的性别和年龄等信息。34 家允许在线申请的网站中，仅有 4 家网站不要求提供上述信息。另外，其余 9 家不支持在线申请的网站所提供的指南、申请表格等文件也显示，多数政府网站要求提供上述信息。个别网站还要求申请人提供身份证复印件，甚至要求通过网络上传身份证扫描文件、组织机构代码证以及营业执照扫描图片。

　　34 家提供在线申请功能的网站中，只有 5 家没有要求申请人说明申请公开政府信息的用途；29 家要求申请人注明申请用途的网站中，15 家要求"信息用途"一栏为必填项目，14 家规定为选填项目；9 家不支持在线申请的网站所提供的指南、申请表格等文件也显示，多数地方政府要求提供上述信息。这与课题组电话验证的结果相符，即很多地方政府在适用依申请公开时，仍将申请人限定于与所申请信息有特定关系的当事人。

为了验证在线申请平台的有效性，课题组以个人名义，向所有可以在线提交申请的34家地方政府网站提交了公开当地城市拆迁补偿指导性标准的申请（基本情况见图6）。22家网站（64.71%）对课题组在线申请提供了回执，如受理单号或者查询号码。8家网站（23.53%）没有提供任何类似回执的信息（有1家网站在申请提交1个月后，网站显示"在处理中"的申请数量仍旧为零）。另有4家（11.76%）网站未能提交成功，其中，1家网站因需要提供身份证扫描图片未能成功验证；1家网站需要通过电子邮件提交，但电子邮件被退回；1家网站选择以公民身份提交申请，但仍要求填写企业数据，填写后依旧提交失败，无法打开网页；1家网站一直提示输入信息有误，经多次检验更正仍无法提交。在提交申请过程中，还有1家网站对课题组虚拟的身份证号码进行了验证。课题组还发现，有1家网站提供的依申请公开表格中，个别项目所允许的字符长度较短，如电子邮件地址一栏所预留的字符长度短于普通电子邮件地址的长度，导致无法正常使用该地址进行申请。

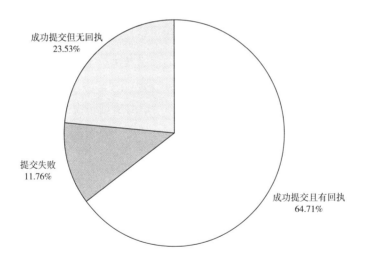

图6　地方政府网站在线提交申请的有效性

34家允许提交在线申请的地方政府门户网站中，有20家提供了在线查询申请状态的功能，有22家网站提供申请结果的在线查询功能，有9家网站提供了处理依申请公开的动态信息。不过，有些网站的查询栏目隐藏在其他栏目下，需经过反复查找才能找到。评估还发现，个别网站提供了所有申请的处理结果，其中并没有隐去申请人个人信息及申请内容，有损害申请人个人权益的风险。

截至评估结束，共有 12 家地方政府的有关部门在法定期限内进行了回复，其中，在提交申请后的第 1 个工作日和第 2 个工作日即作出答复的分别有 2 家。部分网站是在网站上作出的答复，需要到网站上进行查询，其他部分网站则是按照申请时的要求，以发送电子邮件的形式作出了答复。在答复内容方面，有些地方政府的受理机构声称本机构不是合法的公开义务主体，并告知了公开义务主体，有的则告知相关信息已通过主动公开形式公开，应到政府网站查询。

做得最好的是宁波市、洛阳市、济南市。宁波市受理申请的部门除了在网站上提供了答复文件外，还以电子邮件形式发送了答复决定，并打来电话对答复内容作了说明。洛阳市受理依申请公开的机构以电子邮件的形式回复称，"经与市拆迁办沟通后确认，2009 年洛阳市拆迁补偿仍采用 2007 年的标准"，并以电子邮件附件形式发来了 2007 年拆迁补偿标准。济南市有关部门在回复中称，"济南 2009 年城市房屋拆迁补偿标准没有，我们现在是按照《济南市城市房屋拆迁管理办法》执行"，并以邮件附件形式发来了《济南市城市房屋拆迁管理办法》全文。

从各地方政府门户网站依申请公开栏目的验证情况来看，很多地方政府利用网站搭建了依申请公开政府信息的平台，凭借高效、便捷、低成本的互联网满足公众申请获取信息的需求。一些网站还添加了在线提供受理回执、在线查询申请状态、申请处理结果、处理依申请公开的动态方面的功能，反映其在线提供公共服务意识和能力的提升，增加了处理活动的透明度，强化了自我监督机制。很多政府机关都能够在法定期限内，对申请作出回应和答复，一些地方政府不仅限于从形式上履行答复义务，更积极通过电话联系等方式，对决定内容作出细致入微的解释说明，对已经公开的信息或者不属于本部门处理的信息，不是简单地拒绝答复或者作出指引，而是积极联系有关部门，甚至直接将有关信息检索出来后发送给申请人，这表明这些地方政府及其工作人员具有较高的服务意识和服务水平。

但仍旧有很多问题值得关注。首先，一些地方并没有建设在线申请平台或者所建设的平台只有空架子，没有真正发挥作用，公众无法通过日益发达的互联网向政府索取信息。有些地方形式上具有在线申请平台，却无法提交成功，或者提交后既无回执，亦不能在法定期限内作出答复，令人质疑其在线申请平台的有效性。而且，一些地方虽然提供了在线查询功能，但该功能并不能发挥实际作用。其次，有些地方在线申请平台设计得不够便民。一些地方的在线申请平台、申请状态查询等功能没有置于网站醒目位置，特别是没有集中排列于政府信息公开平台之上，需要反复检索查找，稍有疏忽就会误以为其网站不具有该功能。一些地方设计的依申请公开平台的有关项目不合理，导致无法正常提交申请。还有的地方政府网站要求申请人必须实名注册后才能提交申请，对很多急于获取信息又不会经常使用该网站的公众而言，十分不便。而且，值得注意的是，个别地方只允许通过互联网提交申请，这违反了《政府信息公开条例》的规定，使很多没有条件使用互联网的公众不能正常提出申请，限制和剥夺了部分公民的知情权。再次，一些地方对《政府信息公开条例》有关规定存在错误认识。各地方普遍对申请人资格认识有误，以至于会要求申请人告知申请公开信息的目的与用途，这是对《政府信息公开条例》第 13 条的错误理解。当然，这种错误理解与《政府信息公开条例》本身规定含混不清，以及国务院办公厅在 2008 年 4 月 29 日发布的《关于施行〈中华人民共和国政府信息公开条例〉若干问题的意见》（国办发〔2008〕36 号）中所作的错误解释有直接的关系，这种错误认识已经使《政府信息公开条例》在实践中丧失了其本应具有的作用和价值。各地方还过分关注申请人的身份，以至于要求其提供足够详尽的个人信息，超出法定授权和法定目的收集个人信息，这是滥用个人信息的表现，违背了《政府信息公开条例》第 20 条关于申请人应提交材料的规定。政府信息公开制度不是将关注重点放在谁来申请信息上，而是要解决政府机关如何依法向社会公众提供信息以提升其透明度。因此，即便申请人所提供的信息未必都属实，只要所申请的信息不属于不公开信息的范畴，政府机关就有义务公开信息，没有权力和必要去审查申请人的身份。

六 政府信息公开工作年度报告

在规定的时限内公布本机关的政府信息公开工作年度报告（以下简称"年度报告"）是《政府信息公开条例》为政府机关设定的重要职责，是政府信息公开制度重要的监督保障机制，是政府机关加强自我监督、履行政府信息公开义务、接受社会和公众监督的重要方面。为此，课题组将43家地方政府的年度报告作为2009年度考察的一个板块，主要观察年度报告栏目、报告本身的可获取性以及主动公开数据、依申请公开数据、投诉和监督数据的公开情况。

课题组重点考察了地方政府网站是否设有专门的年度报告栏目来集中提供此前各年度的报告内容。有32家网站设有专门的年度报告栏目，但其中有1家网站上此栏目无法打开，有2家网站上此栏目无内容。其余11家网站没有专门的栏目，其中2家网站虽没有专门栏目，但提供了年度报告。由于《政府信息公开条例》实施尚不足2年，很多网站的年度报告栏目中只有2008年度的报告，因此，课题组只考察了各地方政府公开2008年年度报告的情况。有34家网站提供了2008年年度报告全文，部分网站没有提供年度报告栏目或者年度报告栏目为空，其年度报告系课题组在其门户网站内或者通过其他搜索引擎检索发现的。

34家提供年度报告全文的地方政府网站中，有32家提供了2008年度主动公开政府信息的整体数据，有33家按照主动公开形式等提供了主动公开政府信息的分类数据。

处理依申请公开的情况是评判政府机关推行政府信息公开工作成效的重要方面，因此，课题组重点考察了依申请公开的数据，如申请的数量、受理的数量、申请数量居前的部门和事项以及按照申请方式、决定内容、决定理由划分的分类数据等。

34家网站中仅有14家网站提供了上年度收到申请的数量，其中3家称收到0件申请。有11家网站按照本级政府、下级政府、所属部门分别提供了收到的申请数量，16家网站列明了申请数量居前的部门，20家网站列明了申请数量居前的事项，19家网站列明了按照申请方式（如当面申请、邮寄、电子邮件、传真、互联网等）收到申请的数据，33 家网站提供了上年度受理申请的数量（包括 3 家没有收到公开申请的网站）。评估发现，一些网站只提供受理数量，没有提供收到申请的数量，这不排除部分地方政府将"收到申请"与"受理"相混淆的可能。28 家网站列明了按照答复决定的内容（如不受理、决定公开、决定不公开、决定部分公开等）提供信息的数据，17 家网站列明了按照不公开信息的理由（如涉及国家秘密、个人隐私、商业秘密等）处理申请的数据，15 家网站对不公开信息的"其他原因"作了说明，32 家网站列明了涉及政府信息公开的投诉、行政复议和行政诉讼的数量（见图 7），其中 3 家没有发生投诉或者复议、诉讼（包括 3 家没有收到公开申请的网站）。

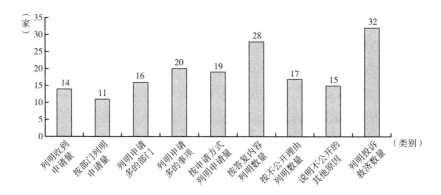

图 7　地方政府公开依申请公开数据的情况

评估发现，绝大多数地方政府已经按照《政府信息公开条例》要求编制了年度报告，很多还在门户网站或者其政府信息公开栏目和平台上设置了年度报告栏目。年度报告都对本机关上年度公开政府信息的情况作了总结。但是，其中存在的问题也不容忽视。首先，仍有一些地方没有在规定的时间内制作、公布上年度的年度报告，部分地方政府网站由于没有年度报告栏目，查询报告存在一定的不便。其次，一些年度报告内容不全面。此次评估所考察的几个项目都是政府信息公开的核心事项，是考察政府信息公开工作成效的重点，但仍有部分地方政府的年度报告未能对此作出说明。有些网站将"收到申请"与"受理"相混淆，或者只提供受理数量，回避了受理率的问题。还有些网站不能明确说明主动公开或者依申请公开的各种分类统计数据。这些都不利于公众监督政府信息公开工作。

七　房屋拆迁信息

随着中国城市化进程的推进，城市建设和房屋拆迁活动给人民群众的生产生活带来较大的影响，城市房屋拆迁补偿安置与人民群众的切身利益密切相关。一些地方因拆迁问题引发的社会矛盾不容忽视，2009年某些地方发生的与此有关的事件甚至引发《城市房屋拆迁管理条例》是废是留的争议。评估发现，43个地方城市中有相当部分的政府信息公开工作年度报告显示，上年度的公开信息申请中较多涉及拆迁信息，这表明，公众对拆迁问题的关注度极高。因此，2009年的评估还重点选择了社会公众普遍关心、与公众切身利益密切相关的拆迁领域作为个案，考察其行政管理活动的公开性和透明度。

此次评估主要考察地方政府拆迁信息的集中性以及拆迁相关信息的公开性。由于拆迁涉及具体的管理部门，本次同时对地方政府的门户网站和当地的拆迁主管部门的网站进行了观察。需要指出的是，本评估仅仅对有关地方政府通过政府网站公开拆迁信息的情况进行调查分析，评估结果不能反映当地实际执行拆迁法规的情况。

拆迁信息的集中性主要考察地方政府网站所公开的拆迁信息是否相对集中，方便公众查询、获取。43家地方政府门户网站中，有27家在主页或者政府信息公开平台上单列了拆迁信息的栏目。27家中有8家网站的拆迁信息栏目既有拆迁法规和政策，也有拆迁公告，另外19家网站则只有拆迁法规政策或者拆迁公告中的一类信息。有23家地方政府的拆迁主管部门在其主页或者其他栏目中单列了拆迁信息栏目，这其中，10个地方政府拆迁主管部门的网站在其拆迁信息栏目中同时提供了拆迁法规政策和拆迁公告信息，另外13家则只提供了拆迁法规政策或者拆迁公告中的一类信息。在对拆迁主管部门的网站进行观察和验证时，课题组遇到的最大问题是，各地方政府主管拆迁的部门各不相同，有的是建设部门（如建设局、建委），有的是房产部门（如房产局），有的是国土部门，还有的是规划部门，这为课题组检索信息带来了一定的困难，有的城市需要对几个部门一一进行观察验证，才能确定拆迁主管部门。

在拆迁补偿指导性标准和拆迁工作流程方面，共有 23 家地方政府在其市政府门户网站或者拆迁主管部门网站上提供了拆迁补偿指导性标准；有 13 家地方政府的市级政府门户网站或其拆迁主管部门网站提供了拆迁工作的流程说明，5 家地方政府的网站上同时还提供了文字说明和流程图，8 家地方政府仅提供了文字说明。

在拆迁公告方面，43 家地方政府的网站中，有 11 家地方政府的市政府门户网站和拆迁主管部门的网站提供了拆迁公告，或市政府门户网站提供了拆迁主管部门拆迁公告页面的链接，另有 14 家则只在拆迁主管部门网站上提供了拆迁公告，其余 18 家网站经在市政府主页、所有可能属于拆迁主管部门的网站中检索、查询，均未发现拆迁公告。在所有提供拆迁公告的地方政府中，仅有 2 家地方政府在拆迁公告中提供了拆迁示意图。

有 13 家地方政府的有关网站提供了拆迁公司和拆迁评估公司的资质列表，有 9 家地方政府的有关网站提供了拆迁安置房的位置信息，3 家提供了拆迁安置房的价格信息。

评估发现，很多地方政府都比较重视在其门户网站乃至拆迁主管部门的网站上公开有关拆迁的信息，很多还在两级政府网站上提供了拆迁信息的专门栏目，有的地方还专门建有城市拆迁方面的网站，集中公开有关的信息。但是，就拆迁信息的公开性而言，仍有一些需要改进的地方。首先，拆迁信息的公开程度还不够理想。一些地方政府网站没有提供拆迁信息，通过其网站提供的检索功能也难以获取有关的信息。一些地方政府网站虽然提供了拆迁信息，但主要集中于拆迁的法规政策及拆迁公告，对拆迁公司、拆迁评估公司、安置房等与拆迁有关的信息的公开力度不够。其次，信息缺乏集中性，不便于检索。一些地方政府网站虽然提供了拆迁信息的专门栏目，但只有拆迁法规政策或拆迁公告。而且，有的地方拆迁信息只公开在市级政府网站上，有的则只公开在拆迁主管部门的网站上，为了获取全面的拆迁信息，公众必须在市级政府门户网站和拆迁主管部门网站上反复进行检索。再次，信息存在不一致的现象。这主要表现为拆迁法规政策或者拆迁公告的数量、内容不完全一致。一些地方的拆迁信息零散地分布在市级政府门户网站和拆迁主管部门的网站上，有的信息只存在于市级政府的门户网站上，有的则只存在于拆迁主管部门的网站上，不能一站式地提供最全面的信息。这暴露出电子政务建设中，政府各部门之间信息共享不充分，信息内容建设重复劳动的弊端。

八 2009年度评估建议

此次评估以政府网站的信息公开为视角，从几个层面对有关地方政府贯彻《政府信息公开条例》的规定、实施政府信息公开制度的实际状况进行了考察和分析，并从某些侧面分析了地方政府依法行政及推进政府管理透明度的状况。评估中既发现了很多地方在推行政府信息公开、提升政府运行透明度方面取得的进展，也看到了当前政府信息公开存在的一些不足。

从评估结果来看，一些城市的评估结果不是十分理想，还有些城市在某些板块的评估结果不理想，这说明一些地方在实施《政府信息公开条例》、推行政府信息公开方面还有很大的提升和改善空间。问题的存在可能是因为现有法律法规及相关制度不完善，也可能是因为一些地方政府不够重视，或者工作态度和工作机制存在需要改进的地方。要进一步提升政府透明度，今后至少需要从以下几个方面入手。

第一，不断完善相关法律法规。《政府信息公开条例》只是中国构建政府信息公开制度的过渡性规定，其法律位阶决定了其不可能自如地解决公开与不公开、如何公开等问题。而且，《政府信息公开条例》对不公开信息的界定、主动公开与依申请公开的关系、依申请公开的资格与程序等的规定都有不够完善之处，这导致其与世界上政府信息公开的潮流以及中国推行政府信息公开制度的需求都有一定的差距。这也成为各级政府机关误读甚至错误适用有关制度的根源。因此，在推行政府信息公开制度过程中不断积累经验，逐步完善政府信息公开制度，是未来中国不容回避的课题。

第二，注重培养公开透明的文化。政府信息公开制度推行得好不好，既取决于国家机关工作人员对制度的正确认识，更取决于广大公众能否认识到自身享有的权利并能够踊跃参与政府信息公开活动。因此，首先要提升所有国家机关工作人员的公开意识，通过培训使其真正理解政府信息公开制度的内涵与意义，真正认识到推行公开是提升政府管理公共事务能力、服务于公众的题中应有之义和重要保障，而不是把其作为一项工作中的负担。其次，要培养公众的公开文化。只有公众积极参与，不断提出申请，才能推动政府放弃封闭的管理方式，变得越来越开放。

第三，确保有充足的人力、财力用于处理政府信息公开事务。评估中，有的地方政府咨询电话长期无人接听或者占线，电子邮件无人回复或回复迟缓，除了工作态度等以外，不排除是因为个别地方政府处理公开事务的人手有限。因此，各地有必要视情况配备专职的人员和投入必要的经费，加强信息管理，以应对日益增多的公众申请与咨询，保障政府信息公开工作的正常开展。

第四，各地方政府应当定期开展自查，注重政府信息公开和网站运营质量，提升便民性。建议各地方政府定期对本级政府实施《政府信息公开条例》各项制度的情况，政府信息公开工作机构及其工作人员的工作状况、工作态度以及网站运行状况、信息与相关栏目设置排版的科学性、检索功能等的有效性、依申请公开等在线服务平台的运行状况等进行检查评估，及时发现问题并予以纠正，不断提升政府网站的便民性，提升网站功能，杜绝信息与公众捉迷藏的现象，确保公众以最少的时间、最低的经济成本获取更多的信息。

第五，进一步完善主动公开工作。主动公开是政府机关依照职权面向社会公众提供信息的活动，通过政府公报、政府网站、新闻媒体等公开信息后，可以避免公众一一提出公开申请，有助于降低政府机关处理申请的成本，方便公众获取信息。政府机关应当通过日常监测，发现与公众切身利益相关、社会关注度高、公众需求量大的信息，并变被动等待公众提出申请为主动向公众提供信息，包括在政府网站上建立专门的栏目和平台集中公开相关信息。

第六，加强政府信息公开工作的整合力度。当前各地的电子政府建设基本采取的是地方政府与所属部门、下属区县各自建设网站的做法，虽然地方政府的门户网站基本都可以做到在醒目位置提供所属部门和下属区县网站链接，但是难免出现信息不集中、不一致的问题。建议有关政府机关研究如何对信息进行整合，使公众在一个网站上就可以获取所需的各项信息，并对"政务公开"和"政府信息公开"平台或者栏目进行整合。建议今后地方政府在机构改革和职能调整过程中，注意网站运营的连续性，避免重复建设和多个门户网站同时运营。依申请公开也有必要整合为通过一个平台集中处理所有本地的申请事务，提供政府信息等方面的一站式服务。

（参见法治蓝皮书《中国法治发展报告 No.8（2010）》）

第三章　2010 年政府透明度指数评估

一　总体情况

2010 年，国务院部门和地方政府在贯彻实施《政府信息公开条例》（以下简称《条例》）、推进政府管理透明方面所做的工作，有如下方面值得肯定。

第一，政府网站已成为公开政府信息的重要渠道。

与 2009 年的评估情况类似，无论是地方政府，还是国务院部门，均通过各自网站公开了大量的信息，对满足公众的信息需求有重要作用。

第二，政府信息公开制度的实施继续向前发展。

绝大多数政府网站已经按照《条例》以及国务院有关规定，设置了政府信息公开目录、政府信息公开指南、信息公开的在线申请平台，按时公开了政府信息公开工作年度报告。地方政府 2010 年推行公开的情况好于 2009 年。

第三，重视公众获取信息的便利性和与公众的沟通互动。

很多政府网站都设置了互动栏目、政府信息公开目录的检索栏目等，以方便公众快捷地获取信息，并重视利用电子政务平台与公众进行沟通。

第四，政府信息公开工作人员的公开意识与业务熟练程度值得肯定。

一些国务院部门和地方政府主管信息公开的工作人员对课题组通过电话、电子邮件提出的咨询和申请，认真负责、主动、及时地作出解答与回应，并以和气的态度细致地讲解。

在评估过程中也发现了以下几个方面的问题。

第一，部分网站的运行状况不佳。

部分国务院部门和地方政府的网站运行慢、不稳定、间歇性无法访问。有的政府网站运行速度极慢，长时间无法打开网页。有的政府网站运行不稳定，有时可以打开，有时则不能打开，甚至有个别网站出现过平时可以打开而周末打不开的现象。特别是个别国务院所属部门，如住房和城乡建设部的网站在长达2个月的评估期内一直处于系统建设状态，无法获取相关信息。应当说，网站运行的状况与各级政府建设电子政务的资金、人力投入是不成比例的。这与通过推行电子政务打造"永不下班的政府"的目标相去甚远。

第二，电子政务重复建设的问题不容忽视。

有的地方政府，如大同、广州、长春市政府仍旧存在同时运行2个官方网站的情况，这些网站均为 gov 后缀，且均在更新。另外，有的地方政府所属部门的网站也存在类似情况。这既给公众获取信息带来不便，也造成了政府资源的浪费。

第三，个别政府部门执行《条例》的情况不好。

《条例》及国务院办公厅《关于做好施行〈中华人民共和国政府信息公开条例〉准备工作的通知》（国办发〔2007〕54号）、国务院办公厅在2008年4月29日发布的《关于施行〈中华人民共和国政府信息公开条例〉若干问题的意见》（国办发〔2008〕36号）已经对政府信息公开目录、政府信息公开指南、政府信息公开工作年度报告等提出了明确要求，还强调要充分发挥政府网站公开政府信息的平台作用。但是，时至评估结束，未依法编制和公开政府信息公开目录（以下简称"目录"）、未提供政府信息公开指南（以下简称"指南"）、未按时公开政府信息公开工作年度报告（以下简称"年度报告"）的情况依然存在。个别地方政府提供的目录和指南仅仅涉及所属部门、下属区县，而不涉及本级政府。根据《条例》，一级政府机关也是信息公开的主体，同样应当编制目录和指南，其信息公开义务不能因为所属部门和下属区县乃至公用企事业单位履行了信息公开义务而被免除。课题组在根据指南提供的电话进行咨询时，仍有个别政府机关的工作人员以不熟悉情况、不分管工作为由进行推脱。而且，有的地方政府和国务院部门未提供具备信息链接的目录，使公众难以直接便捷地获取主动公开的信息。某些地方政府和国务院部门不提供在线提交政府信息公开申请的专门系统，只允许通过电子邮件提交或者当面提交，增加了公众获取公开信息的难度。

第四，部分政府网站的政府信息公开流于形式，有的功能沦为摆设。

绝大多数网站在主页上设置了"政务公开"或者"政府信息公开"相关栏目，但部分网站栏目标识不醒目、栏目位置隐蔽，有的甚至被放置在网页的第二屏以下，不方便公众查找。有不少网站提供的信息多是关于领导活动的新闻类信息，涉及民众切身利益或者部门管理方面的信息比较少。有的政府机关虽然有门户网站，网站运行也基本正常，且具备有关信息栏目的分类，但是，相关的栏目要么链接无法打开，要么打开后没有信息，或者提供的检索、在线申请等功能无法使用。有的网站虽然有依申请公开方面的动态信息，但是，一年来的动态信息没有任何变化。还有的网站信息编排混乱，在有关栏目中找不到相关信息，甚至有的政府信息只可以通过搜索引擎查找到，而且有些通过搜索引擎查找到的信息却隐藏在网站的其他栏目中。在验证依申请公开时，有的政府机关设计的政府信息公开申请的在线提交系统不够人性化，有些在线填写的表格项目宽度不够、对电话号码的填写格式有特殊要求但未作明确说明或者不能明确向申请人提示哪些地方填写有误，容易造成申请人无法正常提交申请。

第五，信息更新不及时。

部分网站信息滞后，几个月甚至一两年前的信息还列在最新信息一栏中，网站部分栏目乃至整个网站基本处于休眠状态。地方政府的拆迁主管部门的网站、食品安全监管部门的网站明显存在此类问题。有些地方食品安全信息网上的信息更新时间还停留在 2007 年或者 2008 年。

第六，一些政府网站为公众获取信息增加了难度和成本。

2009 年评估时，课题组就已经发现极个别地方政府要求公众必须实名注册后方可申请获取信息。2010 年度，此类做法仍然大行其道，无论地方政府还是一些国务院部门的网站中均有此类要求。政府机关提供在线申请平台的初衷本是方便公众申请，但有的政府机关核查申请人提供的身份证号码的真实性，有的政府机关要求申请人以特定格式在线上传身份证复印件，有的政府机关还要求申请人必须打印申请表亲笔签名再扫描后以照片格式作为附件发送申请，有的甚至要求上传证明其申请用途的文件，有的则要求申请人签署不滥用信息的保证。要达到这些要求，申请人必须拥有打印机、扫描仪、数码相机等设备，并熟悉相应的信息处理技术，其成本与难度不亚于甚至远远高于当面申请，这背离了《条例》的本意。

第七，一些地方政府实施政府信息公开制度存在一定波动。

与2009年的评估结果相比较，地方政府存在四种情况：第一种是一些地方政府连续2年都在总体上做得不错；第二种是有的地方政府2009年评估结果不够理想，但2010年度在某些板块或者总体上有所改观，进步较为明显；第三种是有的地方政府在政府网站建设和政府信息公开方面，连续2年均没有任何明显起色，课题组花费数倍于其他地方政府的时间和人力，均不能检索到需要查找的信息；第四种则是有的地方政府总体评估结果或者部分板块的评估结果不如2009年理想，出现退步的情况。这主要表现为其政府网站运行不稳定，有的栏目或者有关部门（如拆迁、食品安全监管部门）的网站运行不好，有的栏目或者网站改版后信息获取的便利性不如2009年，还有个别网站的相关栏目在评估时正处于改版过程中。

二 政府信息公开目录

沿袭2009年关于政府信息公开目录的评估项目，2010年度，课题组对地方政府门户网站本级政府、所属政府部门、下级政府机关、公用企事业单位的目录编制情况以及目录栏目、目录内容链接、目录检索功能的有效性和便利性进行了评估。课题组参照地方政府的指标，对国务院部门的目录栏目、目录内容链接、目录检索功能的有效性与便利性进行了评估。考虑到国办发〔2007〕54号文件明确要求"凡属于应当公开的必须按规定纳入公开目录"，2010年度的两套指标均增加了一项新的评估内容，即评价目录所包含信息的全面性，课题组选取网站主页中一些重要信息（如政府文件、公文等）确认是否包含于目录中。

评估显示，地方政府门户网站提供市政府目录栏目、所属部门目录栏目、下级政府目录栏目、公用企事业单位目录栏目的分别有41家（占95.3%）、42家（占97.7%）、40家（93%）、31家（72.1%），均高于

2009 年评估情况（见图 1）。国务院部门中，有 55 家网站提供了目录栏目，所占比例为 93.2%。

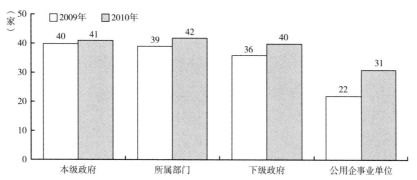

图 1 2009 年与 2010 年地方政府网站设置政府信息公开目录栏目的情况

在地方政府网站中，课题组分别在本级政府目录、所属部门目录、下级政府目录、公用企事业单位目录随机选取 10 条、10 条、9 条、6 条信息，对信息链接的有效性进行了验证。还在卫生局、农业局、质量技术监督局、工商行政管理局、食品药品监督管理局 5 个负有食品安全监管职责的部门所提供的目录中随机选取 2 条信息链接进行了验证。所属区县方面依旧随机选择 3 个区县，并分别随机选取 3 条信息链接进行了验证。公用企事业单位则随机选择 3 家，分别随机选取 2 条信息链接进行了验证。

总体而言，地方政府本级政府目录的有效性略高于 2009 年，下级政府目录的有效性与 2009 年持平，但所属部门及公用企事业单位目录的有效性略差于 2009 年（见图 2）。

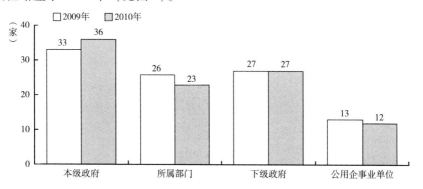

图 2 2009 年与 2010 年地方政府政府信息公开目录链接全部有效的情况

在国务院部门中，课题组随机对其目录选取 10 条信息链接进行了验证。验证结果见图 3。其中，4~6 条信息链接有效的部门数为 0。

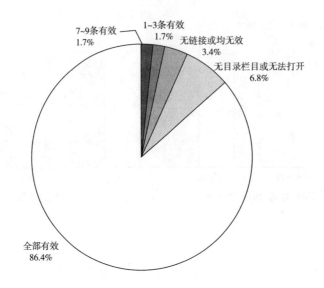

图 3　2010 年国务院部门政府信息公开目录链接的有效性

2010 年评估中，有 17 家地方政府网站在目录中同时按照体裁、主题、对象、机构等方式提供了多种分类，方便不同需求的公众查阅信息，而 2009 年则仅有 3 家。国务院部门中，提供该种分类的共有 20 家。

在政府信息公开目录的检索功能方面，地方政府网站 2010 年检索功能的情况差于 2009 年。2010 年有 23 家网站提供了简单检索功能，但只有 18 家网站的检索功能有效；而 2009 年有 21 家网站提供该功能，且均能有效检索。2010 年，能够按照标题关键词、正文关键词、发文单位、文号等提供多种检索功能的有 15 家，其中有 10 家可以有效使用该功能；2009 年则有 18 家有效提供该功能。2010 年，提供组合检索功能的网站有 12 家，可有效检索的为 9 家；2009 年则分别为 13 家和 12 家。

国务院部门检索功能的情况明显好于地方政府。在国务院部门中，提供简单检索功能的有 36 家，有 32 家可以有效检索；提供多种检索功能的有 28 家，其中全部检索方式均有效的有 24 家；提供组合检索功能的有 30 家，能够有效使用的为 26 家（见图 4）。

在评估政府网站主页的信息是否包含于目录中时，课题组发现，国务

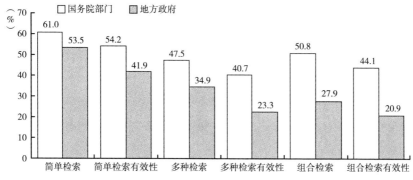

图4 2010年国务院部门与地方政府目录检索功能对比

院部门明显差于地方政府。在目录中随机检索网站主页的主要信息，有20家地方政府的网站未能查到主页中的某些政府文件信息，占全部被评估地方政府网站的46.5%。有42家国务院部门的网站存在上述问题，占全部被评估国务院部门网站的71.2%。

总的来说，无论是地方政府，还是国务院部门，都在目录的设置方面存在一些问题。

首先，目录设置不健全。一些网站没有依照《条例》及有关文件要求公开本机关目录，更没有设置有关栏目。有的网站虽然提供了目录，但没有配备链接，公众无法通过链接直接获取相关信息。有的网址仅仅提供全网的检索功能，而不提供针对目录的检索功能，公众无法针对目录内容进行有效检索。

其次，目录不全面。个别地方政府的网站不提供本级政府的目录。相当一部分网站的目录仅仅包含了该部门的部分信息，公众不能通过目录最大限度地检索到该部门的所有信息，还需要去检索该网站的其他栏目，加大了公众检索的难度。此外，部分地方政府的下属部门、所属区县或者公用企事业单位无链接的情况依然比较突出。

再次，目录不稳定。一些网站仍然存在目录中的链接无效或者链接所指向的内容与链接标题不相符的情况。

最后，目录所提供的一些功能无效。这主要体现在检索功能上，有的网站虽然提供了简单检索和组合检索功能，但是完全无法进行信息检索，相关功能成为摆设。

三　政府信息公开指南

2010 年，课题组继续就政府信息公开指南的有效性进行了评估，主要考察是否提供指南文本，是否说明主动公开形式、依申请公开提出条件和办理流程、政府信息公开监督机构的有关信息和监督救济方式，并就指南所提供的政府信息公开工作机构的电话和电子邮件进行了验证。需要说明的是，2010 年评估的标准略比 2009 年严格。比如，凡指南中没有列明但在其他地方提供政府信息公开工作机构或者申请受理机构的联系电话的，本年度均视作指南未提供联系电话。

课题组考察了国务院部门和地方政府网站所提供的指南全文。其中，地方政府网站提供指南全文或者利用搜索引擎等可以获取指南全文的有 39 家（在 43 家网站中占 90.7%），比 2009 年的 31 家有所上升。国务院部门中，提供指南全文或者利用搜索引擎等可以获取指南全文的有 53 家网站（在 59 家网站中占 89.8%）。

2010 年评估中，列明了政府信息公开工作机构或者申请受理机构地址的，地方政府有 28 家网站（2009 年为 30 家），国务院部门有 51 家；国务院部门中仅有 2 家提供了本单位方位示意图或者行车路线等，而地方政府都未提供上述信息；详细说明了工作时间的，地方政府有 23 家（与2009 年持平），国务院部门有 47 家。

2010 年评估中，有 36 家地方政府网站在指南中提供了政府信息公开工作机构或者申请受理机构的联系电话（在 43 个城市中占 83.7%），2009 年仅有 29 家。国务院部门中，有 46 家部门网站在指南中列明了上述联系电话（在 59 家部门中占 78%）。

从 2010 年对指南提供的电话进行验证的情况看，地方政府的情况略好于 2009 年，接听电话的工作人员多数能够热情、详细地解答咨询，但国务院部门的一些电话长时间无人接听，有的工作人员态度傲慢。为了保证验证的客观性，课题组以普通公众身份，在周一至周五上午 9 时至 11时 30 分以及下午 2 时至 4 时 30 分的时间段内，对国务院部门和地方政府的工作机构进行了电话验证。对国务院部门是请求告知如何获取该部门预算方面的信息以及申请公开信息的条件，对地方政府则是请求告知如何获取食品安全方面的信息及申请公开信息的条件。验证主要关注电话号码是否有效、电话是否存在长期占线或者无人接听情况、接听电话人员是否分管政府信息公开业务、接听电话人员是否能够回答咨询。考虑到一些国务院部门和地方分管政府信息公开工作的人员较少，为了确保电话验证的公正性，课题组对每个被验证的机构均给予 1 周的验证周期，一周内电话接通的不再验证，因占线或者无人接听未能接通的，则采取一周内最多拨打 6 次、每次间隔 30 分钟以上的验证方式。

在政府信息公开工作机构或者申请受理机构的电子邮件信息方面，2010 年，27 家地方政府网站在指南中提供了电子邮件地址，高于 2009 年的 23 家，在 43 家地方政府中占 62.8%；36 家国务院部门在指南中提供了电子邮件地址，占全部被评估部门的 61%，略低于地方政府。为了考察电子邮件的有效性、邮件是否得到回复以及回复的时间，课题组向国务院部门咨询如何获取该部门预算方面的信息以及申请公开信息的条件，向地方政府咨询如何获取食品安全方面的信息及申请公开信息的条件。

对于主动公开的形式，2010 年，有 37 家地方政府在其指南中作了说明（占被评估地方政府的 86%），高于 2009 年的 31 家；国务院部门中，有 51 家作了说明（占被评估国务院部门的 86.4%）。关于主动公开与依申请公开的关系，2009 年评估时发现，有不少地方政府混淆了主动公开与依申请公开的关系，要求依申请公开只能适用于主动公开的信息之外的信息，这种状况在 2010 年评估中没有实质变化，而且，国务院部门也存在相同的问题，有的部门还提出 "主动公开为主，依申请公开为有效补充"，对政府信息公开制度的认识存在根本性错误。

2010 年，有 35 家地方政府对依申请公开的流程作了说明（占全部被评估地方政府的 81.4%），略高于 2009 年的 33 家，但是仅有 9 家同时在指南中附加了流程图（占 20.9%），另有 8 家在依申请公开部分提供了流程图（占 18.6%），2009 年在指南或者依申请公开部分提供流程图的有 20 家。2010 年与 2009 年存在一定差别的主要原因是，2009 年统计尺度较宽，并不要求必须在指南中提供流程图，同时，2010 年评估时，一些网站在指南中提供的流程图链接无法打开。国务院部门中，有 42 家提供了流程的文字说明（占全部被评估国务院部门的 71.2%），但指南内提供流程图的仅 3 家，指南未提供而在依申请公开部分提供的仅为 4 家，分别占全部被评估国务院部门的 5.1% 和 6.8%。

在监督机制方面，17 家地方政府在指南中列明了政府信息公开监督机构的地址，2009 年仅有 4 家提供。与 2009 年评估结果相同，2010 年仍旧没有地方政府提供监督机构的公交换乘方式或者方位示意图。国务院部门中有 18 家提供了监督机构地址，同样没有提供公交换乘方式或者方位示意图。地方政府中，有 22 家提供了监督机构的联系电话，6 家提供了电子邮件地址，2009 年则分别为 20 家和 5 家；国务院部门中，有 19 家提供了监督机构的联系电话，9 家提供了电子邮件地址。关于救济方式，地方政府有 27 家进行了说明，与 2009 年一致，国务院部门则仅有 26 家。所有地方政府网站均未明确说明应向什么机构申请行政复议或者向哪一级法院提起行政诉讼；国务院部门中，仅交通运输部、国家工商行政管理总局、国家安全生产监督管理总局在指南中明确了复议申请方式。

总的来说，指南部分存在如下问题。

第一，从指南编制情况看，有的政府机关对政府信息公开制度及指南制度的认识有欠缺。有的地方政府不编制本级政府指南，而是以办公厅（办公室）的指南予以替代。

第二，指南编制不够细致。有的机关所提供的指南流于形式，信息量不大，不能简明扼要地对政府信息公开制度及公开政府信息的流程等作出准确说明。比如，不能详细说明工作机构的地址、救济方式等。值得指出的是，地方政府指南编制的细致程度好于国务院部门，但个别方面（如前述政府信息公开救济方式）国务院部门好于地方政府。

第三，指南的更新情况不够理想。从评估情况看，2009 年出现所列电话号码为空号的几个地方政府已经更新了电话号码，且电话能够打通，说明一些政府机关对指南进行了更新。但是，总体而言，大部分政府机关的指南处于休眠状态。很多指南都是 2008 年编制上传至网站的，2 年间未进行修改更新，尤其是有的主管机构电话号码、电子邮件地址变更后，没有及时对指南文字进行修改，甚至有的网站由于网站维护等原因存在指南页面链接无效等问题。可以说，上述问题基本都是 2009 年评估时就已发现了的，但改进的情况不够理想。

四　依申请公开

对于依申请公开平台的运行情况，课题组依旧对是否在网站上提供依申请公开栏目，是否提供申请表格，是否提供信息公开申请在线提交平台（以下简称"在线申请平台"）及其运行情况，在线申请平台执行《条例》规定的情况（如是否过度收集信息、是否要求申请人说明申请信息的用途或者附加其他限制），申请进度、结果的查询功能进行了调查。此外，还对政府机关回复申请的时限及回复内容进行了评估。

从评估结果看，地方政府依申请公开平台，尤其是在线申请平台的建设好于国务院部门，大部分地方政府网站支持公众直接通过网络平台发送申请，而大部分国务院部门还限于通过电子邮件提交，有的甚至只允许采用邮寄或者当面提交的方式提出申请。

有40家地方政府网站设置了依申请公开栏目，占全部地方政府被评估网站的93%，与2009年相同。2009年，上述40家网站中有2家的依申请公开栏目无法打开，而2010年上述40家网站的栏目均可打开。国务院部门中，设置该栏目的为49家，占全部国务院部门被评估网站的83.1%。

绝大多数政府网站提供了政府信息公开申请表格。地方政府中，有30家提供Word等可下载并可在电脑上编辑的表格，5家提供网页格式等仅可打印的表格，有4家提供的表格不可下载粘贴，4家不提供表格（2009年则分别为28家、3家、1家、11家）；国务院部门中分别为44家、2家、5家、8家。

在线申请平台的设置情况，地方政府明显好于国务院部门。2010年评估中，地方政府网站有34家设有专门的在线申请平台（占地方政府被评估网站的79.1%），另有1家允许电子邮件提交申请，8家未提供上述两种网络申请方式（2009年依次为33家、1家、9家）；国务院部门网站有15家设有申请平台（占国务院部门被评估网站的25.4%），另外26家仅允许通过电子邮件申请，18家未提供上述两种申请方式（见图5）。

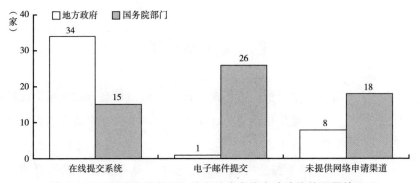

图 5　2010 年国务院部门和地方政府在线申请功能的配置情况

　　课题组以个人名义，向所有可以通过互联网提交申请的被评估对象发出了政府信息公开申请。对于地方政府，课题组申请其公开 2010 年度食品安全执法检查信息；对于国务院部门，课题组要求获取其 2010 年至申请时因公出国出境考察的人数及经费使用情况。评估所用的姓名、身份证号码均为虚拟的，职业填写为无业或者学生，电子邮件地址不同于前述对指南所列电子邮件有效性进行验证的电子邮件地址，申请信息的用途填写为学习、研究或者撰写论文。

　　结果显示，在依申请公开中过度收集申请人个人信息的情况非但没有得到遏制，还有发展趋势。2010 年度评估中，课题组对未明示必须填写工作单位、身份证号码、性别或者年龄等信息的网站，先空出相关栏目发送申请，系统提示要求必填的再予以补正，以验证此类信息是否必须提交。结果显示，地方政府网站有 32 家要求申请人必须提供部分或者全部上述信息，占全部地方政府被评估网站的 74.4%（2009 年为 30 家）；国务院部门中有 39 家存在该问题，占国务院部门被评估网站的 66.1%（见图 6）。不仅如此，一些网站还要求申请人以特定的文件格式（如特定的图片格式）上传身份证复印件及有关的身份证明，不少网站还会在线验证申请人身份证号码的真伪。有的政府机关在收到课题组发出的申请后，要求以电子邮件或者传真形式提供申请人的身份证复印件。

　　要求申请人说明申请用途的情况也较为普遍。2010 年评估中，课题组对未明示必须填写用途的网站，先空出"用途"一栏发送申请，系统

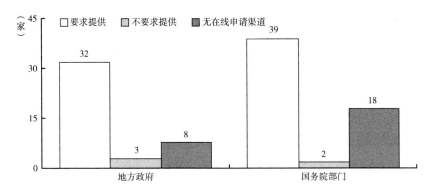

图6　2010年国务院部门和地方政府依申请公开中
收集申请人个人信息的情况

提示必填的再补正，以验证此类信息是否必须提交。结果显示，有21家地方政府要求必须填写，占地方政府全部被评估网站的48.8%，2009年则仅为15家；国务院部门有35家存在此问题，占国务院部门全部被评估网站的59.3%（见图7）。与2009年有所不同，2010年度评估中，政府机关要求说明申请用途几乎已经成为常态。有的政府部门要求申请人在线上传证明用途的文件，有的部门要求申请人以传真等形式补正有关部门出具的、盖有公章的证明文件，以说明申请用途。更有甚者，有的政府部门要求申请人声明保证不滥用所获取的信息。课题组在与有关政府部门的工作人员进行沟通的过程中了解到，国办发〔2008〕36号文件特别是《国务院办公厅关于做好政府信息依申请公开工作的意见》（国办发〔2010〕5号）是其主张申请人必须说明申请用途的主要依据，不少工作人员据此认为，申请获取的政府信息必须与申请人自身关系直接、密切，否则不受理申请，也不予公开相关信息。

　　课题组还发现，有的政府网站的在线申请平台存在填写项目设计不合理或者以种种技术手段增加公众申请难度、成本的情况。有的网站要求公众必须实名注册该网站用户后方可提交申请。有的网站相关填写栏目所允许填写的字符长度较短，无法填写正常的电子邮件地址等。有的网站设计的联系电话栏目只允许填写固定电话号码，不允许填写手机号码，而且还只能按照固定的格式填写，如只允许"010-×××××××"的格式，不允许

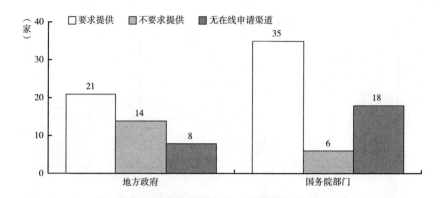

图7 2010 年国务院部门和地方政府依申请公开中
要求申请人提供申请用途的情况

"010×××××××"的格式，甚至网站不对此作出任何说明。有的网站对相关栏目存在填写错误的情况，不给予明确的提示，令申请者无所适从。有的网站要求申请人必须下载、打印申请表，亲笔签名后，再扫描为图片格式作为电子邮件附件提交申请。还有的网站在申请平台中声明不支持某些邮件服务商提供的邮件地址。所有这些都造成了申请的不便，增加了申请的时间乃至经济成本，与推行政府信息公开乃至构建服务型政府的目标相悖。

为了验证在线申请功能的有效性，课题组向所有提供在线申请渠道的政府机关发送了申请。15 家提供在线提交系统的国务院部门中，有 8 家能顺利提交并能提供受案号或者受理回执，6 家能顺利提交但没有回执类信息，1 家无法顺利提交；另外，26 家只允许使用电子邮件提交申请的部门中，有 22 家能够发送邮件，但没有回执类信息，1 家的邮件发送失败，3 家因为没有提供申请表格无法提交申请。34 家提供在线申请平台的地方政府中，通过该平台能顺利提交并提供受案号或者受理回执的有 17 家，能顺利提交但没有回执类信息的有 11 家，无法顺利提交的为 6 家；另外1 家只允许使用电子邮件提交申请的地方政府，通过电子邮件提交后未提供任何回执类信息。

从网站提供的有关提交申请的查询情况看，国务院部门的网站配置在线查询申请状态、实时申请处理数量等的情况不如地方政府做得好。国务院部门中，仅有 9 家提供了申请状态查询功能（占全部被评估国务院部门的 15.3%），有 1 家公布实时的申请处理动态信息（占 1.7%），有 9 家提供处理结果查询功能（占 15.3%）；地方政府中，则分别有 18 家（占全部地方政府被评估网站的 41.9%）、8 家（占全部地方政府被评估网站的 18.6%）和 20 家（占全部地方政府被评估网站的 46.5%），2009 年分别为 20 家、9 家、22 家。地方政府情况 2010 年比 2009 年略差，主要是因为有 2 家地方政府的网站虽然提供了申请状态查询功能和申请结果查询功能，但其相关信息内容长期未更新；另外，1 家提供在线申请处理动态的地方政府网站 2010 年所显示的受理数量和处理数量与 2009 年的数据完全一样。因此，课题组将上述网站的有关功能视作无效。

从评估对象答复申请的情况看，公众获取政府信息的难度与阻力仍然很大。多数机关不能在法定期限内作出答复，有的机关设置的要求增加了申请人获取信息的难度成本，有的机关形式上正面答复了申请，但答复内容空洞、答非所问。在法定的答复期限内，有 18 家国务院部门回复了申请，占被评估国务院部门的 30.5%；有 10 家地方政府回复了申请，占被评估地方政府的 23.3%。其回复内容包括：①直接公开有关信息或者告知获取信息的方式；②拒绝公开信息；③不受理申请；④要求补正申请资料。上述四种情况，国务院部门分别有 4 家、4 家、3 家、7 家，地方政府分别有 2 家、0 家、7 家、1 家。有 3 家国务院部门说明了拒绝公开信息的理由（主要是涉密或者声称不属于《条例》规定的范围）。有的部门提出，政府机关应当公开的信息仅限于以正式发文的形式制作的信息，其他信息不属于信息公开的范围。其依据主要是国办发〔2010〕5 号文件。在要求补正申请材料方面，有的国务院部门和地方政府要求补正身份证号码、工作单位、申请信息用途方面的证明材料，并要求以电子邮件或者传真形式发送上述材料，尤其是有的政府机关要求提供相关部门出具的、盖有公章的文件以证明申请用途。在提供信息或者告知信息获取方式的地方政府中，有的明知申请人远在外地，仍以食品安全信息数量巨大、不便提供为由，请申请人到该机关所在地查阅。有的国务院部门虽然提供了正式的答复文件，但内容简单、空洞、避实就虚。比如，有的部门只回复称"因公出国/境考察团组人数和经费，严格按照国家有关规定执行，并按要求向上级纪检监察部门汇报"。

从 2010 年评估情况看，很多政府网站具备了政府信息的在线申请申请功能，特别是设置了在线申请平台，有助于提高公众提交申请的效率；一些政府机关工作人员接到课题组申请后，能够积极与课题组人员联系沟通，了解申请内容、申请用途或者确认申请人的联系方式，一些政府机关能够在法定时限内及时作出回复，有的政府机关在作出正式回复的同时还电话告知回复情况和回复内容。

评估发现，依申请公开制度实施中存在以下问题。

第一，在线申请功能尤其是在线申请平台的设置不理想。从评估情况看，在线申请功能的普及率较低，很多政府机关还只接受现场提交、邮寄提交等传统的申请方式，尤其是很多国务院部门尚未配置此类系统。

第二，在线提交系统的运行情况不好。从已经配备在线申请平台的国务院部门和地方政府网站看，一些网站虽然提供了此功能，但相关链接无法打开、申请无法正常提交。有些网站虽然提供了申请状态、动态等的查询功能，但没有实际运行，成为摆设。同时，在线申请平台设计有待于进一步人性化，以提高其便民性。一些政府网站所设计的在线申请平台有关栏目不科学，使公众填写申请表格或者提交申请非常困难。

第三，依申请公开制度的实施情况与法律要求尚有一定差距，特别是违反《条例》、增加公众获取信息难度的情况不容忽视。从评估情况看，政府机关在处理依申请公开中存在过度收集申请人个人信息、强制申请人说明申请用途的情况。一些网站要求申请人提交无关材料或者利用信息技术等手段增加了申请人的申请难度和申请成本。有的政府机关以所申请的信息需要经过本机关加工、信息量大而拒绝提供。应当引起注意的是，有关部门限缩了"政府信息"的范围，将《条例》规定的政府信息限定为政府机关以正式发文的形式制作的信息，除此以外的信息不予公开，这必将进一步加大公众获取政府信息的阻力。另外，一些政府机关的答复内容虽不直接表明拒绝公开，但文中充斥着官话、套话，没有提供申请人所需要的信息。

五　政府信息公开工作年度报告

本部分主要评估国务院部门、地方政府是否按照《条例》要求公开了

2009 年度的年度报告，报告全文是否可获取，报告内容是否包含了主动公开的数据、依申请公开的各类数据以及政府信息公开投诉、诉讼数据。

总体上看，年度报告的执行情况还有值得改进之处。无论是国务院部门还是地方政府，均有机关未能按照《条例》规定，按时公开本机关上年度的年度报告。2010 年，37 家地方政府网站提供了年度报告栏目（2009 年为 32 家），并提供了上一年度的年度报告全文（2009 年为 34 家），占地方政府全部被评估网站的 86%；51 家国务院部门在网站上提供了年度报告栏目，55 家提供了上一年度的年度报告全文，分别占全部被评估国务院部门的 86.4% 和 93.2%。为了确保客观性和公正性，未提供年度报告栏目或者栏目中没有提供上一年的年度报告全文的，课题组采用各种搜索手段查找，仍有 4 家国务院部门和 6 家地方政府上一年的年度报告未能检索到，只能视作其未提供。

在所有被评估的政府部门中，48 家国务院部门和 37 家地方政府在年度报告中提供了主动公开的整体数据，分别占 81.4% 和 86%。按照主动公开形式提供上年度主动公开分类数据的，有 40 家国务院部门和 31 家地方政府，分别占 67.8% 和 72.1%。地方政府中，2009 年提供上述两类数据的分别为 32 家和 33 家。

处理依申请公开的情况仍是本部分评估的重点，2010 年度对地方政府的考察事项依旧包括：在依申请公开工作中收到申请的数量，受理的数量，本级政府、下级政府、所属部门收到申请的数量，申请数量居前的部门和事项以及按照申请方式、决定内容、决定理由划分的分类数据等。对于国务院部门，则不包含涉及申请数量较多的部门方面的指标。

评估显示，国务院部门公开依申请公开数据的情况略好于地方政府，地方政府 2010 年的情况总体不如 2009 年，整体而言，各类政府机关在年度报告中公开的依申请公开数据仍不够细致。国务院部门有 33 家提供了上一年度收到的申请总数（占 55.9%），25 家提供了申请数量居前几位的事项（占 42.4%），23 家提供了申请人按照不同申请方式提交申请的数量（占 39%），44 家提供了经审查受理申请的情况（占 74.6%），27 家按照答复决定的内容（如公开、不公开、部分公开等）提供了分类数据（占 45.8%），有 8 家按照不公开的理由（如涉及国家秘密、个人隐私等）提供了分类数据（占 13.6%），49 家提供了涉及政府信息公开的行政诉讼、行政复议、投诉的数据（占 83.1%）。地方政府中，有 13 家提供了上一年度收到的申请总数（占 30.2%，2009 年评估时为 14 家），14 家按照本级政府、下级政府、所属部门提供了收到申请的数量（占 32.6%，2009年为 11 家），4 家提供了申请数量居前几位的部门（占 9.3%，2009 年为16 家），17 家提供了申请数量居前几位的事项（占 39.5%，2009 年为 20家），20 家提供了申请人按照不同申请方式提交申请的数量（占 46.5%，2009 年为 19 家），30 家提供了经审查受理申请的情况（占 69.8%，2009年为 33 家），25 家按照答复决定的内容（如公开、不公开、部分公开等）提供了分类数据（占 58.1%，2009 年为 28 家），有 14 家按照不公开的理由（如涉及国家秘密、个人隐私等）提供了分类数据（占 32.6%，2009 年为 17 家），35 家提供了涉及政府信息公开的行政诉讼、行政复议、投诉的数据（占 81.4%，2009 年为 32 家）（见图 8、图 9）。

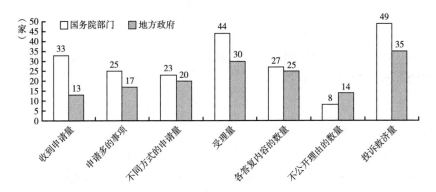

图 8　国务院部门与地方政府 2009 年年度报告提供依申请公开数据情况对比

从 2010 年评估情况看，年度报告制度的实施主要存在如下问题。

第一，按时编制、公开本机关上一年年度报告的规定未能得到很好实施。按照《条例》的规定，各级各类政府机关应当在 2010 年 3 月 31 日前公开本机关的 2009 年年度报告，但是，截止到 2010 年底，被评估的政府机关中仍有不少未能公开年度报告。个别政府机关不重视年度报告，觉得可有可无，可以制作也可以不制作，可以按时公开也可以不按时公开。

第二，年度报告避重就轻的问题依然严重。从评估情况看，有个别年

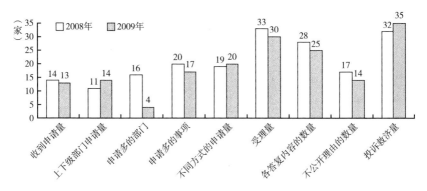

图9　地方政府 2008 年与 2009 年年度报告提供依申请公开数据情况对比

度报告只是笼统地总结了所谓取得的成绩，内容空洞，几乎没有涉及本机关公开政府信息的核心内容，对过去一年本机关在政府信息公开方面的具体工作甚至只字未提。这也反映了这些机关要么不重视年度报告制度，要么其政府信息公开工作做得不够好。

第三，年度报告的编写标准有待细化。对年度报告究竟应当包含什么内容，应当向社会传递哪些信息，《条例》也仅仅有原则性规定，具体如何操作多由各机关自行掌握，因此细化编写标准刻不容缓。

第四，年度报告的问责机制不健全、不明确。对有关机关违反年度报告制度的规定，没有按时公布年度报告或者公布的年度报告内容不符合要求，是否应当对责任人进行问责、如何问责，《条例》缺乏明确的规定，都有待完善。

六　特定管理领域的信息公开情况

为了进一步验证政府信息公开制度的实施情况，课题组选取了特定领域，评估相关政府机关公开信息的情况。对国务院部门，课题组以预算信息的公开为验证的个案；对地方政府，除了继续评估拆迁信息的公开外，还对食品安全管理信息的公开进行了评估。

《条例》明确规定预算信息属于应当重点公开的信息，财政部 2008 年和 2010 年分别发布了《关于进一步推进财政预算信息公开的指导意见》和《关于进一步做好预算信息公开工作的指导意见》，对预算公开的主体、内容、形式等提出了要求。2010 年发布的《国务院关于加强法治政府建设的意见》更是提出，政府全部收支都要纳入预算管理，所有公共支出、基本建设支出、行政经费支出的预算和执行情况，以及政府性基金收支预算和中央国有资本经营预算等情况都要公开透明。2010 年初，一些政府机关公开了本部门预算，引起公众对此类信息的极高关注。为此，课题组专门对国务院部门预算信息的公开情况进行了评估，考察其是否提供预算信息栏目、是否公开 2010 年度总体预算、财政拨款预算和非财政拨款预算的相关信息。

食品安全管理信息与公众切身利益密切相关，公开相关信息也是加强食品安全监管的重要举措。根据《条例》《食品安全法》《行政许可法》等规定，与食品安全监管有关的行政许可、行政处罚、食品生产标准、食品安全执法等方面的信息，都应当予以主动公开。因此，在对地方政府的评估中，课题组对食品安全信息的公开情况，即地方政府食品安全信息的集中性，以及食品安全生产经营许可（主要是食品生产许可、食品流通许可、餐饮服务许可）、食品安全监督检查、食品安全信用信息、食品安全知识普及信息、食品安全突发事件预警信息的公开情况进行了评估。

为了评估和验证地方政府拆迁信息和食品安全信息的公开化程度，课题组还对各地拆迁主管部门和食品安全主管部门（主要涉及卫生行政管理部门、质量技术监督部门、工商行政管理部门、食品药品监督管理部门）的网站以及一些地方专门设置的拆迁信息网、食品安全信息网进行了评估。

评估显示，国务院部门预算信息的公开程度并不理想，主要表现为预算信息公开程度不高、相关信息公开不细致。59 家国务院部门中，能够在目录或者网站主页中设置财政预算栏目的仅有 27 家，占全部被评估国务院部门的 45.8%。能够以各种方式公开上一年度部门预算信息的有 43 家，占 72.9%，其中，有 17 家公布在目录的预算栏目中，4 家是在目录的检索功能中查到的，9 家是在该国务院部门门户网站内检索查到的，13 家只能借助网站外的搜索引擎找到其他网站上留存的信息（见图 10）。另外，在公开的预算中公布财政拨款支出预算信息的有 41 个部门，没有一个部门公开非财政拨款支出预算信息。59 个国务院部门中，没有一个对收支预算编制标准作出详细说明，仅有 3 个部门在部门收支预算中对与上年度相比变化较大的项目作了说明，其中，1 个部门对其原因作了简单解释；有 2 个部门在财政拨款支出预算中对与上年度相比变化较大的项目作了说明，其中 1 家对其原因作了简单解释。

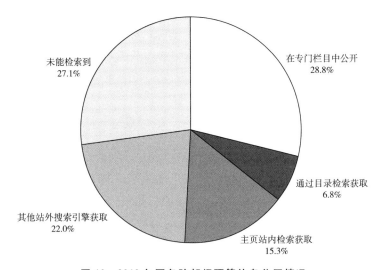

图 10　2010 年国务院部门预算信息公开情况

相比 2009 年的评估情况，2010 年地方政府拆迁信息的公开情况并未显现太大改观，拆迁信息公开程度低、信息不集中、信息查找获取困难的问题依旧十分突出。

2010 年度，在地方政府网站中配有拆迁信息栏目的有 32 家（2009 年为 27 家），占全部被评估地方政府的 74.4%；其中，29 家网站的拆迁信息栏目可以有效打开（2009 年为 27 家）；上述栏目中既提供拆迁公告信息，又提供拆迁法规等规范性文件的有 6 家，仅提供上述一方面信息的有 21 家，2009 年分别为 8 家和 19 家。拆迁主管部门中，提供拆迁信息栏目的有 24 家，且均可有效打开，同时提供拆迁公告信息和法规信息的有 15 家，仅提供某一类信息的为 7 家，2009 年则分别为 23 家、10 家、13 家。2010 年评估发现，43 家地方政府中，有 6 家地方政府在拆迁主管部门之外，还建设了专门的拆迁信息网站，这些网站有的是专门为拆迁工作而建设的，有的则是拆迁主管部门负责拆迁事务内设机构的专门网站。

经检索地方政府官方网站、拆迁主管部门网站或者拆迁信息网站，提供有效拆迁公告信息的有 26 家，2009 年为 25 家。课题组发现，仅有 7 家地方政府能够在拆迁公告信息的标题中注明拆迁地段等核心信息，其余的则只在标题中提供拆迁公告文号。拆迁公告中能够提供拆迁地段示意图的仅有 3 家，2009 年为 2 家。

2010 年，地方政府能够在其各类网站中提供拆迁补偿指导性标准的为 20 家，略低于 2009 年的 23 家；以文字和图表形式对拆迁流程作出说明的有 5 家，仅采用其中一种方式说明的为 9 家，2009 年分别为 5 家和 8 家。

除此之外，2010 年，能够有效提供拆迁公司资质信息的有 14 家，2009 年为 13 家；提供拆迁评估公司信息的有 13 家，与 2009 年持平。安置房方面，2010 年，仅有 4 家地方政府能够在网站提供其位置信息（2009 年为 9 家），有 4 家可以提供其价格信息（2009 年为 3 家）。

在食品安全信息的公开方面，一些地方政府能够通过政府门户网站、相关主管部门网站依法公开有关的监管信息，本次评估发现，有 15 家地方政府门户网站中设有此栏目；有 27 家地方政府还专门设置了食品安全信息网，集中公开各部门在食品安全监管方面的信息。但总体上看，食品安全信息的公开仍存在一些问题。

首先，网站运行情况不好。不少地方政府的质量技术监督部门、工商行政管理部门、食品药品监督管理部门的网站无法打开，或者其中的信息栏目内容极少。有的地方虽然设有食品安全信息网，但网站无法打开。

其次，不少与食品安全有关的信息无法通过网站获取。经评估，仅有 22 家地方政府的质量技术监督部门网站公布了所作出的食品生产许可信息，仅有 5 家地方政府的工商行政管理部门网站公布了所作出的食品流通许可信息，仅有 10 家地方政府的食品药品监督管理部门公开了所作出的餐饮服务许可信息。上述三个部门公开 2010 年度食品安全监督检查、专项治理方面信息的分别也仅有 30 家、30 家、31 家。三个部门提供食品生产经营者食品信用信息的则分别仅有 10 家、10 家、9 家。在地方政府门户网站、食品安全信息网以及卫生行政管理部门、质量技术监督部门、工商行政管理部门、食品药品监督管理部门的任一处网站中提供食品安全宣传普及知识的有 36 家，能够公布食品安全突发事件预警信息或者食品安全曝光信息的有 31 家。

再次，食品安全信息的更新不及时。有不少地方政府的相关网站所提供的信息都是一两年之前的，网站相关栏目或者整个网站处于休眠状态，这一点在某些地方的食品安全信息网中显得尤为突出。比如，在地方政府门户网站、食品安全信息网以及卫生行政管理部门、质量技术监督部门、工商行政管理部门、食品药品监督管理部门的任一处网站中，所提供的食品安全宣传普及知识信息包含 2010 年信息的仅有 23 家。

最后，信息的集中性不好。这可能是因为不同部门之间的信息共享状况不佳。如前所述，能够在门户网站中提供食品安全信息栏目或者设置食品安全信息网的分别仅有 15 家和 27 家。即便建设有食品安全信息网的地方政府，信息的集中度也不高。以监督检查信息为例，质量技术监督部门、工商行政管理部门、食品药品监督管理部门提供相关信息的分别有 30 家、30 家、31 家，但食品安全信息网能提供上述信息的却分别仅有 11 家、10 家、9 家。企业食品安全信用信息方面，质量技术监督部门、工商行政管理部门、食品药品监督管理部门网站能提供有关信息的也分别仅有 10 家、10 家、9 家。

总的来说，通过对预算信息、拆迁信息、食品安全信息三方面信息的检索，课题组发现，公众信息获取困难的问题依旧是推行政府信息公开工作的核心问题。这主要是由于：①有关部门未能依法公开相关信息；②有关部门的信息化建设不理想，网站运营状况不好；③各部门在信息公开方面仍旧存在各自为政的现象，部门之间不能有效共享信息；④信息公开与实际工作存在严重脱节，不少部门不能根据实际情况及时更新信息，信息发布滞后、过时的问题依旧突出。

七 2010 年度评估建议

2010 年，无论是国务院部门，还是地方政府，在政府信息公开方面，均有不少亮点，但也存在很多不足，距离满足公众日益增长的信息需求以及全面推行政府信息公开制度，仍有一定的差距。实施政府信息公开制度，提升各级政府透明度，有必要着重加强以下几方面的工作。

第一，各级政府机关尤其是政府信息公开主管机关应当正确认识政府信息公开的相关制度。从2010年评估情况看，有关政府机关普遍对政府信息公开制度的地位与作用、政府信息的范围、依申请公开制度与主动公开制度的关系、依申请公开的申请人资格与处理程序等众多基本问题存在误解或者错误适用的现象。这必将成为未来若干年内中国政府信息公开制度实施的主要障碍，不真正解决这些问题，不扭转各级政府机关尤其是政府信息公开主管机关对此类问题的错误认识，将不利于中国的政府信息公开工作的推进，甚至最终走向萎缩。

第二，推动并加强从事政府信息公开工作人员的培训。从近两年的评估看，在政府机关工作人员中还存在政府信息公开意识低，对政府信息公开制度的意义理解不到位，不了解如何公开政府信息，不懂得政府信息公开目录、指南、年度报告等的具体编制标准等现象。因此，为了更好地推进政府信息公开制度的实施，有必要对各级政府机关的工作人员开展深入的培训，提升其政府信息公开的意识和能力，还亟须就政府信息公开的各项制度编制明确的操作标准，指导其实际工作。

第三，完善电子政务与政府信息公开制度的绩效评估机制。从2010年的评估情况看，有关政府机关网站运行情况不好、重复建设问题依旧严重，或者相关信息虽然公开但无法确保公众随时随地获取等问题依旧十分突出。近年来，各级政府机关投入大量经费用于发展电子政务，推行政府信息公开，但是，数目庞大的资金投入与各政府网站运行状况以及公众获取信息的便利程度不成正比。因此，有必要加强对各级政府机关电子政务、实施政府信息公开制度的资金投入与其实际运行效果的绩效评估，提高资金使用效率。

第四，从政府本位转变为公众本位，进一步健全集中、全面的信息公开工作机制。从评估情况看，不少国务院部门、地方政府在各自的网站中建立了各式各样的信息栏目，但是，一些网站栏目内容交叉重叠，相关信息的放置随意性强，很多重要信息放在不醒目的位置。其结果是，从形式上看，政府机关该公开的信息已经公开了，但公众仍然不能方便地获得这些信息。因此，各级政府机关还必须进一步找准工作的出发点和落脚点，将公众有效获取政府信息作为评价政府信息公开工作的最重要标准。

第五，消除公众获取信息的非制度性障碍。在信息化发展过程中，由于信息鸿沟问题，部分人群不能共享信息化成果，因此，政府信息公开尤其需要注意消除公众获取信息的技术性障碍。政府机关在实施信息公开过程中，应当注重运用先进的技术手段，提高公开信息的效果，方便公众获取信息，但要避免因为技术手段增加公众获取信息的时间成本、经济成本，特别是要避免公众因为不熟悉信息化技术、不掌握相应的信息化手段而无法分享政府公开信息的好处。

第六，细化并落实政府信息公开的问责机制。《条例》已经规定了不依法履行政府信息公开义务的法律责任，但是，从政府信息公开制度的实施情况看，依申请公开制度姑且不提，政府信息公开目录、指南、年度报告等制度都尚未得到全面、有效实施，不依法履行政府信息公开义务的法律责任既存在规定不细、不具体的问题，也存在有关部门未依法考核、追究责任的问题。今后，加大政府信息公开的推进力度，还必须进一步明确政府信息公开制度的实施标准，细化不依法履行政府信息公开义务相关法律责任的构成要件，加大责任追究的力度。

第七，纠正有关部门限缩政府信息公开范围的做法。从国办发〔2008〕36 号文件，再到国办发〔2010〕5 号文件，政府信息公开申请人的资格受到了严格的限制，"政府信息"被限定在极为有限的范围内。这与《条例》的规定相去甚远，与公众日益增长的信息需求相悖，与"以公开为原则、不公开为例外"的原则相左。长此以往，"公开条例"必将成为"不公开条例"。建议相关部门满怀信心，顺应社会发展潮流，重新定位工作的出发点，还政府信息公开本来面目。

（参见法治蓝皮书《中国法治发展报告 No.9（2011）》）

第四章 2011 年政府透明度指数评估

一 总体情况

2011 年是《政府信息公开条例》（以下简称《条例》）实施三周年，评估显示，政府信息公开工作在各方面推动下，取得稳步进展。

首先，政府信息公开工作受到有关部门的重视。2011 年，针对各级政府部门实施政府信息公开过程中出现的问题，国家发布了一系列政策文件，如《国务院办公厅关于进一步加强政府网站管理工作的通知》（国办函〔2011〕40 号）、《国务院办公厅转发全国政务公开领导小组关于开展依托电子政务平台加强县级政府政务公开和政务服务试点工作意见的通知》（国办函〔2011〕99 号）和中共中央办公厅、国务院办公厅《关于深化政务公开加强政务服务的意见》（中办发〔2011〕22 号）等。这些文件的发布对进一步推动各部门落实《条例》，不断增强政府管理透明度意义重大。

其次，重点领域的信息公开有所突破，公开透明成为监督政府依法行政、提升政府管理和服务水平的重要手段。2011 年，预算信息以及"三公"（即公务用车、公款接待、公务考察）经费的信息公开进一步受到关注，不少地方和部门相继公开了本部门预算信息和"三公"经费信息。评估也发现，环境保护信息公开的规范化程度较好，这与该领域较早实施《环境信息公开办法（试行）》不无关系。

再次，《条例》相关制度的落实情况有所改善。2011 年，政府信息公开工作进步最为明显的当属年度报告制度的实施情况。截至 2011 年 3 月 31 日，依照《条例》发布上一年度年度报告的部门比例大幅提升。本年度评估对象中，仅有少数部门未能按时公布年度报告。另外，从 2011 年评估情况看，信息链接有效性的问题有了较大改善。这说明，在各级政府的高度重视下，政府信息公开制度完全可以得到很好的贯彻实施。

另外，很多政府部门的政府信息公开情况明显改善。相比 2010 年，国务院部门、较大的市的政府透明度评估结果显示，有不少部门或者在总体情况，或者在某些评估指标方面，进步明显。这无疑与该部门对政府信息公开工作的重视程度有直接关系。

最后，政府信息公开申请量呈现提升态势。根据各部门发布的 2010 年年度报告，59 家国务院部门中，有 6 家的依申请公开受理量突破 100 件，其中，国家工商行政管理总局高达 7538 件（见图 1）；26 家省级政府中，有 8 家突破 1 万件，其中浙江省高达 32033 件（见图 2）；43 个较大的市中，有 12 个突破了 1000 件，其中广州市高达 1098041 件（见图 3）。这表明，随着《条例》的实施，政府信息公开申请量也呈现提升态势，公众对政府信息公开制度的知悉和参与程度不断提高，这也有助于政府信息公开制度的落实和不断完善。

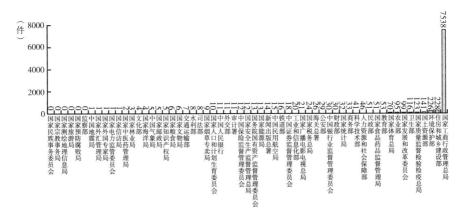

图 1　2010 年国务院部门受理政府信息公开申请数量情况[*]

* 数据来源于 59 家国务院部门 2010 年政府信息公开年度报告。

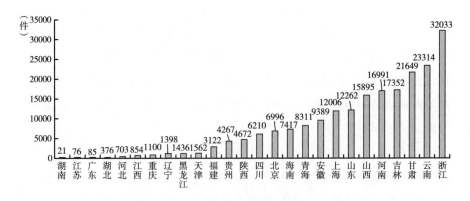

图2 2010年省级政府受理依申请公开数量情况*

　　* 数据来源于26家省级政府2010年度政府信息公开年度报告，其中，湖北省的为省政府及省级部门受理总数，广东、湖南、江苏为办公厅受理的省政府数据。

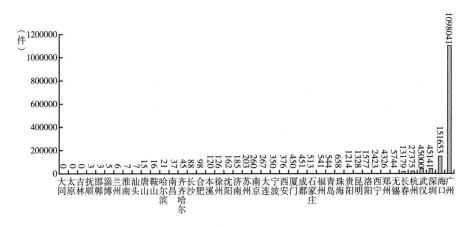

图3 2010年较大的市的政府受理依申请公开数量情况*

　　* 数据来源于43个较大的市的政府2010年度政府信息公开年度报告。

　　但是，评估结果显示，政府信息公开工作仍然存在一些问题，应当在今后推动政府信息公开工作过程中引起重视。

　　第一，政府信息公开意识还有待提高。为了解公众对政府信息公开的认知程度，课题组2011年在北京、四川、山东、河北、天津、吉林、甘肃、安徽、辽宁、浙江、江西开展了问卷调查，发放了共计850份问卷，回收有效问卷793份。其中，男性457人，女性323人，13人拒答性别；初中及以下32人，高中94人，大学专科229人，大学本科364人，硕士研究生以上 72 人，2 人拒答学历。从问卷调查情况看，公众对政府信息公开制度的认知程度还不够高。比如，仅有 6.4% 的人会选择向政府机关了解自己需要的信息，35.7% 的人会选择用网络查询，44.2% 的人会选择通过广播电视报刊了解。仅有 58.4% 的人知道《条例》。有 27.4% 的人不知道可以通过政府网站查询自己需要的信息，有 31.7% 的人不知道自己有权向政府机关申请自己需要的信息，而知道且申请过的仅有 12.2%。从对 2010 年年度报告中关于依申请公开受理量的分析可以发现，有不少地方政府每年受理的政府信息公开申请很少，这在一定程度上反映了公众对该制度的知悉程度和利用程度有极大的提升空间。这需要有关部门继续加大对政府信息公开制度的宣传力度。

第二，个别政府机关实施政府信息公开的情况不够稳定。2011 年的评估结果与 2010 年相比较，个别政府机关的政府透明度评估总体情况或者特定指标的评估结果出现退步现象。

第三，网站运行状况不理想的情况依旧严重。评估发现，有的政府门户网站、所属部门网站无法打开，有的网站的某些栏目不能打开，网站信息链接无效的比例较高。有的网站运行和政府信息公开情况时好时坏，有的网站栏目有时能打开，有时打不开。有的网站在评估时栏目齐全、链接有效，复查时栏目缺失或者链接无效。有个别网站声称某些信息栏目正在改版建设中，但持续时间往往比较长，影响公众查阅信息。

第四，政府信息公开流于形式的情况仍旧存在。有的政府网站对网页进行了改版，页面信息栏目有所丰富，但不少栏目缺乏内容，与改版前的网站相比，政府信息公开内容无明显改变。有的政府网站信息内容多是新闻报道、领导行踪，与公众生产生活以及本机关履行职能相关的信息很少。有的网站信息长时间不更新，信息发布严重滞后，网站成了摆设。所有这些使得政府花费大量人力物力建设的一些网站、开展的政府信息公开工作流于形式。

第五，限制公众依申请公开获取信息的问题没有太大改观。依申请公开是政府信息公开制度的核心内容，但是，某些政府机关以各种名目、方法限制公众通过这种方式获取政府信息的做法仍旧存在。首先，有的政府机关混淆主动公开与依申请公开的关系，以属于主动公开的信息公众无权申请为由拒绝公开。其次，违法查验申请人身份。自《条例》实施以来，一直存在违法收集申请人身份证号码、工作单位等情况。2011 年评估结果显示，有的政府机关还验证申请人身份证真伪，并以此为由限制公众获取信息。比如，广东省及其下属的几个城市对申请人身份进行验证，且凡是广东省以外的居民，不得通过在线申请系统提交申请，只能采取邮寄、当面申请等传统方式。这种做法既违反《条例》规定，又违背发展电子政务、方便公众的潮流。再次，违法要求申请人提供申请用途。越来越多的部门倾向于采用这一方式来限制申请，有的部门宁可花费大量的时间、人力与申请人联系沟通，要求其提供证明其申请用途的材料，也不愿意把既不涉密又不损害他人权益，更不影响本部门正常工作的信息轻易提供给申请人。最后，通过技术手段，如要求以特定格式传送电子文件等，为公众申请增加成本的情况依旧存在。

二　政府信息公开目录

2011 年，课题组继续对国务院部门的目录栏目、目录内容链接有效性、目录检索功能的有效性与便利性、网站信息与目录信息的一致性进行了评估，地方政府目录部分还评估了其本级政府、所属政府部门、下级政府机关、公用企事业单位的目录编制情况，同时，三部分对象的评估都增加了信息更新情况的指标。

结果显示，在网站设置目录栏目的，有 57 家国务院部门（2010 年为 55 家）、26 家省级政府和 43 家较大的市的政府（2010 年为 41 家）。有的政府机关还注意信息公开的效果。比如，宁波市政府网站不仅以文字的形式公布了信息，还可以选择语音朗读方式，照顾了特殊的社会群体，体现了以人为本的理念。

但是，目录编排仍然存在一些问题。

第一，目录建设状况不佳。首先，不配置目录。国务院部门网站中有 2 家未设置政府信息公开栏目。24 家省级政府设置了本级政府所属部门的目录，有 23 家设置了下级地方政府的目录，仅有 5 家设置了公用企事业单位的目录。39 家较大的市设置了市政府所属部门的目录，有 37 家设置了区县政府的政府信息公开目录，有 26 家设置了公用事业单位的政府信息公开目录，而 2010 年调研时，分别为 42 家、40 家和 31 家。其次，目录信息未配置链接。有的政府机关只是在目录部分提供一个信息列表，不配备链接，公众无法便捷地获取相关信息。有 6 家国务院部门设置了目录但目录内无相关内容的链接，2 家省级政府所属部门的目录信息无链接，3 家省级政府下级地方政府的目录信息无链接，2 家省级政府公用事业单位的目录信息无链接，这使得政府信息公开目录流于形式。

第二，目录信息链接的有效性差。课题组随机对各类评估对象有关目录的信息链接进行了抽查。结果显示，信息链接无效、打不开网页等的情况依旧存在。比如，国务院部门中，随机抽查 10 条信息链接，全部有效的有 42 家，占 71.2％，低于 2010 年的评估结果（见图 4）。

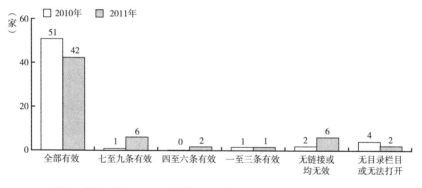

图 4　国务院部门 2011 年与 2010 年目录信息链接有效性对比

在省级政府中，课题组分别在其本级政府目录、所属部门目录、下级政府目录、公用企事业单位目录中随机选取 10 条、10 条、9 条、6 条信息，对信息链接的有效性进行了验证。对于所属部门，2011 年选取省卫生厅（局）、农业厅（局）、质量技术监督局、工商行政管理局和食品药品监督管理局，每个部门随机选择 2 条信息链接进行验证。结果显示，本级政府目录、所属部门目录、下级政府目录、公用企事业单位目录中链接全部有效的分别是 25 家、12 家、15 家和 3 家。

在较大的市的政府网站中，课题组同样对信息链接的有效性进行了验证。其中，所属部门选择了卫生局、农业局、质量技术监督局、工商行政管理局、食品药品监督管理局。本级政府目录、所属部门目录、下级政府目录、公用企事业单位目录中链接全部有效的分别是 36 家、25 家、27 家和 15 家(见图 5)。

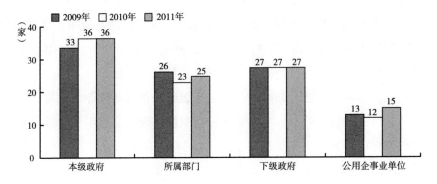

图 5　2009～2011 年较大的市政府信息公开目录链接全部有效的情况

第三，目录信息检索不便。这主要是因为目录的检索功能参差不齐、差距较大。国务院部门中，提供跨库检索功能（简单检索）的有 34 家，能够有效检索的是 27 家，提供多种检索方式的为 27 家，多种检索方式均有效的为 15 家，提供组合检索功能（高级检索）的为 27 家，组合检索功能有效的有 19 家。省级政府中，则分别为 18 家、14 家、11 家、8 家、13 家、9 家；较大的市中分别是 26 家、23 家、19 家、15 家、19 家和 12 家（见图 6）。由此可见，能够为目录配备检索功能的政府部门并不多，即便配备了检索功能的，大多也无法实际操作。而且，有的政府部门所配备的检索功能只有在随机打开一条信息之后才能显示出来，不利于发挥其应有的作用。

第四，信息更新不及时的问题依旧存在。目录信息能够更新至评估前 1 个月的，有 35 家国务院部门、24 家省级政府和 39 家较大的市。在评估较大的市目录信息公开情况时发现，有的信息仅更新至 2009 年，其部分栏目乃至整个网站基本处于休眠状态。信息更新滞后的问题无疑令政府信息公开工作陷于停滞，使政府网站成为摆设。

第五，目录信息全面性较差。目录与网站其他栏目信息不统一，其他栏目信息未纳入目录管理的情况还比较普遍。国务院部门中，有 49 家网

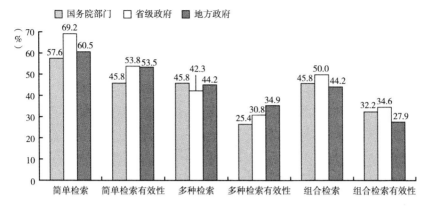

图 6　2011 年国务院部门与省级政府、地方政府目录检索功能对比情况

站其他栏目信息未能纳入目录，省级政府网站全都存在上述问题，较大的市的政府网站中，有 41 家存在上述问题。

三　政府信息公开指南

2011 年，课题组对指南的评估仍然集中于指南文本的公开、主动公开形式、依申请公开的条件和办理流程、政府信息公开受理机构信息、政府信息公开监督机构的信息和监督救济方式等内容。

2011 年，政府网站公布指南的情况有明显改善。59 家国务院部门和26 家省级政府全部在网站上提供了指南全文，而 2010 年评估时国务院部门为 53 家。较大的市的政府网站提供指南全文或者利用搜索引擎等可以获取指南全文的仍为 39 家。绝大多数被评估对象都将指南放在专属位置，但有个别网站的指南放置混乱，如唐山市的指南混杂在其他部门指南之中，查找困难。另外，有的地方政府的指南与同级办公厅（办公室）指南混用，且指南流于形式的问题依旧存在，有的部门套用上级部门提供的指南模板，但相应的栏目不填写内容即公布在网上。比如，郑州市和洛阳市的指南中关于收费标准、监督电话的栏目都没有填写。

指南列明政府信息公开工作机构或者申请受理机构信息的情况有所改善。提供此类机构地址信息的，国务院部门有 58 家（2010 年为 51 家），省级政府有 23 家，较大的市有 31 家（2010 年为 28 家）。福州市在指南中提供了详细的方位示意图和行程路线。在指南中详细说明工作时间的，国务院部门有 49 家（2010 年为 47 家），省级政府有 12 家，较大的市有 24 家（2010 年为 23 家）。其他有的部门或者不作说明，或者仅给予笼统说明，如福建省注明"咨询时间：周一至周五：上班时间，法定节假日除外"，山西省注明为"工作日"，内蒙古注明为"工作时间（周一到周五）"。列明联系电话的，国务院部门有 52 家（2010 年为 46 家），省级政府有 24 家，较大的市有 32 家（2010 年为 36 家）。提供政府信息公开工作机构或者申请受理机构的电子邮件信息的，国务院部门有 44 家（2010 年为 36 家），省级政府有 15 家，较大的市有 26 家（2010 年为 27 家）。

对于主动公开的形式，有 58 家国务院部门（2010 年为 51 家）、25 家省级政府、39 家较大的市的政府（2010 年为 37 家）在其指南中作了说明。上一年度报告曾提到，有的政府机关在指南中混淆主动公开与依申请公开关系，2011 年评估中这一现象依旧存在。

2011 年，在指南中提供依申请公开申请流程说明的，有 56 家国务院部门（2010 年为 42 家）、23 家省级政府和 37 家较大的市（2010 年为 35 家）。在指南中配有流程图的，国务院部门有 4 家（2010 年为 3 家），省级政府有 7 家，较大的市有 8 家（2010 年为 9 家）。有的部门虽然标明配有流程图，但流程图链接无效。

指南中提供的政府信息公开监督机制信息普遍不全面。列明政府信息公开监督机构地址的，有 11 家国务院部门（2010 年为 18 家），9 家省级政府，17 家较大的市（与 2010 年持平）。只有福州市提供了监督机构地址的示意图和行车路线。关于监督机构的工作时间，仅 1 家国务院部门和 7 家较大的市提供了相关信息。其他有的部门仅作了笼统说明，如南昌市注明为"非节假日"。有 18 家国务院部门提供了监督机构的联系电话（2010 年为 19 家），7 家提供了电子邮件地址（2010 年为 9 家）；省级政府分别为 10 家和 6 家；较大的市分别为 22 家和 6 家（均与 2010 年持平）。其中有的部门提供了在线投诉渠道。33 家国务院部门（2010 年为 26 家）、20 家省级政府和 37 家较大的市（2010 年为 27 家）提供了获取救济的途径。其中，只有3家国务院部门（与2010年持平）和1家较大的市（2010年为0家）注明了申请复议的方式和机关，分别是交通运输部、国家工商行政管理总局、国家安全生产监督管理总局和福州市。

四　依申请公开

课题组针对政府部门网站中是否提供依申请公开栏目，是否提供申请表格，是否提供信息公开在线申请平台以及该平台是否过度收集信息，是否要求申请人说明申请信息的用途或者附加其他阻碍申请人提交申请的限制，是否提供申请状态、结果和动态查询功能，是否在法定时限内答复所申请内容等情况进行了评估。

从评估结果看，政府部门依申请公开平台的运行情况较2010年有所改善。一些政府机关的工作人员在接到课题组的申请后，能够及时与课题组人员联系沟通，了解申请内容、申请用途或者确认申请人的联系方式。

国务院部门、省级政府部门和较大的市政府部门依申请公开栏目建设的总体情况基本相当，但在具体的考察项中，三类评估对象还是存在一定差距。近2/3的较大的市、超过1/2的省级政府支持公众直接通过其网站平台发送申请，但仅有1/4的国务院部门提供此功能，近1/2的国务院部门网站只限于通过电子邮件的方式提交申请，其余的政府部门或只接受现场申请或者信函申请，或根本不提供申请渠道。

评估结果显示，依申请公开栏目设置情况总体较好。全部省级政府部门的网站均设置了此类栏目，但国务院部门和较大的市都存在不设置该栏目的现象。国务院部门中，53家设置了依申请公开栏目，占被评估的国务院部门的89.8%，与2010年相比，有4家增设了该栏目。较大的市中，36家政府网站设置了依申请公开栏目，占被评估的较大的市的83.7%，相对于2010年下降了近10个百分点。

国务院部门政府信息公开申请表格的编制相对于2010年有所改善，49家国务院部门网站提供了Word等可下载并可在计算机上编辑的表格，2家提供网页格式等仅可打印的表格，3家提供的表格不可下载粘贴，5家不提供表格。较大的市相对于2010年却有所下降，仅有25家政府网站提供了 Word 等可下载并可在计算机上编辑的表格，2 家提供网页格式等仅可打印的表格，16 家不提供表格。省级政府在政府信息公开申请表格的提供上也相对较为完善，23 家提供了可下载的表格，1 家提供网页格式等仅可打印的表格，仅有 2 家没有提供表格。

在线申请平台的设置方面，较大的市明显好于国务院部门和省级政府。国务院部门的建设情况仍然没有明显的改善，与 2010 年相同，只有 15 家国务院部门网站设置了在线申请平台，仅占全部国务院被评估网站的 25.4%，27 家限于使用电子邮件方式提交申请，另外还有 17 家未提供上述两种申请方式（2010 年分别为 15 家、26 家、18 家）。较大的市中分别为 31 家、2 家、10 家（2010 年分别为 34 家、1 家、8 家）。省级政府中分别为 15 家、6 家、5 家。

课题组以个人名义，就依申请公开的情况进行了验证。本次评估中，课题组申请所有被评估的政府部门提供 2011 年度政府网站建设和信息公开工作的经费数额（包括总额以及用于硬件设施购置维护的费用金额、用于网站技术维护的费用金额、用于网站建设外包的经费金额等）、负责网站建设的人员情况及负责信息公开工作的人员情况。凡是提供在线提交系统且有效运行的，使用该系统验证；无在线提交系统但提供电子邮件申请渠道的，利用电子邮件系统验证；上述两个渠道均没有但允许以邮寄方式提交申请的，采用邮政特快专递（EMS）的方式向评估对象发出了书面申请。省级政府中，由于广东省及所属的广州、深圳、汕头的在线申请系统只向广东省居民开放，因此，课题组对其也采取了发送邮政特快专递（EMS）的方式递交了申请。

在线申请平台方面，15 家国务院部门的网站均显示提交成功，15 家省级政府中仅广东省因需要当地居民身份证未能提交，31 家较大的市有 26 家提交成功。在电子邮件提交的有效性方面，27 家国务院部门中有 3 家因邮件系统问题导致申请被退回，6 家省级政府全部提交成功，2 家较大的市被退信。

由上可见，在线申请平台的普及率较低，有些政府部门虽然提供了在线申请平台或者电子邮件申请方式，却不能顺利提交申请。此外，有些政府部门只接受当场书面申请，这些都不能有效地为公众向政府部门提出申请提供便利。

　　评估发现，非法收集申请人个人信息和要求说明申请用途的情况仍旧十分普遍。成功发送申请的 51 家国务院部门中，有 15 家政府部门在申请表中要求申请人必须提供法定信息以外的个人信息，有 13 家国务院部门要求申请人必须提供申请用途。针对另外 36 家未明示必须填写工作单位、身份证号码、性别、年龄以及申请用途等信息的部门，课题组空出相关栏目发送申请。其中，12 家国务院部门采用电话或者邮件的形式要求补充工作单位、身份证号码等个人信息，10 家国务院部门要求补充申请用途。另外，还有 12 家国务院部门在课题组发送申请后没有任何形式的回复，仅有 10 家国务院部门在收到申请后未要求课题组补充信息且给予相关答复。

　　在向省级政府发出的 22 封有效申请邮件中，14 家要求必须填写法定信息以外的个人信息，9 家要求申请人必须提供申请用途。对另外 5 家未明示必须填写该两项信息的省级政府，课题组空出相关栏目发送了申请，结果有 4 家政府部门未要求补充信息并且向课题组作出了回复，另外 1 家在课题组发送申请后没有给予任何形式的回复。

　　在向较大的市成功发送的 29 封申请邮件中，23 家在申请表格中明确要求必须填写法定信息以外的个人信息，13 家要求必须提供申请用途。其余未要求提供上述信息的政府部门中，有 2 家事后要求补充身份证号码及申请用途。

　　从网站提供的有关提交申请的查询情况看，国务院部门的网站配置在线查询申请状态、申请结果查询的情况依然稍逊于地方政府，但是其申请处理的实时查询功能设置情况明显好于省级政府部门和较大的市。在申请状态查询方面，国务院部门提供申请状态查询的部门总数为 11 家，占被评估国务院部门的 18.6%，在 42 家提供在线申请平台或电子邮件提交申请的部门中占 26.2%；省级政府部门为 7 家，分别占 26.9%、33.3%；较大的市为 12 家，分别占 27.9%、37.5%。在申请处理结果的查询功能方面，国务院部门提供此功能的有 11 家，占被评估国务院部门的 18.6%，在 42 家提供在线申请平台或电子邮件提交申请的部门中占 26.2%；省级政府部门为 7 家，分别占 26.9%、33.3%；较大的市为 9 家，分别占

20.9%、28.1%。申请处理数量实时查询功能中，国务院部门提供此功能的有 23 家，占被评估国务院部门的 39%，在 42 家提供在线申请平台或电子邮件提交申请的部门中占 54.8%；省级政府部门为 5 家，分别占 19.2%、23.8%；较大的市为 3 家，分别占 7%、9.4%。

从评估对象答复申请的情况看，多数机关不能在法定期限内作出答复，并且有些机关虽然答复了申请人，但是答复内容与所申请事项并无关联，或者申请人无法从政府部门所告知的途径中获取相关政府信息。有的部门还以负责人员出差、需要请示领导批示等为由，拖延公开。

评估显示，3 类调研对象的按时答复率均未超过 25%。国务院部门中，仅有 14 家在法定时限内作出答复，省级政府部门中只有 7 家在法定时限内作出答复，较大的市中也仅有 7 家在法定时限内作出答复。

全部公开所申请信息的情况非常少。除个别部门能够全部公开所申请的政府信息之外，更多的是部分公开政府信息或不予公开，有的部门虽然告知了取得信息的方法，但课题组无法根据其提示在主动公开的信息中获得所申请的信息。国务院部门中有 9 家向申请人全部公开了所申请信息，省级政府部门中有 3 家，较大的市政府部门中有 3 家。这样的依申请公开回复情况与推行政府信息公开乃至构建服务型政府的目标可谓相去甚远。有的国务院部门虽然提供了正式的答复文件，但内容简单、空洞、避实就虚，如有的部门只回复称"该政府信息不存在""未投入资金"等。还有的政府部门不作出正式的书面答复，而是以电话的形式告知不公开，或者简单口头告知所需要的数据。有的政府部门甚至要求申请人亲自去政务公开大厅申请。

不仅如此，评估还发现，个别政府部门还为公开设置障碍、增加申请人申请成本。首先，个别政府网站的在线申请平台设计不合理或者采用相关技术手段增加公众申请难度、成本的情况依旧存在。例如，有的网站要求申请人必须实名注册为该网站用户后方可提交申请，有的网站设计的联系电话栏目只允许填写固定电话号码，有的网站要求申请人必须下载、打印申请表，亲笔填写后以电子邮件附件形式发送，这些都不同程度地造成了申请的不便，增加了申请的时间和经济成本。这些也都是 2010 年评估中发现的问题，2011 年无任何改进。

其次，政府部门滥用"一事一申请"的情况比较明显。本次评估所申请的是被评估部门用于网站和政府信息公开工作的经费与人员信息，将这些内容视作一个完整的申请是完全站得住脚的。但是，有的政府部门认为这不符合"一事一申请"的原则，最后，课题组只能将已经发送的申请再拆解为 4 个申请重新发送。但是，也有不少部门未受"一事一申请"的限制，直接对课题组作出了正面答复。这表明"一事一申请"的规定遭到了滥用，成为增加申请人成本、拖延公开信息的正当理由。而且，在政府信息公开工作中规定"一事一申请"的做法也毫无道理。

另外一个突出问题是，部分政府部门不一次性告知申请人需补充信息的内容。有的部门今天电话通知要求一事一申请，隔几天又告知需要提供身份证复印件，再隔几天又告知要求说明用途，造成课题组多次补充信息，无法顺利完成申请。

五　政府信息公开工作年度报告

本部分主要评估年度报告的公开情况以及年度报告公开各类数据的情况。考虑到年度报告的发布有时效要求，课题组自 2011 年 3 月 15 日至 4 月 20 日集中对年度报告发布情况进行了评估。

2011 年，多数政府机关能够按时发布年度报告。据统计，59 家国务院部门均按时发布了 2010 年年度报告，而 2010 年评估时截至当年年末仍有 4 家未发布年度报告。43 家较大的市中有 37 家按时公布了 2010 年的年度报告，与 2010 年截至年末的评估情况持平，截至年度报告的评估结束，又有 1 家发布了报告。26 家省级政府中有 25 家按时发布。

但是，年度报告栏目的配置情况不理想。有的政府机关没有年度报告栏目，有的虽有栏目，但是，年度报告并未在栏目中公开，这导致年度报告的检索困难，影响年度报告的公开效果。国务院部门中，55 家有年度报告栏目，其中，2 家的栏目中没有 2010 年的年度报告。较大的市中，40 家有年度报告栏目，2 家栏目没有发布 2010 年的年度报告。省级政府中，24 家有年度报告栏目，均发布了 2010 年的年度报告。而且，有的政府机关的栏目只发布 2010 年的年度报告，不提供之前几年的年度报告。

国务院部门中有 3 家不提供 2009 年及之前的年度报告，较大的市中有 2 家不提供 2009 年及之前的年度报告。

年度报告避重就轻的问题依然没有太大变化，编写标准有待细化。有的政府机关的年度报告仍然是报喜不报忧，笼统地说明取得的成绩，未涉及本部门存在的不足，难以对公众监督政府信息公开工作提供有效的数据支持。这一点在主动公开和依申请公开的数据中表现得极为突出。2011年还发生了多个政府部门拿往年年度报告充当本年度年度报告的情况。

同 2010 年评估相比，主动公开数据有升有降。其中，整体数据的公开情况略升，53 家国务院部门（2010 年为 48 家）、39 家较大的市的政府（2010 年为 37 家）以及 26 家省级政府在年度报告中提供了主动公开的整体数据。但是，按照主动公开形式提供上年度主动公开分类数据的情况则有一定下滑，有 31 家国务院部门（2010 年为 40 家）、20 家较大的市（2010 年为 31 家）、14 家省级政府提供了此类数据。

依申请公开数据的公开程度依旧不高。总体而言，政府机关对依申请公开数据的公开仍旧不够细致，一些政府部门对依申请公开的核心数据避而不谈、一笔带过。

如图 7 所示，国务院部门中有 34 家提供了上一年度收到的申请总数（与 2010 年持平），28 家提供了申请数量居前几位的事项（2010 年为 28家），21 家提供了申请人按照不同申请方式提交申请的数量（2010 年为23 家），56 家提供了经审查受理申请的情况（2010 年为 44 家），23 家按照答复决定的内容（如公开、不公开、部分公开等）提供了分类数据（2010 年为 27 家），有 11 家按照不公开的理由（如涉及国家秘密、个人隐私等）提供了分类数据（2010 年为 8 家），56 家提供了涉及政府信息公开的行政诉讼、行政复议、投诉的数据（2010 年为 49 家）。

较大的市中，有 11 家提供了上一年度收到的申请总数（2010 年为 13家），10 家按照本级政府、下级政府、所属部门提供了收到申请的数量（2010 年为 14 家），5 家提供了本市上一年度收到申请数量居前几位的部门（2010 年为 4 家），24 家提供了申请数量居前几位的事项（2010 年为17 家），23 家提供了申请人按照不同申请方式提交申请的数量（2010 年为 20 家），40 家提供了经审查受理申请的情况（2010 年为 30 家），23 家

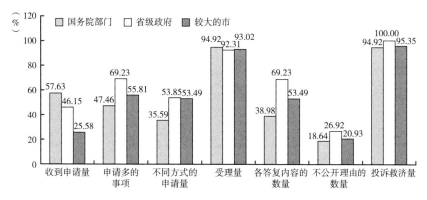

图 7　国务院部门与地方政府 2010 年年度报告
依申请公开数据公开情况对比

按照答复决定的内容（如公开、不公开、部分公开等）提供了分类数据（2010 年为 25 家），有 9 家按照不公开的理由（如涉及国家秘密、个人隐私等）提供了分类数据（2010 年为 14 家），41 家提供了涉及政府信息公开的行政诉讼、行政复议、投诉的数据（2010 年为 35 家）。

省级政府中，有 12 家提供了上一年度收到的申请总数，15 家按照本级政府、下级政府、所属部门提供了收到申请的数量，5 家提供了申请数量居前几位的部门，18 家提供了申请数量居前几位的事项，14 家提供了申请人按照不同申请方式提交申请的数量，24 家提供了经审查受理申请的情况，18 家按照答复决定的内容（如公开、不公开、部分公开等）提供了分类数据，有 7 家按照不公开的理由（如涉及国家秘密、个人隐私等）提供了分类数据，26 家提供了涉及政府信息公开的行政诉讼、行政复议、投诉的数据。

从国务院部门、省级政府、较大的市的政府提供的年度报告来看，年度报告撰写标准较为混乱，数据五花八门。以依申请公开的数据为例，有的仅提供本级政府的数据，有的提供本级政府和所属部门的数据，有的则提供本级政府、所属部门及下辖各级政府的数据。很多部门不是缺少这方面的数据，就是缺少那方面的数据，年度报告的规范化程度亟待提高。

六 规范性文件

规范性文件是行政管理中对法律、法规、规章相关规定的具体适用，在现实生活中发挥着重要作用，对公众的生产生活会产生重大影响。国务院部门每年都发布大量的规范性文件，而其公开程度也是考察政府透明度和依法行政水平的重要内容。因此，课题组 2011 年选取国务院部门制定的规章以下的规范性文件，对其公开情况进行了评估。

评估中所指的规范性文件是指，国务院部门及其内设机构制定的除行政法规、规章以外的具有普遍约束力的决定、命令、行政措施。这些规范性文件的制定主体是国务院所属部门及其内设机构，在形式上一般采用"公告""通知"等名称，不采用"规定""办法"等名称，不以部门首长命令的形式发布。虽然有的规章以下的规范性文件只规定适用于行政机关内部，但是，考虑到现实中大量的规范性文件直接或者间接作用于行政管理相对人，并对相对人设定权利义务或者对其权利义务有实质性影响。因此，本评估不对其内部性与外部性进行区分，而将各部门所有的规章以下的规范性文件的公开情况均作为考察对象。

本次评估主要考察了国务院部门网站设置规范性文件栏目情况、规范性文件栏目的集中性、规范性文件栏目的统一性、规范性文件公开的便利性、规范性文件的更新情况、规范性文件链接的有效性、规范性文件起草过程的公开情况、规范性文件解读信息情况等。

评估发现，规范性文件的公开情况总体上参差不齐，虽然有不少部门较为条理、明确地公示了规范性文件，但个别部门对规范性文件的认识较为模糊，栏目信息混乱。

第一，规范性文件的栏目设置混乱。绝大部分网站在首页设置了两个以上规范性文件栏目，既有法律法规栏目，也有政策性文件栏目，还有通知公告栏目、规范性文件栏目等，信息交织错杂、分布混乱。各个栏目之间界限不清楚。评估发现，有 53 家部门网站有两个以上规范性文件的栏目。这也在一定程度上表明，规范性文件的界定不够清晰，对于哪些文件属于规范性文件，无论是学理上还是实务中，都缺乏统一的尺度和标准。

第二，栏目设置不统一。多数网站都在首页与政府信息公开目录栏目中分别提供了规范性文件栏目，但两处的栏目不一致、信息发布不同步的情况十分普遍。经统计，设置规范性文件栏目的 58 家网站中，有 47 家设在首页的规范性文件栏目与政务信息目录栏目不统一，其各个栏目之间发布的信息不完全一致。这给公众查阅信息带来了困难。

第三，规范性文件放置混乱。随意放置规范性文件的现象也很突出。比如，有的部门网站将规范性文件归类在规章栏目中，有的归类在法规栏目中，有的放在新闻动态栏目中。这反映了个别部门在信息发布上缺乏规范，也不排除其对规范性文件缺乏正确的认识。

第四，规范性文件获取的便利性较差。大部分部门的网站没有对规范性文件进行归类，经统计，58 家设置规范性文件栏目的网站中，仅有 4 家网站的所有规范性文件栏目均按事项进行了分类，没有一家网站的所有规范性文件栏目均按部门进行分类。

第五，信息更新不及时。有些部门网站提供的规范性文件信息较为滞后，甚至仅更新至 2009 年。经统计，58 家设置规范性文件栏目的网站中，有 13 家部门网站提供的所有规范性文件栏目并未提供 2011 年规范性文件；30 家设置规范性文件解读栏目的网站中，有 15 家的信息未更新至评估前半年。

第六，规范性文件制定过程的公开程度不理想。仅有 25 家网站提供专门的公布规范性文件草案和征集意见的栏目与渠道且栏目链接有效。能够提供 3 条以上（含 3 条）规范性文件草案且其链接全部可有效打开的仅有 22 家，其中 19 家在其专门栏目中提供，其余 3 家无专门栏目。能够就规范性文件草案提供征集公众意见渠道的仅有 29 家，其中 5 家没有专门栏目但在网站其他地方提供了有关的意见反馈渠道。

七　环境信息

课题组以 26 家省级政府为评估对象，对环境信息的公开情况进行了评估。本部分主要考察了环境质量状况、环境统计和调查信息、固体废弃物信息、建设项目环境影响评价信息、排污费信息、环境信访投诉信息、环境行政处罚结果、企业环保守法信息的公开情况。

环境保护效果以及环境质量提升的关键在于不断加强执法、强化环境污染预防与治理、细化完善环境标准、加大对环境违法行为的惩治等。因而，环境信息公开应是环境保护的一个重要环节，是保证公众环境信息知情权、提高公众环境保护参与度、加强环境保护监督的重要前提。

评估发现，环境信息公开情况普遍较好。26家省级政府的环境保护部门均开设了政府网站，其中，海南省仍保留海南省国土环境资源厅，因此，该网站集中了土地管理、环境保护和地矿管理方面的信息。各省级政府环境保护部门的网站普遍配备了较为丰富的信息栏目，基本涵盖了有关法规要求主动公开的环境信息。比如，所有被评估的环保部门网站均提供了本部门及所属省级政府制定的规范性文件，提供了环境标准方面的信息（如水环境保护标准、大气环境保护标准、环境噪声与振动标准、土壤环境保护标准、固体废物与化学品环境污染控制标准、核辐射与电磁辐射环境保护标准、生态环境保护标准、污染防治技术政策、地方环境标准等）。经过在每个网站随机抽取5条信息进行验证，环境标准的链接全部有效的总计达25家。在环境质量信息方面，有24家环保部门网站以月报的形式提供本辖区水质量状况信息，23家部门网站以日报形式提供空气质量状况信息。有25家环保部门网站提供了环境保护年度报告栏目，有24家在该栏目中提供了环境保护年度报告，且有2010年的年度报告。这与《环境信息公开办法（试行）》的实施有密不可分的关系。该办法细化了《条例》关于主动公开的要求，相对具体地规定了环境保护部门应主动公开的信息内容。

但是，各省级政府环境保护部门网站的信息公开也存在一些问题，集中表现为：有关信息未公开，公开在网站上的信息因为放置随意、链接无效等导致无法获取，信息更新不及时等。而这些问题又严重影响了环境信息公开的效果，导致某些信息未公开，或者某些信息虽然公开了但公众无法获取。

第一，部分环境保护信息的公开情况不理想。《环境信息公开办法（试行）》第11条规定了环保部门应当在职责权限范围内向社会主动公开的环境信息的种类，但评估发现，该规定还没有落到实处。某些环境质量信息，如排污许可证发放情况，大中城市固体废物的种类、产生量、处置状况，环境行政处罚，发生重特大环境污染事故或者事件的企业名单，拒不执行已生效的环境行政处罚决定的企业名单等信息，在有的环保部门网站上很难找到。在环境质量信息方面，仅有 5 家部门以月报形式提供噪声质量状况信息。在固体废弃物信息方面，有 21 家环保部门未提供固体废弃物种类信息，22 家未提供固体废弃物产生量信息，16 家未提供固体废弃物处置状况信息，所有部门均未提供固体废弃物排放许可证的发放信息。环境处罚信息的公开情况也不理想：有 6 家部门没有环境行政处罚信息的专门栏目，1 家的此栏目链接无效，只有 13 家提供了发生重特大环境污染事故或者事件的企业名单，仅有 1 家公示了拒不执行已生效的环境行政处罚决定的企业名单。

第二，信息链接无效。部分环保部门提供的相关信息栏目中没有提供任何信息，或者有的信息链接无效，导致相关信息无法获取。有的环保部门网站提供的环境行政处罚栏目中没有任何内容。有的环保部门在"科技标准"栏目中提供了很多详细的标准，但是多数标准链接无效。

第三，信息更新不及时的情况普遍存在。不少环保部门网站的信息更新不及时，网站上提供的相关内容有些甚至仍为 2009 年以前的信息。只有 5 家部门在网站上公开了 3 个月以内的固体废弃物产生量或者处置状况的情况；公开 6 个月内环境行政处罚结果信息的仅有 13 家。某环保厅网站《行政处罚》栏目中的信息从 2009 年起就未更新过，其投诉案件的处理信息仅更新至 2010 年 11 月 30 日；某环保厅固体废弃物栏目中仍为 2010 年的信息。

第四，网站信息放置随意，导致信息混乱、重复、不集中。有的环保部门网站虽然提供了某方面环境信息的栏目，但此类环境信息的放置没有规律，分布混乱、不集中，栏目内外都可查询到相关信息。例如，某环保部门《排污费管理》栏目公示在网站《财政公开》栏目中，但网站主页的《公示栏》栏目中也有排污费征收的相关信息，且两个栏目中的信息不一致。

环境信息公开不能取代环境执法，但环境信息公开无疑是环境执法的重要方面，也是促进环境执法、监督环境保护部门执法的重要手段。因此，虽然环境信息公开得益于《环境信息公开办法（试行）》的颁布实施而收到了一定的效果，但存在的问题也必须加以改善，才能有效地促进环境保护事业的发展。

八　食品安全信息

课题组 2011 年继续对 43 个较大的市食品安全信息的公开情况进行了评估。本年度评估主要集中于餐饮服务许可及其执法信息的公开情况，以餐饮服务主管部门网站为评估对象，主要评估了餐饮服务主管部门的政策法规及规范性文件、餐饮服务许可审批信息、餐饮服务监督信息、餐饮服务企业信用信息、食品安全警示信息、食品安全措施信息等的公开情况。

根据《食品安全法》，自 2009 年 6 月 1 日起，由食品药品监管部门取代卫生监督部门对餐饮服务环节进行监管，并用餐饮服务许可证取代食品卫生许可证。为做好餐饮服务许可证的换发工作，国家食品药品监管局专门下发通知，要求自 2009 年 6 月 1 日起，对餐饮服务经营者申请新发、变更、延续、补发许可证的，各级餐饮服务监管部门应当严格按照《食品安全法》的要求，核发餐饮服务许可证。但从评估情况来看，很多城市的餐饮服务监管职权并未移交，如无锡、成都、杭州、洛阳、海口、厦门、福州等，对于这些地方，课题组同时对其食品药品监督管理局和卫生局网站进行了评估。还有的地方的餐饮服务职能虽已正式移交，但餐饮服务管理的信息并未公示在食品药品监督管理局网站上，如贵阳的相关信息公布于当地政府门户网站上，徐州的餐饮服务许可信息则由当地的食品安全网提供，深圳市食品安全监管的职能归属于深圳市市场监督管理局。

从本次以餐饮服务监督为主的评估情况看，食品安全信息公开仍旧有喜有忧。值得肯定的方面主要有：所有被评估地方的食品药品监督管理局及负责餐饮服务监管的部门均开设了网站；绝大多数地方的监管部门能够在网站提供本部门的内设机构和职责简介，仅 2 家未提供上述信息；41 家地方食品药品监督管理局网站公开了用于接受监督的电话或者电子邮件；40 家地方食品药品监督管理局网站提供了相应的法律法规及其他规范性文件；40 家地方监管部门公布了对餐饮服务的监督检查信息。

但是，食品安全信息公开存在的问题仍旧不容忽视，集中表现为以下几方面。

第一，食品安全信息公开滞后于公众对食品安全信息的需求和加强食品安全监管的需要。截至评估结束，43 个较大的市中，32 个是由食品药品监督管理局负责餐饮服务许可的审批，10 个是由卫生局负责，还有 1 个是由市场监督管理局负责（深圳）。但是，有的地方在职能移交后，餐饮服务许可相关信息的公开并没有及时调整。有的地方，食品药品监督管理局药品方面的相关信息居多，食品安全方面的相关信息过少。比如，有的城市在食品药品监督管理局网站的食品安全信息栏目中，仅提供了用药安全信息，未提供食品安全信息，公布的投诉电话均为药品管理方面的，并未公布食品安全监管投诉的电话或者邮件。还有的地方的食品药品监督管理局网站声称要建立"餐饮服务提供者食品安全信用档案"栏目，但长期未能建成。另外，一些栏目的信息量少，有的网站在规范性文件栏目中公开的信息甚至不足 5 条。

第二，一些法定应当公开的信息未在网站公开。经反复查询，仅 28 家较大的市的部门在网站上公布了餐饮服务许可办理流程，24 家介绍了办理指南，29 家提供了所需申请材料的信息，19 家公布了办理结果。监督检查方面，仅有 10 家公布了对违法行为的查处情况，3 家设立了《餐饮服务提供者食品安全信用档案》栏目；17 家提供了食品、安全预警、警示信息，27 家提供了食品安全常识性信息。由此可见，《食品安全法》等法律、法规、规章中要求公开的涉及餐饮服务监管的信息实际的公开情况还不甚理想。

第三，信息链接有效性欠佳。课题组对每个地方餐饮服务监管机构网站公开的规范性文件信息进行了随机验证，5 条信息能够全部有效打开的仅有 27 家。再比如，某地食品药品监督管理局网站中的食品安全信息链接无效，某地食品药品监督管理局机构职能的信息链接无效。

第四，信息放置无序的问题比较突出，影响信息查询。首先，有的网站栏目设置不合理，该设置专门栏目的未设置。比如，某地食品药品监督管理局未设专门的"政策法规"专栏，关于食品安全监管的相关信息公布在《工作文件》与《通知公告》栏目中。其次，信息放置极为随意、杂乱无序。比如，某地食品药品监督管理局提供的本地食品安全监管的规范性文件分布较混乱，地方文件公示在国家法规中。再次，信息公开不统一、不同步。这主要体现在同一条信息在不同信息板块中放置。有的地方食品药品监督管理局所公开的规范性文件，在政务信息公开栏目中的内容与在其政策法规栏目中的内容不一致，极易造成混乱。

第五，信息更新不及时。2010 年评估时，地方政府门户网站、食品安全信息网以及卫生行政管理部门、质量技术监督部门、工商行政管理部门、食品药品监督管理部门的所有网站中，提供的食品安全宣传普及知识信息包含 2010 年信息的仅有 23 家。而 2011 年，课题组按照更加严格的尺度，重点检查评估之前 3 个月内的信息发布情况。评估发现，能够公布近 3 个月中对餐饮服务提供者的监督检查信息的有 35 家，仅有 8 家能够提供近 3 个月中对违法行为的查处情况，7 家能够提供 3 个月内的食品安全预警、警示信息。可以说，信息更新滞后甚至不更新的情况普遍存在，信息公开没有服务于食品安全监管和公众维护自身健康的需要。

九 行政审批信息

行政审批是指行政机关（包括有行政审批权的其他组织）根据行政相对人的申请，经过依法审查，准予其从事特定活动、认可其资格资质、确认特定民事关系或者特定民事权利能力和行为能力的行为。行政审批权是国家公权力的一部分，是各级政府依法组织和管理公共事务的一项重要权力。中共中央办公厅、国务院办公厅印发的《关于深化政务公开 加强政务服务的意见》（中办发〔2011〕22 号）强调了政务服务中心在推动行政审批制度改革中的重要性，要求加大行政审批公开力度。因此，课题组决定以较大的市的政务服务中心为主，对其行政审批信息公开的情况进行评估。

2011 年的评估主要集中于相关城市政务服务中心网站建设情况、中心机构职能信息、中心机构联络信息、中心内部规章、中心审批事项信息、中心审批事项信息与所属市级政府网站信息的一致性、中心办事指南、中心办件公示等。

评估结果显示，建设专门网站、发布行政审批信息，是行政审批信息公开的一个特点。43 个较大的市中，有 39 个有实体的政务服务中心，无实体中心的分别是武汉、郑州、南京、厦门；有 41 个城市建有行政审批专门网站（以下称"行政审批网站"），无网站的是石家庄和吉林市。也就是说，有 37 个既有实体中心，也有专门的网站，只有实体中心而没有网站的有 2 个城市，只有网站而无实体中心的有 4 个城市。

很多地方的行政审批网站能够借助网站平台发布与行政审批有关的信息。首先，很多行政审批网站能够发布其基本信息，提高公众办事便利性。为方便公众办事、咨询，大部分地方的行政审批网站提供了详细且具体的相关办事信息。例如：职能信息、地址、中心交通路线（如自驾车信息或者公交换乘信息）、联系电话、邮箱、地理位置示意图、工作时间等，使公众可以了解政务服务中心具体的信息，为办理相关事务提供方便，同时也大大提高了行政审批的办事水平和办事效率。其次，很多地方行政审批网站能够较好地提供审批信息。评估发现，不少网站公开了进驻政务服务中心办理的行政审批部门和行政审批事项列表、办事指南、办事流程、办事咨询与联系方式等。再次，为方便公众及时了解审批的办件动态，部分行政审批网站及时进行办件公示，不少网站设置了《办件动态》栏目，提供了行政审批事项办理进程和结果的查询功能。

但审批信息的公开仍然存在一些问题，与行政审批制度改革和建设服务型、透明型政府的要求还有一定差距。

首先，行政审批网站建设还不够理想。评估发现，仍有 2 个较大的市未设置政务服务中心，更没有设置相关网站。有的地方行政审批网站运行情况不理想，网页打不开、打开慢，相应的功能无法使用。比如，有的地方在行政审批网站设置的《办件通报》《办结事项》《当月排名》《咨询未回复》等栏目打不开，且其"市民办事指南""企业办事指南"直接链接到市政府网站的首页而非"办事频道"。

其次，行政审批网站栏目设置不健全且栏目信息有效性差。为方便公众了解政务服务中心的规章制度，以加强对中心的监督，中心应当设置内部规章栏目。经统计，41 家行政审批网站中，仅有 32 家提供了本中心内部规章栏目，9 家未提供。在提供栏目的 32 家网站中，可以打开 5 条以上（含 5 条）的仅有 28 家；信息链接数少于 5 条的有 4 家。为方便公众办理审批事项，网站应当提供集中办理的审批事项列表，并确保列表中的信息链接有效。经统计，41 家行政审批网站中，有 3 家不提供审批事项列表；还有 1 家虽有审批事项列表，但是列表中的信息需经注册并验证身份证信息才能查看。

再次，审批信息混乱。此次评估以其网站公开的情况为主，并对其政府门户网站上公开的行政审批事项信息进行比对验证。评估发现，有的地方除行政审批网站外，还在所属市级政府门户网站中提供了审批事项信息。但经验证发现，两处网站的信息一致性较差。在提供审批事项信息的 37 家网站中，随机抽取 10 条审批事项信息，两处网站全部一致的仅有 5 家，分别是无锡、济南、唐山、海口、苏州。

另外，提供信息的全面性差。评估结果显示，无论是政务服务中心的联络信息，还是审批办理指南信息，抑或办件动态信息，审批网站能够全面提供的情况都不是很理想。这主要表现在如下三个方面。

第一，联络信息不全面。为方便公众办理审批事项，网站应当提供政务服务中心的基本信息，如中心职能信息、中心地址信息、中心交通路线（如自驾车信息或者公交换乘信息）、中心联系电话、中心联系电子邮箱、中心地理位置示意图（如地图）与中心工作时间（应当精确到工作日、上下班时间等）等。在提供网站的 41 个较大的市中，有 6 家未提供本网站的职能信息，14 家未提供中心地址信息，32 家未提供中心交通路线（如自驾车信息或者公交换乘信息），9 家未提供中心联系电话，16 家未提供中心联系电子邮箱，30 家未提供中心地理位置示意图（如地图），30 家未提供中心工作时间。能够全部提供上述信息的仅有 2 家。

第二，审批事项信息不全面。为方便公众办理审批事项，应当提供审批依据、审批条件、审批申请材料、审批程序、审批期限、审批办理地点、审批部门联系电话等办事信息。41 家行政审批网站中，有 38 家提供了进驻中心的审批事项列表，其中，有 37 家列表中的文件可以打开 5 条以上（含 5 条）。在提供审批信息的 37 家网站中，随机抽查 10 条中心公布的审批事项信息，全部提供审批事项办事依据的仅有 25 家，全部提供审批事项申请材料信息的仅有 24 家，全部提供审批办理程序的仅有 23

家，全部提供审批事项办理期限（可以是法定期限，也可以是承诺期限）的仅有29家，仅有13家提供了包括审批依据、审批条件、审批申请材料、审批程序、审批期限、审批办理地点、审批部门联系电话在内的所有信息（见图8）。

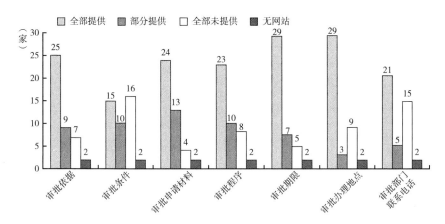

图8　2011年较大的市行政审批网站提供审批事项办理信息的情况

第三，审批办件动态信息不全面。为方便公众及时了解审批的办件动态，应当及时进行办件公示，提供受理审批的主办部门信息、受理事项信息、申报时间、办理状态信息（如在办理中、已办结等）。经统计，41家行政审批网站提供中心办件动态的仅有35家，其中，提供受理审批的主办部门信息的仅有25家，提供受理事项信息的仅有31家，提供申报时间的仅有18家，提供办理状态信息（如在办理中、已办结等）的仅有29家。

十　2011年度评估建议

从2011年政府透明度评估情况看，今后加强政府信息公开制度建设，还需要着力解决好如下问题。

第一，不断提升对政府信息公开工作的重视程度。2011年评估结果显示，2010年评估结果不理想的部门，多数都有了明显改善，进步明显。这说明，政府信息公开工作不是做不好，关键是是否愿意做好、是否引起足够重视。

第二，尽快纠正各级各类政府机关及其工作人员对政府信息公开制度的错误认识。有关部门及其工作人员有意无意地误读政府信息公开制度，是影响政府信息公开实施效果的关键。为此，一是要尽快修改违反政府信息公开制度基本精神、不符合社会发展需要的制度，二是要真正加强政府信息公开工作培训，增强工作人员的公开意识。

第三，必须着力提升主动公开的质量。从近年来评估的情况看，影响评估结果的主要还是主动公开情况不理想。为此，应确保依法应主动公开的信息能够做到准确、全面、及时、有效公开，重视关系公众切身利益、关系政府依法行政领域的政府信息公开工作。尤其要注意公开的效果，包括注意网站运行状况、信息链接有效性、信息的及时更新情况等。

第四，尽快规范依申请公开处理工作。近几年政府信息公开制度实施情况显示，依申请公开虽然没有呈现井喷态势，但申请量正在逐年攀升。依申请公开将会进一步考验各级政府的政府信息公开工作。因此，未来各级政府机关必须正视依申请公开工作，提高依法处理依申请公开的能力，并及时评估，将申请量大、涉及面广的信息适时转为主动公开，减少公众获取信息的成本和各部门处理申请的压力。不仅如此，各级政府机关还必须规范一次性告知、答复等程序，严格限制"一事一申请"的适用范围，提高依申请公开办理水平。

第五，降低公众获取政府公开信息的成本。首先，加强政府网站建设，提高网站运行能力和在线提供信息的水平，方便公众通过政府网站获取信息。其次，减少各类不必要的身份验证、资料提供等流程与环节，使公众可以相对容易地获取自己需要的信息。政府机关应当将如何有利于公众获取信息作为工作的出发点，而不应当把精力过多放在如何方便自己甚至如何阻挠公众获取信息上。

第六，尽快明确政府信息公开工作的各项标准。有关部门应该进一步细化目录设置、指南配备、报告编写等的标准，杜绝政府机关在实施政府信息公开制度中的随意行为，提升政府信息公开制度实施的整体效果。

第七，纠正有关部门限缩政府信息公开范围的做法。从国办发〔2008〕36号文件，再到国办发〔2010〕5号文件，政府信息公开申请人的资格受到了进一步限制，"政府信息"被限定在极为有限的范围内。这与《条例》的规定相去甚远，与公众日益增长的信息需求相悖，与"以公开为原则、不公开为例外"的原则相左。长此以往，"公开条例"必将成为"不公开条例"。建议相关部门满怀信心，顺应社会发展潮流，重新定位工作的出发点，还政府信息公开本来面目。

（参见法治蓝皮书《中国法治发展报告 No. 10（2012）》）

第五章 2012年政府透明度指数评估

一 总体情况

2012年，政府透明度整体上呈现向好发展的趋势，从中央到地方，政府部门实施政府信息公开制度的情况均取得不同程度的进展。

第一，政府信息公开工作受到有关部门的重视。国务院办公厅发布的《2012年政府信息公开重点工作安排》针对上一年度政府信息公开存在的不足和公众对政府信息公开的需求，明确了2012年政府信息公开的重点工作，提出重点领域的信息公开工作，并确定了各部门的任务。各地方政府也纷纷制定年度工作重点。有的地方还加强了政府信息公开的法规建设，如浙江省人民政府发布了《浙江省政府信息公开暂行办法》。

第二，《政府信息公开条例》（以下简称《条例》）相关制度的落实情况逐步改善。年度报告的发布情况最为明显，对2011年年度报告发布情况的统计显示，只有极少数部门不能按时发布。网站主动公开的政府信息链接有效性、信息一致性均有了较大改善。提供依申请公开渠道并能依法答复申请的情况明显好于往年，且对课题组的申请，有数家政府部门网站能够提供所需要的信息。

第三，从年度报告公布的数据看，各部门依申请公开受理数量呈现上升趋势。依据各部门发布的2011年年度报告，过去一年未收到一份申请的部门明显减少，各部门受理的申请数量也有明显上升（见图1、图2和图3）。不断攀升的申请数量说明，政府信息公开制度正在被运用于公众的生产生活中，真正为满足公众的信息需求发挥积极的作用。当然，这也正在给政府机关带来巨大的压力，促使其进一步强化依法行政、提高管理水平。

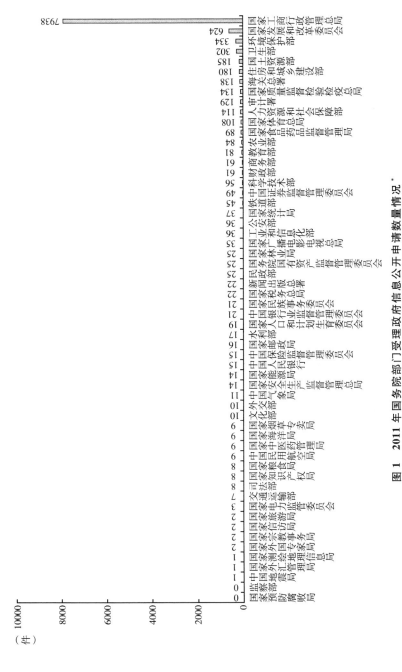

图 1　2011 年国务院部门受理政府信息公开申请数量情况 *

* 数据来源于国务院部门 2011 年的政府信息公开年度报告，其中，监察部未公布其受理或收到的依申请数据，国家预防腐败局在报告中声称其未收到申请，国家文物局公布的是 2011 年 1 ~ 12 月的政府信息公开情况。

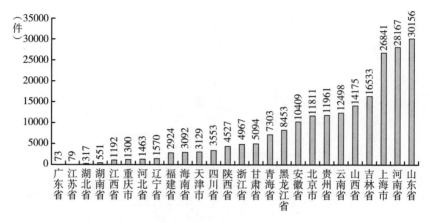

图 2　2011 年省级政府受理政府信息公开申请数量情况 *

　　* 数据来源于 26 个省级政府 2011 年度政府信息公开年度报告，其中，湖北省的为省政府及省级部门受理总数，湖南省的为省政府办公厅和省直部门受理总数，广东省、河北省、陕西省、江苏省为办公厅受理的省政府数据。

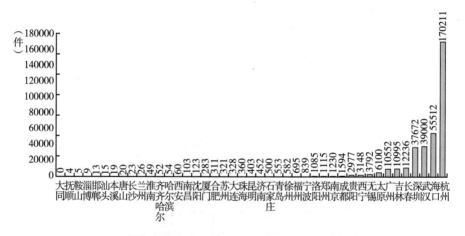

图 3　2011 年较大的市的政府受理政府信息公开申请数量情况 *

　　* 数据来源于 43 个较大的市的政府 2011 年度政府信息公开年度报告。

　　但是，评估显示，政府信息公开工作仍然存在一些问题，应当在今后推动政府信息公开工作过程中引起重视。

　　第一，政府信息公开意识还有待提高。评估显示，政府机关工作人员的公开意识参差不齐，不少政府机关工作人员仍将政府信息公开工作视为负担，反感甚至抵触公开，甚至将这种情绪带到了与政府信息公开申请人的接触之中。有的工作人员只考虑自己如何完成工作，完全不考虑如何方便公众获取信息。比如，本年度评估中，不少政府机关对课题组提交申请的答复极其笼统，有的为了自己查询公开答复的送达情况方便而放着低廉安全的挂号信方式不选择，非要选择快递送达且要求申请人支付快递费。这种种现象反映了工作人员的政府信息公开意识还亟待提升。

第二，政府信息公开机构设置情况不理想。《条例》已经实施接近 5 年时间，但仍有政府未配备专门部门或者专门人员负责，影响公开效果。此次评估发现，个别政府部门未设有专门的政府信息公开机构，在收到申请时临时安排工作人员处理相关申请，由于对依申请工作的不熟悉以及相关专业知识的欠缺，这些工作人员在处理相关申请时一般表现出态度冷淡、业务不熟练、解决问题能力差等特点。这种状况不能满足公众获取信息的需求，也难以胜任日益复杂繁重的政府信息公开工作。

第三，政府网站建设及网站公开政府信息的情况不平衡。无政府网站、政府网站不运行、信息不更新等情况仍然存在。有的地方政府门户网站建设较为完备，信息公开较为全面及时，但个别所属部门的网站建设和信息公开不够理想。可以看出，网站建设及信息公开情况与地方经济发展有一定关联，但没有必然联系，甚至与政府机关级别高低无必然关系，归根结底还是取决于机关及其负责人对网站建设和信息公开工作是否重视。

第四，个别政府机关不能很好地履行主动公开义务。个别政府机关通过网站主动公开信息时，法定要求公开的信息未公开，或者虽然公开但公开不全面、信息链接无效、查询不方便、更新不及时、信息放置混乱、不同栏目公开的同类信息不一致。政府信息公开流于形式的情况仍旧存在。有的政府网站对网页进行了改版，页面信息栏目有所丰富，但不少栏目缺乏内容，与改版前的网站相比，政府信息公开内容无明显改变。有的政府网站信息内容多是新闻报道、领导行踪，与公众生产生活以及本机关履行职能相关的信息很少。特别是环境保护信息、食品安全信息、规范性文件等的公开方面，信息公开标准不明确、不统一的问题十分突出，所有这些使得政府花费大量人力物力建设的一些网站、开展的政府信息公开工作流于形式。

第五，限制公众依申请公开获取信息的问题没有太大改观。在申请公开信息过程中，政府机关限制公开信息的理由五花八门，从不提供身份信息无法证明是中国"公民"，到无法证明用途、违反"一事一申请"规定、政府机关无加工汇总信息的义务，再到属于内部信息、秘密级信息，甚至有的在申请时限即将届满时用补正申请处理、需要延期答复等理由拖延答复。

第六，应警惕个别政府机关"懒政"思维。如果政府网站信息放置混乱无序、不及时更新、关键信息的公开不方便公众获取还可以归责于政府信息公开工作机制不健全、对法律法规制度理解不到位，那么，某些政府部门及其工作人员在依申请公开中的表现就只能说是"懒政"思维作祟。本次评估中，有不少部门都提出，对本机关本年度选拔领导干部任职的岗位、人数和新选拔任职干部的性别比及其学历、专业分布情况以及干部处分人数、原因、处分类别等信息未作统计，因为没有现成信息，也就没有加工汇总义务，自然也就不能公开。人事部门对本机关的人事任免信息进行详细的统计分析，政府采购部门对采购商品的种类、品牌、价格等进行汇总比较，这本来就是其应履行的职责，也是其做好管理的依据。但这些部门不认真履行职责，面对公众申请，不知错就改、进行统计分析比较，反倒理直气壮地拒绝公众申请。这显然是某些部门政府管理水平落后、效率低下的症结所在。可以说，有关部门将未经加工汇总的信息排除在政府信息公开范围之外的做法，非但不利于有序开展政府信息公开工作，还助长了政府机关的"懒政"作风。此外，有的工作人员为了方便自己完成任务，不愿意提供书面答复，或者拒绝答复还要求申请人自行撤回申请以便于其完结内部工作流程。这种只顾自己方便、无视公众权益的做法已经不仅仅事关政府信息公开工作，更关系到政府机关为谁服务、为谁工作的原则性问题。

二 政府信息公开目录

2012年，课题组对政府网站的目录栏目、目录内容链接有效性、公开目录的便利性、目录检索功能的有效性与便利性、目录信息更新及时性、网站信息与目录信息的一致性进行了评估，地方政府目录部分还评估了其本级政府、所属政府部门、下级政府机关、公用企事业单位的目录编制情况。

评估显示，2012 年目录的配置状况较 2011 年又有了较大的进步，目录的配置情况、目录信息链接的有效性、便利性都有提升，不少政府部门目录配置情况有了明显改进。

第一，目录的配置情况有了很大的改善。所有被评估政府机关都在网站设置了目录栏目，且绝大多数政府网站配置了目录，目录中的信息更加丰富。其中，较大的市的政府网站全部设置了政府信息公开目录，且均配备了目录信息链接，国务院部门中有 56 家，省级政府中有 25 家。国家外汇管理局 2011 年没有设置目录，2012 年则设置了较为完善的目录。有的政府机关目录建设更加全面科学。比如，中国气象局、财政部和中国地震局在目录栏目中设置了"依申请公开目录"，更加符合目录的功能要求，方便公众查找信息。住房和城乡建设部的目录编排比较合理，网站主页信息与目录信息有机结合，确保了信息发布的准确一致。

第二，信息链接的有效性增强。课题组随机抽查了目录中公开的 10 条信息，其中全部有效的有 48 家国务院部门，占 81.4%（2011 年为 42 家，占 71.2%）；42 家较大的市，占 97.7%（2011 年为 36 家，占 83.7%）。

第三，目录的便利性增强。首先，对目录信息进行多重分类的部门网站明显增加。比如，国务院部门中，对目录进行多重分类的由 16 家增加为 25 家。其次，目录自身的搜索功能更加完善。2012 年国务院部门、省级政府和较大的市的政府信息公开目录中设置简单检索界面的分别为 39 家、22 家、32 家（2011 年分别为 34 家、18 家、26 家），可成功检索的分别是 36 家、18 家、27 家（2011 年分别为 27 家、14 家、23 家）。

第四，信息更新更加及时。许多部门和政府的政府信息公开目录中的信息更新更加及时。例如，住房和城乡建设部网站能够发布调研前一日或者当天的信息。

第五，目录设置更加注重细节。2012 年评估发现，政府部门在设置目录功能时更加用心和人性化。比如，中国银行业监督管理委员会的"信息检索"功能中，按照文号搜索方式提供了按照不同发文形式（如"银监会令""银监发"等）检索文号的功能。国家能源局提供了"搜索帮助"功能，帮助用户更快理解关键词的含义。国家电力监管委员会（以下简称"电监会"）建设了电力信息公开网，作为其政府信息公开的专门网站，上面公开了电监会、地方电监会和电力企业的信息，网站设置更加人性化。国家外汇管理局的搜索结果设置了关联度对比，使得搜索结果更加精确。

政府信息公开目录存在的问题主要表现在以下方面。

第一，不配置目录的情况仍然存在。仍有3家国务院部门网站（国家旅游局、铁道部、人力资源和社会保障部）和1家省级政府网站（山东省）没有提供本级政府的信息公开目录。1家省级政府未提供所属部门目录，2家未提供下级地方政府的目录，仅有2家设置了公用企事业单位的目录。较大的市中1家未提供所属部门目录，3家未提供下级地方政府目录，仅有19家提供了公用企事业单位的目录。仍有个别政府机关仅提供了目录列表，列表内的信息未配置链接，导致目录流于形式，无法发挥集中发布信息、方便公众在线查询的功能。

第二，栏目设置不合理。有的政府部门同时设置了《政务公开》《政府信息公开》等栏目，甚至设有政府信息公开网站，但各栏目之间缺乏协调，影响了信息的集中统一发布。例如，电监会设置了本级政府信息公开目录和电力信息公开网的目录，但是没有将二者有机结合起来，导致两个目录中的内容不一致。

第三，目录信息链接有效性仍有待提高。信息链接无效的情况依旧存在。比如，有8家国务院部门网站提供的信息链接不能全部打开。在省级政府中，课题组分别在其本级政府目录、所属部门目录、下级政府目录、公用企事业单位目录中随机抽查了10条、10条、9条、6条信息，所属部门选取的是卫生厅（局）、农业厅（局）、质量技术监督局、工商行政管理局和食品药品监督管理局，每个部门随机选择2条信息链接进行验证。结果显示，本级政府目录、所属部门目录、下级政府目录、公用企事业单位目录中链接全部有效的分别是22家、16家、16家和1家（见图

4）。此外，有的信息栏目无信息。有 4 家国务院部门、1 家较大的市存在此问题。

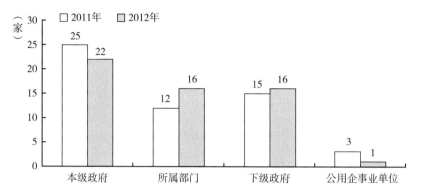

图 4　省级政府 2011~2012 年信息公开目录链接有效性

在较大的市政府网站中，课题组同样对信息链接的有效性进行了验证。其中，所属部门选取了卫生局、农业局、质量技术监督局、工商行政管理局、食品药品监督管理局。本级政府目录、所属部门目录、下级政府目录、公用事业单位目录中链接全部有效的分别是 42 家、26 家、31 家和 12 家（见图 5）。

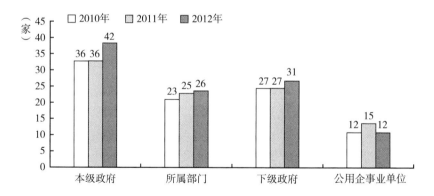

图 5　较大的市 2010~2012 年政府信息公开目录链接有效性

第四，目录便利性还有待提升。其一，分类不合理的情况还普遍存在。提供了多重分类且每个分类均有信息的，仅有 25 家国务院部门、8 家省级政府和 9 家较大的市。其余部门要么分类单一，要么分类不科学，难以涵盖全部政府信息，导致信息难以归类或者交叉重复。其二，目录的检索功能配置仍不理想。能够提供简单检索界面、提供简单检索且检索有效的，国务院部门分别有 39 家和 36 家，省级政府仅 22 家和 18 家，较大的市仅有 32 家和 27 家。提供多种简单检索界面且提供多种检索方式并能成功检索的，国务院部门分别有 38 家和 22 家，省级政府分别有 21 家和13 家，较大的市分别有 29 家和 19 家。提供组合检索界面、提供组合检索且检索有效的，国务院部门分别有 38 家和 17 家，省级政府分别有 17家和 7 家，较大的市分别有 24 家和 15 家（见图 6）。

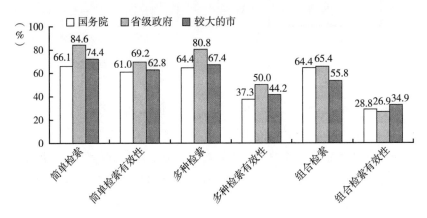

图 6　2012 年国务院部门与省级政府、地方政府目录检索功能对比

第五，目录信息的全面性较差。有不少政府部门配置的目录与其门户网站信息栏目严重脱节，各自为政，网站发布的很多信息未纳入目录管理，导致目录功能弱化。评估显示，目录不能包含网站其他栏目所发布的信息的，有 57 家国务院部门、25 家省级政府、36 家较大的市。

第六，信息放置混乱。由于政府信息公开栏目、目录重复配置，目录栏目设置不合理，目录与网站其他栏目脱节，内部信息发布随意等，有的部门发布信息时，所放置的位置混乱，有的本应放入规范性文件栏目、统计信息栏目、人事信息栏目的信息，未能放入其中，却放置到了新闻动态、通知公告栏目中。信息放置的不规律必然导致信息获取的不方便，甚至有的部门已经公开了信息，但由于难以查找，公开效果受到影响。

三 政府公报

政府公报是政府机关出版发行的连续出版物，主要用以登载法令、方针、政策、人事任免等各类政府文件。《立法法》规定政府公报是刊载法规规章的重要载体，《条例》也将政府公报规定为政府信息公开的重要载体。

为了解政府公报的发布情况及其在政府信息公开工作中的作用，课题组 2012 年对省级政府的政府公报编发情况作了评估，主要涉及省级政府网站政府公报栏目配置、政府公报发布的时效、公报信息获取的便捷性等内容。

评估发现，政府公报的配置情况普遍比较完善。首先，近年来各级政府部门十分重视政府公报的编辑出版，特别是随着信息化社会的发展，不少政府在编发纸质报告的同时，还在网站上公开了电子版的政府公报，节省了成本，方便了公众获取公报信息。被评估的 26 家省级政府网站都提供了政府公报，而且大部分都在政府网站上设置了政府公报的专栏。其次，所有被评估的省级政府网站提供的省级政府公报都可以复制或者下载，通过对被评估政府网站政府公报的抽查，其所刊载的政府文件的链接都有效。最后，不少地方在发布政府公报时比较注重其易用性，不但分期公开了政府公报，还有的为政府公报设置了专门的检索功能，方便在政府公报中检索所需要的信息。

各省级政府网站在公开政府公报方面存在的问题集中表现为如下几点。

第一，部分省级政府的政府公报发布存在滞后性。政府公报是正式的政府文件公布载体，对于及时发布政府的各种决策信息十分必要。但评估发现，政府公报发布还存在不及时的情况。26 家省级政府中有 5 家没有提供评估所在月份上一个月的政府公报。

第二，政府公报信息的检索不便。政府公报往往按月发布，累计会多达数百期，公众一一查阅费时费力，而数字化之后，完全可以通过技术手段，方便公众在众多的政府公报中获得需要的信息。但评估发现，政府网站对政府公报的检索功能设置还相对滞后。仅有 12 家政府网站提供了针对政府公报内容的标题检索功能，仅有 9 家提供的此类检索是有效的；仅9 家政府网站提供了针对政府公报内容的全文检索功能，其中仅有 7 家提供的此类检索功能是有效的。

第三，个别网站提供的政府公报需要专门的阅读软件，给公众查阅信息带来不便。公开政府公报是为了方便公众了解法律法规、方针政策、人事任免等权威信息，应当首先考虑采取最适合公众获取的方式。有不少省级政府的政府公报，查阅相关内容需要采取下载的方式，且文件格式为公众较为常用的 PDF 文件，公报做得不仅美观而且便于公众下载。但也有的省级政府一味追求形式，公报视觉效果好，但实际获取信息却不方便。有的省级政府提供的政府公报内容是不常见的 CEB 格式，文件较大，虽然视觉效果比较好，图文并茂，但在阅读时需要下载专门的阅读软件，而且由于文件较大，下载速度慢，浪费时间。

四　工作信息

工作信息是政府工作基本情况的反映，公开政府机关的工作信息可以让公众了解政府机关部门概况、机构设置情况、职权及履行职权的基本情况，也是方便公众办事、了解国家方针政策、有效监督政府所必需的。为此，课题组 2012 年对 59 家国务院部门的工作信息情况进行了评估，主要包括政府领导信息、机构职能和年度工作信息三方面内容。其中，部门领导信息包括领导成员名单、领导简历和领导分工；机构职能信息包括本部门职责、内设机构及分工职能、内设机构负责人信息、内设机构联系方式、下属单位职责、下属单位网站链接、下属单位联系方式；年度工作信息包括本部门年度工作总结和年度工作计划。

评估结果显示，国务院各部门都能对其基本工作情况进行网上公开，方便公众查询了解。首先，大部分部门能够提供部门领导信息。有 17 家国务院部门提供了完整的部门领导信息，包括正副职领导姓名、简历、工作分工等信息。其次，各部门基本都能提供本部门职责、内设机构与下属单位的基本信息。再次，一些部门能够把本部门上一年度工作总结、往年工作总结、本年度工作计划要点和往年工作计划要点公开在网站上（分别有 7 家、12 家、13 家和 17 家）。其中有 7 家国务院部门提供了完整的年度工作信息，分别是科学技术部、国家宗教事务局、国家质量监督检验检疫总局、国家知识产权局、国家工商行政管理总局、中国银行业监督管理委员会和水利部。有的部门还提供了所管理行业的发展情况，如国家知识产权局还对知识产权行业年度发展情况进行了总结，提供了中国知识产权保护状况的调查信息，这对全面宣传中国知识产权保护状况具有积极的作用。敢于将工作总结尤其是未来的工作计划公之于众、接受社会监督，这需要一定的勇气，也与这些部门的公开意识有密切关系。

同时，工作信息的公开仍然存在一些问题，与建设透明政府还有一定差距。

第一，网站的工作信息设置杂乱，查找困难。许多网站不能将工作信息统一放置在主页相对集中的位置或者归类到一个单独的栏目中，而是分散于网站的各个板块，如政府信息公开、机构概况、联系我们等栏目中。这导致信息凌乱分散，不便于公众查找、咨询和监督。

第二，部门领导信息公开不全面。有 1 家国务院部门未提供本部门正副职领导的全部名单，5 家未提供部门领导的个人简历，4 家仅提供了部分简历，30 家未提供部门领导的分工情况，11 家仅提供部分部门领导的分工情况。课题组未能在铁道部网站找到任何领导成员信息。

第三，部门职责信息公开还不理想。公开部门职责，有利于强化工作人员的责任意识，有利于提高工作水平和服务意识，有利于规范监督管理工作，也有利于公众办事。但有 6 家国务院部门未在其网站提供本部门的职责信息，分别是农业部、人力资源和社会保障部、国家人口和计划生育委员会、国家体育总局、国家文物局和国家烟草专卖局。

第四，内设机构分工职能信息的全面性不佳。提供其内设机构设置情况、职责分工等内容是公众了解政府部门工作机制，方便其办事的前提。有 3 家国务院部门完全未提供内设机构职责情况，12 家提供了部分内设机构职责情况；全部未提供及仅部分提供内设机构处室设置信息的，分别有 14 家和 15 家；而提供全部处室分工信息的仅有 7 家。另外，为了方便公众咨询联络，更好地服务群众，网站应当提供内设机构的主要负责人信息以及联系方式（如电话、电子信箱等）。但提供各内设机构负责人信息的仅有 20 家，仅有 16 家全部提供了内设机构联系电话，仅有 1 家全部提供了内设机构的电子邮件地址。

第五，国务院部门下属企事业单位的信息公开较少。当前，不少国家机关下设企事业单位，公开其基本信息也是建设透明政府的要求。但在 59 家国务院部门中，除了中国保险监督管理委员会、国家信访局和国家预防腐败局未发现设有直属企事业单位之外，其余部门有 53 家提供了下属机构列表，没有发现其下属机构列表的部门是：外交部、国家安全生产监督管理总局和国家外汇管理局。其中只有 14 家提供了下属机构的职责说明，没有一个部门网站能够提供所有下属机构的全部联系方式（包括联系电话和电子信箱）。有的部门网站能够提供下属机构的列表，但是提供的下属机构的链接不全面或者链接无效，全面提供且链接有效的只有 16 家。

第六，对于年度工作信息的公开不够重视。年度工作信息包括年度工作总结和年度工作要点或规划计划。其中，年度工作总结是对过去一年的整体工作进行回顾和分析，从中找出经验和教训，得出规律性认识，以指导今后的工作和实践活动；工作计划规划能明确工作任务和目的，避免盲目性，使一年的工作循序渐进，有条不紊，它是提高工作效率、顺利完成工作的重要保障。长期以来，这些信息一般都不对外公开，公众无法了解政府机关工作的具体情况，也难以对其工作成效进行客观评判和监督。此次评估中，仅有 7 个部门能够提供完整全面的年度工作信息，不少部门不提供年度工作信息，或者即便提供也不规范，或者偶尔提供一两次，或者没有固定的公开栏目，导致难以查找。

五 规范性文件

规范性文件是行政管理中对法律、法规、规章相关规定的具体适用，是各级政府及其内设机构制定的除行政法规、规章以外的具有普遍约束力的决定、命令和行政措施。这类文件数量多、涉及面广，关系到公共利益、社会秩序和公民的切身利益，在现实生活中发挥着重要作用。《国务院关于加强法治政府建设的意见》（国发〔2010〕33 号）明确要求，制定对公民、法人或者其他组织的权利义务产生直接影响的规范性文件，要公开征求意见，否则不得发布施行，且要定期公布规范性文件的清理情况。可见，其公开程度也是考察政府透明度和依法行政水平的重要内容。因此，课题组 2012 年继续对规章以下的规范性文件的公开情况进行评估，评估对象在国务院部门基础上，增加了省级政府和较大的市政府。

虽然有的规章以下的规范性文件只规定适用于行政机关内部，但是，考虑到现实中大量的规范性文件直接或者间接作用于行政管理相对人，并对相对人设定权利义务或者对其权利义务有实质性影响，因此，本评估不对其内部性与外部性进行区分，而将各级政府及其内设机构制定的所有规章以下的规范性文件的公开情况作为考察对象。

评估集中于政府网站设置规范性文件栏目情况、规范性文件栏目的集中性、规范性文件栏目的统一性、规范性文件公开的便利性、规范性文件的更新情况、规范性文件链接的有效性、规范性文件起草过程的公开情况、规范性文件解读信息、规范性文件的废改信息，还考察了地方政府规范性文件的备案信息。

评估发现，规范性文件的公开情况总体上参差不齐。从评估结果看，在是否设置规范性文件栏目、规范性文件的更新情况、规范性文件链接的有效性和针对地方政府规范性文件的备案信息情况等几个方面，各级政府做得相对较好。

第一，绝大多数政府网站设置了规范性文件栏目。评估发现，所有被评估的政府部门中，仅有 1 家国务院部门网站未设置规范性文件栏目。

第二，规范性文件的更新情况较好。大多数网站发布了 2012 年的规范性文件，国务院部门有 33 家，省级政府有 16 家，较大的市有 34 家。

第三，规范性文件信息链接的有效性较好。课题组随机选取 10 条规范性文件，查验了信息链接的有效性，全部有效的，国务院部门为 53 家，与上一年度持平，省级政府有 25 家，较大的市则全部有效。

第四，地方政府规范性文件的备案信息情况较好。大部分地方政府的门户网站或者政府法制部门网站公开了规范性文件的备案信息，省级政府有 23 家，较大的市有 22 家。

但规范性文件的公开中存在的问题也应引起重视。

第一，从公开形式上看，网站运行情况不佳，规范性文件栏目设置混乱，信息获取便利性差。

其一，某些地方政府法制部门的网站运行状况差。评估发现，一些地方政府法制部门网站运行速度慢、不稳定或间歇性无法访问，且法制部门无网站的情形也屡见不鲜，如鞍山、大同、福州等即未发现政府法制部门网站。

其二，规范性文件栏目设置混乱。绝大部分政府部门在网站首页设置了两个以上规范性文件栏目，既有法律法规栏目，也有政策性文件栏目，还有通知公告栏目、规范性文件栏目等。各个栏目之间界限不清楚，信息交织错杂、分布混乱，易误导公众。提供了两个以上规范性文件栏目的，有 56 家国务院部门、26 家省级政府、43 家较大的市。这表明，对规范性文件的界定缺乏统一的尺度和标准，各级政府对规范性文件的认识尚不清晰。

其三，同一网站不同栏目中的信息发布不统一。多数网站都在首页与政府信息公开目录栏目中分别提供了规范性文件栏目，但普遍存在两处栏目发布的信息不同步、不一致的情况。有 52 家国务院部门、19 家省级政府、38 家较大的市存在此类问题，这给公众查阅信息带来了困难。

其四，规范性文件获取的便利性较差。大部分部门的网站没有对规范性文件进行归类。按照事项类别对规范性文件进行归类的，仅有 5 家国务院部门、1 家省级政府，无一家较大的市有此分类；按部门进行分类的，仅有 2 家省级政府，国务院部门和较大的市均无此分类。这一看似微不足道的细节，对政府部门而言是举手之劳，但对查询信息的公众而言却是影响其快速准确查找所需信息的重要因素。

第二，规范性文件制定过程的公开程度欠佳。近年来，法律法规和规章制定过程的公开程度已有显著进步，但规范性文件制定过程的公开则还相对滞后。这主要表现为，规范性文件草案公开程度不高，较少提供意见反馈渠道，对收集的反馈意见缺乏回应与说明。提供专门的公布规范性文件征集意见的栏目且链接有效的，仅有 27 家国务院部门、11 家省级政府、12 家较大的市政府。虽然无专门栏目但在网站的其他栏目提供了规范性文件草案反馈意见渠道的，有 20 家国务院部门、8 家省级政府、7 家较大的市政府。提供 3 条以上（含 3 条）规范性文件草案且其链接全部可有效打开的，仅有 27 家国务院部门、12 家省级政府、11 家较大的市政府。所有被评估对象中，仅有 1 家省级政府就规范性文件草案征集意见情况作出回应和说明。此外，不少政府门户网站或者地方政府法制部门网站公开的规范性文件意见征集及草案信息，非本级政府信息，而是其下设机构或者下级政府信息。

第三，普遍缺乏对重要规范性文件的后续解读信息。一部分规范性文件与公众切身利益的密切程度、规定本身的复杂程度不亚于规章以上的法律文件，因此，对制定目的、指导思想、重要制度如何理解、适用等作出必要的解释说明，既有助于公众理解相关制度，也有助于贯彻实施。但此类信息的公开程度并不理想。不少部门没有在网站上设置解读栏目及相关信息。设置规范性文件解读的栏目并提供规范性文件解读信息且链接有效的，仅有 38 家国务院部门、16 家省级政府和 24 家较大的市政府；在网站的其他栏目提供了规范性文件解读信息且链接有效的，有 12 家国务院部门、7 家省级政府和 9 家较大的市政府。解读信息更新也不及时。能够提供最近半年的规范性文件解读信息且链接有效的，仅有 21 家国务院部门、15 家省级政府和 22 家较大的市政府。

第四，规范性文件的废改信息公开情况不佳。对已经制定的规范性文件进行定期清理，并及时公布清理后废止、修改及现行有效的规范性文件信息，有助于公众了解办事依据，规范政府机关依法办事，这是法治政府和透明政府建设的重要内容。但是，大部分网站公布的相关废止与修改信息不尽如人意。提供规范性文件废止信息的，仅有 37 家国务院部门、22 家省级政府和 37 家较大的市政府；提供 2012 年废止信息的，仅有 5 家国务院部门、3 家省级政府和 13 家较大的市政府。提供规范性文件修改信息的，仅有 8 家国务院部门、6 家省级政府和 14 家较大的市政府；提供 2012 年修改信息的，仅有 1 家国务院部门、2 家省级政府和 7 家较大的市政府。

六 环境保护信息

本年度环境保护信息公开的评估在原有 26 家省级政府的基础上，增加了 43 家较大的市政府。本次评估主要考察了空气质量信息、水质量信息、固体废弃物监管信息、辐射安全信息、建设项目环境影响评价信息和环境行政处罚结果的公开情况。

评估发现，省级政府和较大的市两级政府的环境保护信息公开整体情况差别巨大。从整体评估得分来看，省级政府的环境保护信息公开情况较为理想，较大的市政府环境保护信息公开情况普遍较差。总体来看，环境保护信息公开有许多值得肯定的地方。

第一，环境保护部门的网站建设情况普遍较好。26 家省级政府和 43 家较大的市的环境保护部门均开设了网站，除 3 家较大的市的环境保护部门网站有时会出现链接无效的情形外，其他的网站均能有效打开。

第二，省级政府环境保护部门的信息提供较为齐全。在评估的 26 家省级政府中，18 家提供了下辖区的空气质量日报信息，24 家提供了下辖区域重点流域水质量月报信息，24 家提供了危险废弃物经营许可证发证信息；25 家提供了辐射安全许可证发证信息，分别有 20 家、21 家和 22 家提供了建设项目环境影响评价受理公告信息、审批前公示信息和审批后公告信息，分别有 17 家和 23 家提供了建设项目竣工环境保护验收审批前公示信息和审批后公告信息，22 家提供了环境影响评价机构信息。

第三，部分地方提供的空气质量信息系统高效、实用易懂。有的地方不仅及时提供空气质量日报，而且还提供实时的空气质量报告。有的地方的空气质量信息系统中还提供一段时间内的空气质量趋势图。有的网站的空气质量系统采用卫星地图模式，直观易懂。

第四，部分地方提供详细的饮用水质量月报。有的地方不只提供重点流域、饮用水质量月报，还提供周报。有的省（如贵州省）将饮用水质量月报分为中心城市集中式生活饮用水源地水质月报和县城所在城镇集中式生活饮用水源地水质月报，内容详细。

环境保护信息公开存在的问题集中表现在以下几个方面。

　　第一，栏目设置不规范，信息放置随意。评估发现，很多网站没有设置专门的固体废弃物管理、辐射安全管理、建设项目环境评价、建设项目竣工环境保护验收等栏目，而是把相关的信息放在了网站主页的通知公告栏目或者新闻列表内。由于通知公告栏目或者新闻列表内信息繁杂，公众无法及时查询到相关信息。

　　第二，部分应该公开的信息未公开。省级政府环境保护部门中，提供下辖区域空气质量预报信息的仅有 9 家（占 34.62%），提供下辖区域饮用水质量月报信息的仅有 10 家（占 38.46%），提供危险废物跨省转移申请/废弃电器电子产品处理资格审批信息的仅有 11 家（占 42.31%），全面提供建设项目环境影响评价受理公告、审批前公示、审批后公告三类信息的仅有 12 家（占 46.15%），提供建设项目竣工环境保护验收受理公告信息的仅有 9 家（占 34.62%），全面提供建设项目竣工环境保护验收受理公告、审批前公示和审批后公告三类信息的仅有 6 家（占 23.08%）。较大的市的环境保护部门在这方面的问题更为突出，其与省级政府上述指标相对应的数据分别是 11 家（占 25.58%）、20 家（占 46.51%）、13 家（占 30.23%）、15 家（占 34.88%）、6 家（占 13.95%）和 4 家（占 9.30%）（见图 7）。

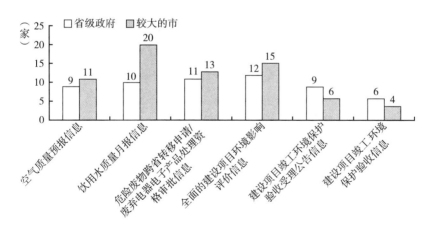

图7　2012年地方政府环境保护信息公开情况对比

　　第三，环境保护信息公开的持续性不够理想。在 43 家较大的市的环境保护部门中仅有 14 家提供下辖区域调研当天和之前连续不间断的空气质量预报信息，只有 3 家提供评估当月之前连续半年的重点流域水质量月报信息，仅有 8 家提供评估当月之前连续半年的饮用水质量月报信息。

第四，信息更新存在滞后性。在 43 家较大的市的环境保护部门中，提供评估日前 6 个月内的危险废物经营许可证发证信息、废弃电子产品处理资格审批情况信息、辐射安全许可证发证审批信息的分别仅有 19 家、5 家和 9 家。省级政府提供评估日前 6 个月内的危险废物经营许可证发证信息、危险废物跨省转移申请审批信息、辐射安全许可证发证审批信息的，分别是 21 家、7 家和 21 家，仍有一部分网站存在信息更新滞后的问题。

第五，部分信息内容简单。环境信息公开的目的是让公众获取相关信息，并推动公众参与环境保护，如果提供的信息过于简单就无法达到此目的。不少环境保护部门在提供建设项目环境影响评价的受理公告信息和审批前公示信息时没有提供便于公众理解的环境影响评价报告书简本。有的环境保护部门只是简单地以列表的形式提供一个月或是几个月的建设项目环境影响评价的审批情况，在列表中只提供批准时间、批准文号和文件题名等一些简单的信息，却不提供项目及环境影响评价的详细内容。有的环境保护部门提供的环境影响评价审批后公告信息只有一个标题为关于某个项目的批复，正文无内容。

第六，信息公开工作不够严谨认真。某市的环境保护部门提供的"验收项目已批准项目"居然出现三条信息显示的发布时间为调研日的 15 日后，而"建设项目已批准项目"信息中出现一条信息显示发布时间为 2013 年 3 月 22 日。某省环境保护部门在《环境质量》和《环境监测》两个栏目中分别提供了相同的重点流域水质量月报信息，但是发布的时间却有前后两个月之差。重点流域水质量月报应当是对某地一个月内重点流域水质情况的总结报告，而某省环境保护部门在《环境质量》栏目中提供的重点流域水质量月报的发布时间居然是当月月初。

七　食品安全信息

《国务院关于加强食品安全工作的决定》（国发〔2012〕20 号）中强调："食品安全是重大的民生问题，关系人民群众身体健康和生命安全，关系社会和谐稳定。"做好食品安全信息公开工作，是监督各部门依法履行食品安全监督管理职责，保证公众知情权，提升食品行业及食品监管公信力的重要手段。根据《食品安全法》《食品安全法实施条例》《食品生产加工企业质量安全监督管理实施细则（试行）》等法律法规，质量技术监督部门负责食品生产环节的监督管理工作。因此，继上两个年度评估较大的市餐饮服务许可及其执法信息的公开情况之后，2012 年则对较大的市下属的质量技术监督部门公开食品安全监管信息的情况进行了评估。评估集中于质量技术监督部门公开食品安全政策法规、食品生产许可（含办理流程、指南及发证信息）、食品生产企业委托加工备案（含办理流程、指南及备案信息）、食品安全监督检查信息、食品企业质量信用信息、食品安全常识。

评估显示，质量技术监督部门公开食品安全监管信息方面有一些值得肯定的地方。

第一，注重政策法规的公布。有 39 家较大的市的质量技术监督部门提供了食品安全方面的法律法规，占 90.7%。有 26 家提供了本市食品安全监管方面的规范性文件，且信息链接有效。

第二，注重公开食品安全相关监管信息。37 家较大的市的质量技术监督部门提供了食品生产许可证的办理指南等信息，24 家提供了食品生产许可结果信息，21 家提供了食品生产企业委托加工备案办理指南信息，30 家提供了食品安全监督抽查信息，32 家提供了食品安全常识性信息。

第三，注重发布信息的便利性。有的地方的质量技术监督部门发布信息注重便民，如广州市质量技术监督局在行政审批办理方面，提供了场景式服务，方便办事群众身临其境地办理业务。其《食品抽查公告》栏目定期发布的信息一般会提供相应的食品安全常识和消费建议。

但总体来看，质量技术监督部门的食品安全信息公开情况还不够理想，不少问题应引起重视。

第一，网站建设情况亟待改进。43 个较大的市中，海口市质量技术监督局网站还处在建设中，无法使用。有的网站则存在有时能打开、有时不能打开的情况。有的网站形同虚设，根本查询不到有效的信息。

第二，各种重要的监管信息公开不理想。这主要表现为以下几个方面。

其一，食品安全监管的规范性文件。各地出于监管需要，根据上位法要求制定一些在本地适用的规范性文件，公开这些文件是实施监管的前提，但仅有 26 家质量技术监督部门在网站上公开了本地食品安全监管方面的规范性文件，仅占 60.5%。

其二，食品安全行政审批信息。有 5 家地方政府的质量技术监督局没有提供食品生产许可办理指南，而提供信息全面（包括核发新证、补领、变更、更正、注销等各类业务流程）的仅有 5 家。提供食品生产企业委托加工备案办理指南的仅有 21 家，提供全面的食品生产企业委托加工备案办理指南（包括办理依据、办理部门、办理地址、联系方式、需提交的材料、办理程序、办理期限）的仅有 9 家。行政审批的办理结果对于公众获知食品生产企业的资质至关重要，但这些信息的公开程度并不高，仅有 24 家提供了食品生产许可证发证结果信息，仅有 5 家提供了食品生产企业委托加工备案结果信息。

其三，食品生产监督抽查情况。公开此类信息既表明监管部门在正常工作，也有助于公众及时掌握食品安全状况。但评估发现，仅有 30 家质量技术监督部门能提供此类信息，提供一个月内信息的仅有 10 家。

其四，食品企业安全信用档案信息。加强食品安全诚信管理是《食品安全法》规定的法定职责，也是创新食品安全监管的重要手段。但仅有 16 家质量技术监督部门提供了食品企业安全信用档案，而能够在其中详细提供企业各类基本信息的则更少。比如，提供了全面的食品生产企业基本信息的仅有徐州、宁波和长春 3 地的质量技术监督部门，提供了企业守法或者违法记录的仅有杭州、南京、宁波和厦门 4 地的质量技术监督部门。

其五，食品安全常识信息。提供食品安全常识信息有助于提升公众的食品安全意识和自我保护意识，也是食品安全监管的重要辅助手段。但评估发现，仍有 11 个地方的质量技术监督部门未提供食品安全常识信息，某些提供了常识信息的质量技术监督部门网站所列的信息也寥寥无几。

第三，信息放置杂乱无序。不少网站并没有设置专门的食品安全信息栏目，食品安全信息随处乱放，网站检索无效，影响查询。比较常见的问题有：食品安全相关的法律法规和政策性文件简单地摆放在众多的政策法规中，缺乏分类；食品安全监督抽查的信息散乱地摆放在几百甚至上千条的《通知公告》栏里，其中还夹杂着各种新闻；食品安全常识没有专门设置栏目，而是放在如《消费指南》之类的栏目内；食品生产许可办理指南和食品生产企业委托加工办理指南没有放在《办理指南》这样让人可以精准定位的栏目中。

第四，信息更新滞后。不少网站长期不更新，信息严重滞后于实际。各地质量技术监督部门中，仅有 12 家发布了半年内的食品生产许可结果；仅有 4 家发布了半年内食品生产企业委托加工备案信息，分别是南京、郑州、广州、深圳；仅有 10 家提供了近一个月内食品监督抽查情况；没有一家提供一个月内的"食品安全信息档案"信息；仅有 13 家提供了 6 个月内的食品安全常识信息。

第五，食品安全信息的一致性较差。课题组抽查了部分较大的市政府门户网站与所属质量技术监督部门发布的食品安全信息，结果发现，两处发布的食品安全信息均存在不一致的情况。

八　行政审批信息

2012 年，课题组继续对地方政府行政审批信息公开情况进行了评估，评估对象包括 26 个省级政府和 43 个较大的市的政府。

中共中央办公厅、国务院办公厅印发的《关于深化政务公开　加强政务服务的意见》（中办发〔2011〕22 号）强调了政务服务中心在推动行政审批制度改革中的重要性，要求加大行政审批公开力度。《国务院关于第六批取消和调整行政审批项目的决定》（国发〔2012〕52 号）提出，进一步健全行政审批服务体系，继续推进政务中心建设，深化审批公开，推行"阳光审批"。因此，课题组将评估内容确定为：政务服务中心网站建设情况、中心机构联络信息、中心内部规章、中心审批事项信息、中心审批事项信息与所属市级政府门户网站信息的一致性、中心办事指南、中心办件公示等。评估中主要对各地政务服务中心网站的信息公开情况进行了考察，无政务服务中心的，则主要对其在线审批网站以及相关部门的审批信息公开情况进行考察。

建设政务服务中心网站或者专门的行政审批网站、政府在线办事网站，发布行政审批信息，是行政审批信息公开的主要途径。评估显示，省级政府和较大的市政府的行政审批信息公开有不少值得肯定的地方。

第一，行政审批网站建设情况较好。大部分地方政府能建立专门的行政审批网站，设立不同的栏目板块，清晰地公开与行政审批相关的信息。其中，43个较大的市全部建立了实体的政务服务中心；8个城市没有建设中心网站，但是其中4个建立了专门的在线审批网站，3个在政府网站设立了《在线办事》栏目。在26个省、直辖市中，10个建立了实体的政务服务中心，其中，9个建立了与实体中心对应的中心网站，1个在政府门户网站设立了《在线办事》栏目；16个省、直辖市没有实体的政务服务中心，其中7个建立了专门的在线审批网站，9个在政府网站上建立了《在线办事》栏目。

第二，实体中心的基本信息发布状况较好。这些网站一般都在主页设置了中心介绍栏目，介绍中心概况，发布详细具体的机构联络方式，如地址、交通路线（如自驾车信息或者公交换乘信息）、地理位置示意图、联系电话、电子邮箱、工作时间等。信息一目了然，让公众足不出户便可了解政务服务中心的情况，简化了程序，公众咨询办事更加便捷，同时也提高了行政审批工作的办事效率。

第三，审批事项信息较为全面细致。不少地方的行政审批网站均能够提供审批事项列表，并且根据不同类别进行了分类。例如，按照办事部门、办事对象、主题场景服务等区分审批事项，方便不同类型的群众办事。大部分网站提供的审批事项信息都比较全面，会列明审批事项列表、办理流程、办事指南、在线咨询、常见问题等内容。

第四，行政审批办件动态信息公开相对理想。不少网站专门设立的办件动态公示栏目滚动播放，有的网站设立了办件查询栏目，让公众能及时了解办件动态，查询办理的进程和结果。

但行政审批的信息公开仍然存在问题，与行政审批制度改革，推动政府职能转变，建设服务型、透明型政府的要求还有一定差距。

第一，行政审批网站的建设情况还不够理想。对较大的市的评估显示，虽然 43 个较大的市均建立了实体政务服务中心，但是仍然有抚顺市未建立任何审批网站。10 个建有实体中心的省级政府，仅有 9 个建立了与之相对应的网站。评估发现，凡是有实体中心的，往往可以集中相关的审批部门和审批事项，审批信息的公开也相对较好，反之，审批信息的公开则相对较差。

第二，行政审批网站的运行情况不稳定。比如，某市行政服务中心网站和某省的网上政务大厅有时会出现网页打不开的情况。某省政务大厅网站新旧版衔接混乱，审批项目栏目打不开。

第三，行政审批网站的栏目设置不全面，且栏目链接有效性不能保证。行政审批网站设置内部规章栏目，有助于公众了解政务服务中心的规章制度，以加强对中心的监督。但省级政务服务中心网站中只有 4 家提供了内部规章栏目且能打开 5 条及以上；29 个较大的市提供了内部规章栏目，28 个市能打开 5 条及以上。提供集中办理的审批事项列表信息可以方便公众查询办事指南等，有 40 个较大的市的政务服务中心网站或者在线审批网站公布了审批事项列表，其中 39 个市能打开 5 条及以上，1 个城市只能打开 5 条以下；省级政府中有 24 个省提供了审批事项列表，均能打开 5 条及以上。

第四，行政审批网站网页信息设置混乱。比如，部分网站的机构联络信息不能统一到一个栏目中，分散零碎，不能方便用户查询。提供内部规章信息的网站大多把内部规章归类在法律法规栏目中，但是有的网站没有对众多法律法规进行分类，许多内部规章混在其中，难以查找。许多网站的办件公示信息既放在主页上又放在专门的办件动态栏目中，但是两者信息却不能很好地对应，有些要进入事项链接才能查询到办件状态。

第五，审批事项信息的一致性较差。各省市政府的门户网站以及所属部门的网站基本都设立了在线办事栏目，其中大部分都是行政审批事项，课题组对行政审批网站与政府门户网站或者所属部门网站上的行政审批事项信息、特定审批事项的办事指南等信息进行了对比验证，结果显示，普遍存在各网站所公开的行政审批事项信息不一致的情况。其中，审批事项列表一致且抽查的特定审批事项的办事指南等信息均一致的省级政府只有

4个，较大的市则只有8个。

第六，行政审批相关信息的全面性较差。在评估行政审批网站审批事项信息时，发现大部分网站提供的行政审批相关信息不够全面。其一，机构联络信息不全面。为了更好地服务方便公众，网站应该详尽地提供政务服务中心的基本信息，如中心地址、联系电话、电子邮箱、中心交通路线（如自驾车信息或者交通换乘信息）或者地理位置示意图、中心工作时间（应当精确到工作日、上下班时间）等。在较大的市中，只有2个城市提供了全部信息；没有能够全部提供上述信息的省级政府。其二，审批事项信息不全面。为方便公众办理审批事项，应提供审批依据、审批条件、审批申请材料、审批程序、审批期限、审批办理地点、审批部门联系电话等办事信息。对评估的省市随机抽查10条审批信息，只有5个较大的市在办事指南中提供了所有事项信息，有5个省级政府全部提供上述信息。其三，审批办件动态信息不全面。为方便公众及时了解审批的办件动态，应该及时进行办件公示，提供受理审批的主办部门信息、受理事项信息、申报时间、办理状态信息（如在办理中、已办结等）。提供办件公示栏目的较大的市有35个，其中有4个城市提供了上述所有动态信息。提供办件公示栏目的省级政府有13个，其中只有两个省级政府提供了上述所有动态信息。

九　依申请公开

课题组2012年对依申请公开的评估仍集中于信息公开申请在线申请平台的有效性及政府部门回应政府信息公开申请的情况。

课题组为了进行验证，利用在线申请平台向所有被评估对象发出了申请，要求获取该部门2011年1月至2012年9月30日的干部任免情况信息（包括选拔领导干部任职的岗位、人数，新选拔任职干部的性别比及其学历、专业分布情况；干部处分人数、原因，处分类别），对于无在线申请平台的，还通过EMS发送了书面申请，此申请全部未标明课题组真实身份及用途。同时，课题组还对26家省级政府公开政府采购信息的情况，用EMS向其财政厅（局）提交了申请，要求获取本省政府采购2012

年 10 月协议供货完整商品目录以及政府采购协议供货 2012 年 1 月 1 日至 10 月 1 日完整成交记录，此申请全部附有真实的身份证复印件、法学研究所开具的申请用途证明，并按照两个事项分别提交了申请，以防止部分机关以"一事一申请"为由拒绝答复。

课题组在以往的报告中已详细指出依申请公开板块中所存在的问题。例如，有效回复所申请信息的情况非常少，所告知的途径不能有效查找到所需政府信息，回复内容简单、空洞、避实就虚，滥用"一事一申请"原则，未做到一次性告知，甚至为依申请公开设置障碍、增加申请人的申请成本等。本次评估发现，这些问题不仅没有得到有效解决，还出现了很多新的问题，值得注意。

第一，在线申请平台的有效性仍然较差。设有有效的在线申请平台的仍仅有 19 家国务院部门（2011 年仅有 15 家）、13 家省级政府（2011 年有 14 家）和 23 家较大的市政府（2011 年有 26 家），允许通过电子邮件方式申请政府信息的有 32 家国务院部门（2011 年有 27 家）、13 家省级政府（2011 年为 6 家）、10 家较大的市政府（2011 年为 2 家）。明确指明不接受政府信息公开申请的有 2 家国务院部门，未建立有效的政府信息公开申请渠道的有 1 家省级政府和 3 家较大的市政府。

第二，个别政府机关工作人员服务意识和服务水平有待提升。部分政府部门负责政府信息公开申请的工作人员在与课题组人员联系时，表现为不耐烦、言辞傲慢，只考虑自身便利。例如，沈阳市人民政府的工作人员提出，其工作非常繁忙，根本没有时间处理课题组的申请，口头告知课题组人员自行浏览门户网站。中国证券监督管理委员会的工作人员一次性口头告知多条需要补充的申请材料，并且屡次拒绝课题组人员获得书面回复的要求。国家质量监督检验检疫总局的工作人员拒绝向课题组成员出具"补充申请材料通知书"并声称口头告知是合理的，以接到的申请过多为由要求延期答复课题组的申请，并且要求课题组人员补充身份证复印件以证明自己是中国"公民"。国家外汇管理局的工作人员要求课题组人员自行承担邮寄费用（邮寄内容为"所申请信息不属于政府信息公开的内容"），并且在课题组人员提出采用挂号信的方式以降低申请成本的要求时，对方声称采用挂号信不能在网上查询邮件是否送达，去邮局查太麻烦，这种为了自身方便让申请人埋单的做法增加了申请人的申请成本，也与服务型政府形象的建立背道而驰。北京市人民政府的工作人员要求课题组人员向其发送相关文件撤销申请，以满足其"程序需要"。

此外，有的政府部门工作人员敷衍塞责。政府部门之间存在相互推诿的现象，有的政府部门在回复中写明"相关信息由党委组织部、人事部门、公务员局或纪委等部门掌握"，甚至有的政府部门回复说与这些部门没有联系，不能提供相关的联系方式。还有的部门工作不严谨，发给课题组的政府信息公开告知书是在答复其他当事人的文件上修改的，原答复他人的意见未被删除。

第三，非法收集申请人个人信息和要求说明申请用途的情况有增多的趋势。在课题组向国务院部门发出的 57 封申请邮件中，29 家直接在申请表格中或者在指南中要求必须填写申请人个人信息，1 家虽未直接要求填写个人信息，但是不填写相关信息不能顺利提交申请，9 家政府部门通过电话、电子邮件或者邮寄的方式通知课题组人员补充完整个人信息；另外，还有 8 家政府部门在申请寄出后没有通过任何渠道与课题组人员沟通联系，因此不能确定其是否要求收集申请人个人信息。关于申请用途的收集情况，20 家直接要求填写申请用途，18 家在收到申请后要求补充申请用途，与申请人个人信息的收集情况相同，也有 8 家不能确定是否需要填写申请用途。在向省级政府发出的 25 封有效申请邮件中，20 家直接要求填写申请人个人信息，4 家在收到申请后要求补充个人信息，1 家不能确定是否需要填写个人信息；6 家直接要求填写申请用途，3 家在收到申请后要求补充申请用途，1 家不能确定是否需要填写申请用途。在向较大的市成功发送的 42 封申请邮件中，24 家直接要求填写申请人个人信息，3 家在收到申请后要求补充个人信息，6 家不能确定是否需要填写个人信息。17 家直接要求填写申请用途，4 家在收到申请后要求补充申请用途，6 家不能确定是否需要填写申请用途。

第四，政府部门按照法定时限答复申请的情况不理想。不少部门不能在法定时限内作出答复。经统计，在规定时限内答复的有 37 家国务院部门、20 家省级政府和 26 家较大的市政府。有多家政府部门答复申请的时间远远滞后于课题组的申请通过在线平台到达其系统的时间或者 EMS 签收时间，甚至有个别部门在 2012 年 12 月 31 日还致电课题组称刚刚收到申请，显然其处理效率不高。有的政府部门在法定期限即将届满时才通知需要延期或者要求补充相关证明，显然有滥用办事时限的嫌疑。有的在申请到期前一两天时电话通知申请人补充相关申请材料，并且告知因此需要延长回复期限；或者在申请到期前一两天时电话告知已将申请移交给相关部门，需要讨论后作出决定，因此答复期限要顺延至下一个 "15 个工作日"。这种在期限到达时才联系申请人的工作态度极大地降低了依申请工作的运行效率，给申请人的申请造成了不便。

第五，政府部门答复内容不理想。本次评估所收到的答复大体分为如下几类。

其一，向课题组提供所需信息。科学技术部、中国民用航空局、国家宗教事务局对申请所需的信息进行了汇总统计，宁波市人民政府虽提出不负责统计人事任免的分类信息，但仍通过电子邮件向课题组发送了过去的人事任免信息。

其二，告知属于主动公开信息。其中部分政府机关告知了查询所需信息的网站详细板块等信息，但有部分政府机关仅告知去政府网站或者政府公报查询。课题组发现，按照个别政府部门提供的查询方式，完全找不到所需要的信息。

其三，要求按照 "一事一申请" 原则重新提交申请。部分政府机关提出所申请的为多项信息，应 "一事一申请"。

其四，混淆主动公开和依申请公开的关系。例如，兰州市人民政府的工作人员告知课题组人员不能申请政府信息公开目录中没有的信息。

其五，本部门不掌握。部分地方政府办公厅提出本地方的人事任免信息本机关不掌握，需要询问组织人事和监察部门，其中个别政府部门告知了详细的联系方式。在政府采购信息方面，有的地方财政厅提出，不掌握协议供货的信息。有的政府机关提出，未对所申请的政府信息进行统计，因此不掌握。

其六，明确拒绝公开。这包括：部分政府机关以未对人事任免信息进行统计且无加工汇总、统计义务为由拒绝公开；部分政府机关笼统地提出，所申请的信息不属于政府信息公开范围，不属于《条例》规定的应当公开的政府信息；部分政府机关提出，所申请的信息属于秘密级，但未说明理由；有的政府机关提出，所申请的政府采购信息属于商业秘密；有的政府机关提出，所申请的人事信息涉及个人隐私；有的政府机关提出，所申请的人事信息属于内部人事管理信息。

十 政府信息公开工作年度报告

2012 年 3 月 5 日至 4 月 1 日，课题组对 59 家国务院部门、26 家省级政府以及 43 家较大的市政府编制和公开本级政府 2011 年年度报告的情况进行了评估，对年度报告在政府网站上的发布情况、编写内容等进行了观察、统计和分析。

评估结果显示，2011 年年度报告整体公开情况好于 2010 年。

第一，绝大多数政府机关根据《条例》认真编制了本级政府的年度报告，并在规定的时间内予以发布。课题组通过各政府机关网站、其上级政府网站以及各类搜索网站对年度报告进行了检索。截止到 2012 年 3 月 31 日 24 时，59 家国务院部门中有 57 家、26 家省级政府以及 43 家较大的市政府全部按时发布了上一年度的年度报告。仅有国家预防腐败局未按时发布，国家文物局则仅提供了 2011 年政府信息公开的统计情况，未提供年度报告。

第二，不少年度报告内容充实，总结全面。不少报告全面概述了本级政府 2011 年在政府信息公开方面所做的工作，详细列明了主动公开政府信息、依申请公开政府信息的情况及相关行政复议、诉讼、投诉的情况，并总结了本级政府在信息公开工作方面存在的主要问题，明确了改进措施和未来努力的方向。

第三，年度报告的公布形式有所创新。有些政府年度报告采用精美的电子杂志形式予以公布，形式新颖、内容丰富、数据直观清楚。

另外，年度报告中披露主动公开信息数据的情况较上年有所改善。54 家国务院部门（2011 年为 52 家）、26 家省级政府（2011 年为 26 家）、42 家较大的市政府（2011 年为 39 家）在年度报告中提供了主动公开信息的整体数据。按照主动公开形式和有关事项类别分别提供上一年度主动公开分类数据的，有 22 家国务院部门（2011 年为 20 家）、11 家省级政府（2011 年为 10 家）和 17 家较大的市政府（2011 年为 14 家）。

还有，各级机关更加注重对年度报告工作的组织协调。为方便公众知晓和查阅，国务院办公厅在中央政府门户网站（www.gov.cn）上汇总展示了国务院有关部门和省级政府公布的 2011 年年度报告，有的省级政府和较大的市政府则在本级政府网站上集中发布了下属部门及下级政府的年度报告。这明显提高了年度报告的公开效果，也有力地推动了年度报告工作的开展。

从 2012 年评估情况看，年度报告的发布和编写还存在规范化程度不高、相关标准缺失等问题。

第一，年度报告公布的时间滞后。虽然有的政府机关早在 1 月初就已经公布了年度报告，但大多数政府机关则集中到 3 月底才陆续公布。据统计，3 月 5 日评估开始前发布年度报告的，国务院部门有 3 家，省级政府有 1 家，较大的市政府有 13 家，而年度报告发布截止日期前 6 天内（即 3 月 26～31 日）发布的，国务院部门有 32 家，省级政府有 20 家，较大的市政府有 18 家（分别参见图 8、图 9、图 10）。

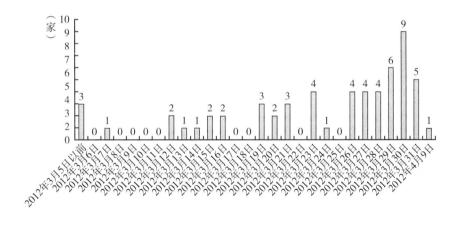

图 8　2012 年国务院部门发布 2011 年年度报告时间

注：截止到 2012 年 3 月 31 日 24 时，国家预防腐败局未发布 2011 年的年度报告，直至 2012 年 4 月 9 日才发布 2011 年的年度报告，国家文物局公布的是 2011 年 1～12 月份各月政务信息公开情况。

第二，极个别部门在年度报告发布上存在较大的随意性。评估发现，极个别部门随意更改年度报告的发布时间。吉林省人民政府网站的《信息公开年度报告》栏目上列明，其公开 2011 年年度报告的时间为 2012 年 3 月 30 日，但课题组在 3 月 31 日 11 时 18 分进行确认时，该栏目中并未公布。另外，还有个别部门在网站上注明的发布时间与其年度报告里面注明的时间不对应，如国家海洋局网站上列明的发布时间为 2012 年 3 月 30 日，而年度报告内列明的却为 2012 年 3 月 21 日。

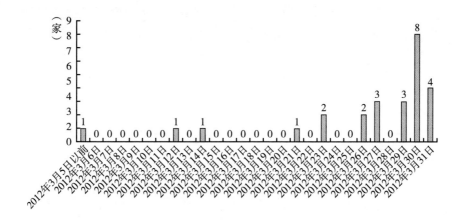

图 9　2012 年省级政府发布 2011 年年度报告时间

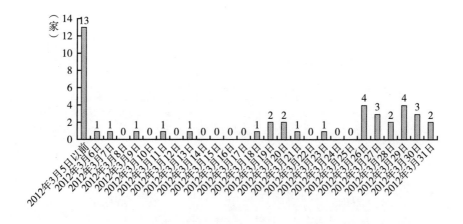

图 10　2012 年较大的市政府发布 2011 年年度报告时间

第三，年度报告栏目设置情况不理想。设置年度报告栏目有助于集中发布年度报告，方便公众查询。但没有设置年度报告栏目的情况依旧存在。据统计，有 3 家国务院部门（国家旅游局、国家外汇管理局、国家文物局）网站无年度报告栏目。这使得年度报告无法集中查找获取。

第四，年度报告栏目未能发挥集中发布年度报告的作用。评估发现，年度报告的发布栏目较为随意，使得年度报告栏目形同虚设、流于形式。有的网站设置了年度报告栏目，但是年度报告却未公示在栏目内。有的甚至出现交叉重复放置年度报告的情形。比如，某国务院部门没有设置年度报告栏目，而是将近几年的年度报告交叉放置于《新闻动态》和《理论研究》栏目中。某省政府网站的《政府信息公开工作年度报告》栏目内是政府工作报告，而信息公开年度报告在《通知公告》栏目下才能找到。某市（如邯郸市）网站设置了年度报告栏目，却将年度报告放置在《综合政务》栏目中。某市网站设置了年度报告栏目，但年度报告仍被重复放置在《政策文件》栏目和《规范性文件》栏目中。还有的政府机关（如抚顺市）年度报告未公布在本级政府网站上，而是发布在上级政府网站或者其他网站上，有的甚至通过搜索引擎也无法查到。

第五，年度报告发布的持续性还有待提升。个别政府网站仅仅在网站上发布上一年度的年度报告，或者新的年度报告发布后，旧的就被撤回了，此前的年度报告均无法查找。还有的政府网站虽然设置了栏目，但栏目内无法查阅 2008 ~ 2010 年的年度报告。评估发现，在年度报告栏目内未能提供 2008 ~ 2010 年的年度报告全文的，有 2 家国务院部门、1 家省级政府、1 家较大的市政府。

第六，个别上级机关在发布下级机关年度报告时存在信息不够准确的情况。评估发现，国务院办公厅在中央人民政府门户网站（www.gov.cn）中提供的 2011 年国务院部门和省级政府年度报告的汇总信息中，个别年度报告与相关部门或地方的信息不一致。比如，云南省的年度报告链接为《云南省人民政府办公厅 2011 年政府信息公开工作年度报告》，但云南省人民政府网站所公布的却是《云南省 2011 年政府信息公开工作年度报告》；中央人民政府门户网站汇总的安徽省年度报告链接为《安徽省 2011 年政府信息公开数据统计情况概述》，该省网站发布的则是《安徽省人民政府 2011 年信息公开工作报告》。

第七，年度报告对本机关上一年度一些核心数据的公开情况不够理想。这主要表现为如下方面。

其一，未提及人员经费情况。没有任何一个机关在年度报告中提供本机关上一年度投入政府信息公开工作的人员和经费情况，也没有列出 2012 年拟投入经费和人员信息。

其二，混淆上一年度收到的公开申请总数与经审查受理的数量。在评估的政府部门中，绝大多数仅公开申请数量或受理数量，二者均公布的少之又少，信息不全面。

其三，涉及依申请公开的各类数据公开情况不理想。国务院部门依申请公开数据的公开数量较上一年有所下降。据统计，国务院部门有 34 家提供了上一年度收到的申请总数，与 2011 年评估情况大致相当，24 家提供了申请数量居前几位的事项（2011 年为 28 家），21 家提供了申请人按照不同申请方式提交申请的数量（2011 年为 21 家），39 家提供了经审查受理申请的情况（2011 年为 56 家），23 家按照答复决定的内容（如公开、不公开、部分公开等）提供了分类数据（2011 年为 23 家），有 5 家按照不公开的理由（如涉及国家秘密、个人隐私等）提供了分类数据（2011 年为 11 家），53 家提供了涉及政府信息公开的行政诉讼，57 家提供了行政复议的数据，仅有 10 家提供了投诉的数据（见图 11）。

省级政府中，有 13 家提供了上一年度收到的申请总数（2011 年为 12 家），没有一家按照本级政府、下级政府、所属部门三类信息详细提供收到申请的数量，有 15 家仅提供了上述 2 类部门的数据，6 家提供了申请数量居前几位的部门（2011 年为 5 家），18 家提供了申请数量居前几位的事项（2011 年为 18 家），14 家提供了申请人按照不同申请方式提交申请的数量（2011 年为 14 家），22 家提供了经审查受理申请的情况（2011 年为 24 家），18 家按照答复决定的内容（如公开、不公开、部分公开等）提供了分类数据（2011 年为 18 家），有 8 家按照不公开的理由（如涉及国家秘密、个人隐私等）提供了分类数据（2011 年为 7 家），24 家提供

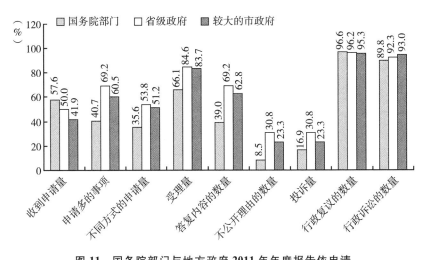

图 11 国务院部门与地方政府 2011 年年度报告依申请公开数据公开情况对比

了涉及政府信息公开的行政诉讼，25 家提供了行政复议的情况，8 家提供了投诉的数据（见图 11）。

较大的市中，有 18 家提供了上一年度收到的申请总数（2011 年为 11 家），没有一家按照本级政府、下级政府、所属部门三类信息详细提供收到申请的数量，有 7 家仅提供了上述 2 类部门的数据，6 家提供了申请数量居前几位的部门（2011 年为 5 家），26 家提供了申请数量居前几位的事项（2011 年为 24 家），22 家提供了申请人按照不同申请方式提交申请的数量（2011 年为 23 家），36 家提供了经审查受理申请的情况（2011 年为 40 家），27 家按照答复决定的内容（如公开、不公开、部分公开等）提供了分类数据（2011 年为 23 家），有 10 家按照不公开的理由（如涉及国家秘密、个人隐私等）提供了分类数据（2011 年为 9 家），40 家提供了涉及政府信息公开的行政诉讼的数据，41 家提供了行政复议的情况，10 家提供了投诉的数据（见图 11）。全部评估对象中，仅有大同的年度报告声明 2011 年未收到申请。但 2011 年课题组曾用大同市提供的在线系统提交申请，系统显示提交不成功后，又按照大同市政府网站公布的电子信箱发送邮件，提交了申请，邮件显示发送成功，且邮件一直未被退回，但截至 2012 年 3 月 31 日仍没有收到回复。而大同市的年度报告显示，2011 年未收到申请，如果公布情况属实，则证明大同市的依申请公开形同虚设。

第八，年度报告的统计口径不一致。评估发现，个别地方政府以本级政府办公厅的年度报告作为本级政府的年度报告。在具体数据统计方式上也五花八门，这在依申请公开数据的发布上较为典型。比如，26 家省级政府中，广东省、江苏省、河北省、陕西省公布的是办公厅受理的申请总数；湖北省、湖南省公布的是省政府及省级部门受理的数量；还有的公布包含全省各地市的受理数量。这表明，各级各类政府机关在政府信息公开工作的统计口径上缺少一致的标准，随意性强。这也是各地方各部门依申请公开数据差别较大的一个重要原因。

十一　2012 年度评估建议

根据 2012 年评估情况，未来加强政府信息公开制度，还需要着力解决好如下问题。

第一，加强政府信息公开工作机构建设。政府信息公开工作的推进和公众对政府信息公开的需求增长都对政府信息公开工作的专业性、时效性等提出了越来越高的要求，各机关的政府信息公开更需要统筹安排、有序推动，没有相对固定的机构和人员难以胜任。为此，各级各类政府机关都应当配备必要的机构和人员专门负责政府信息公开工作，相关人员应具备管理、法律、信息技术等方面的专业知识。

第二，切实提升政府机关工作人员的公开意识。意识提升是一个漫长且潜移默化的过程，应通过切实有效的培训工作，彻底摆脱开大会、念文件式的培训模式，系统化、有针对性地对各类机关中的不同群体工作人员开展深入持久的培训，使其将公开文化内化为自己的工作态度和工作方式。这也有助于革除政府机关中的懒政思维。

第三，明确政府信息公开的标准。无论是网站建设，信息公开栏目的配置，还是各类主动公开信息中应公开什么、公开在什么地方、如何公开，依申请公开中不公开信息的界定，以及年度报告中应具备哪些要素，这都需要相对明确的标准。明确这些标准才有助于提升政府信息公开水平，也便于开展监督考核。

　　第四，改革政府网站和政府信息公开的管理模式。为节约成本，提高管理效率，政府网站建设和政府信息公开工作应从目前分散的管理模式向集约化方向转变。地方各级政府应集中办好门户网站，并将各部门的网站和信息公开工作逐步剥离出来，整合到门户网站，借此改变政府网站建设水平参差不齐的状况。

　　（参见法治蓝皮书《中国法治发展报告 No.11（2013）》）

第六章　2013年政府透明度指数评估

2013年，国家继续加大公开力度、提升政府透明度。国务院办公厅发布了《国务院办公厅关于进一步加强政府信息公开　回应社会关切　提升政府公信力的意见》（国办发〔2013〕100号）、《国务院办公厅关于印发当前政府信息公开重点工作安排的通知》（国办发〔2013〕73号）等文件，用以指导各级政府机关的政府信息公开工作，适应当前社会各界对政府信息的需求。

一　评估发现的亮点

从2013年度的评估情况看，政府信息公开在以下方面的亮点值得关注。

（一）目录建设更加规范

评估发现，目录检索更加规范，其在集中发布政府信息、提升政府信息获取便利性方面的作用日趋明显。绝大多数政府网站配有政府信息公开目录，其中，31家省级政府的门户网站全部设置了政府信息公开目录，且配备了目录信息链接。55家国务院部门网站中有54家、49家较大的市政府中有48家都提供了较为完善的目录。目录设置情况较2012年进一步改善。课题组随机抽查了信息公开目录中的10条信息，其中全部有效的有49家国务院部门，占89.09%（2012年为48家，占81.4%）；28家省

级政府，占 90.32%（2012 年为 22 家，占 84.62%）。此外，目录便捷性
增强。比如，对目录进行多重分类的部门及地方政府显著增加。2013 年
对目录进行多重分类的国务院部门由 25 家增加为 29 家，省级政府由 8 家
增加为 10 家，较大的市政府由 9 家增加为 18 家。并且，目录组合检索有
效性增强。2013 年有 21 家国务院部门、9 家省级政府和 19 家较大的市政
府的组合检索有效，2012 年分别为 17 家、7 家和 15 家。

（二）众多领域的主动公开效果值得肯定

例如，规范性文件起草过程中的公开情况有了较大改善。2013 年
有 13 家省级政府和 14 家较大的市政府提供了草案征集栏目；24 家国务
院部门、11 家省级政府和 13 家较大的市政府提供了 2013 年的规范性
文件草案信息；36 家国务院部门、15 家省级政府和 23 家较大的市政府
针对规范性文件草案提供了相应的征集渠道。这些公开情况都优于
2012 年。又如，食品生产安全监管信息方面，38 家较大的市的质量技
术监督局提供了食品生产许可证的办理指南信息，34 家提供了食品生
产许可办理结果的有关信息，23 家提供了食品生产企业委托加工备案
办理指南信息，31 家提供了食品安全监督抽查信息，35 家提供了食品
安全的常识信息。

（三）不少政府网站更加重视信息获取的便捷性

宁波市环保局网站将网站分为公民站、企业站、环保站，有针对性地
公开信息、提供服务，公示信息图文并茂、简洁明了；陕西省环保厅提供
了行政许可事项网上申报平台查询建设项目环评审批与验收信息；大连市
环保局对建设项目环评与验收信息分市辖区公开；等等。部分政府部门在
规范性文件及草案公开上更加人性化。例如，海关总署、哈尔滨市政府网
站发布的政策解读与规范性文件相配套，内容完善且清晰明了，方便群众
阅读。海南省政府的规范性文件备案信息按月发布，信息全面完善。吉林
市提供了规范性文件监督管理网站，使得规范性文件栏目更加规范，从而
方便公众获取。

（四） 年度报告的公布日趋规范

2012 年年度报告的发布情况有明显进步。

首先，绝大部分政府机关在规定的时间内发布了年度报告。课题组通过各政府机关网站对其年度报告进行了检索。截至 2013 年 3 月 31 日 24时，58 家国务院部门（铁道部因机构改革，网站停用）、31 家省级政府以及 49 家较大的市政府中 46 家按时发布了上一年度的年度报告（经检索，未发现邯郸市和乌鲁木齐市的年度报告，吉林市政府网站中的年度报告栏目评估时无法打开，于 2013 年 4 月 3 日才打开）。有的政府机关效率较高，原卫生部、中医药管理局以及厦门市、福州市和拉萨市在一月份就发布了年度报告。

其次，多数年度报告内容较为充实详尽。多数年度报告全面概述了2012 年本级政府在政府信息公开方面的工作。报告大多详细列明了主动公开政府信息、依申请公开政府信息的情况及相关行政复议和行政诉讼的情况，并总结了本级政府在信息公开工作方面存在的主要问题，明确了改进的目标和措施。其中，福州市的年度报告内容完整、系统，在本次评估中获得满分。

最后，部分年度报告既注重制作的形式，也注重其内容的可读性。2013 年度评估发现，有的政府机关在年报的外观上注重多样性和生动性，有的则注重内容的可读性。比如，北京、上海和重庆的年度报告制作成Flash 小册子的形式，样式精美，内容完整，集创新性与实用性于一体。不少政府机关在年度报告中加入了详细的图表，既增强了年度报告的可视性，又方便大众了解信息、理解相关内容。有的年度报告针对本年度的情况与往年作了对比，使得报告的内容更加完整丰富，且直观易懂，最大程度上方便大众了解政府信息公开的相关内容。

二　评估发现的问题

《政府信息公开条例》及相关法律法规对政府机关应当主动公开哪些信息早已有明确的要求，但实践证明，主动公开工作还远远没有达到符合法律法规要求、满足公众获取信息基本需求的目标。大量本应主动公开的信息要么不公开，要么不能全面公开，要么不能及时公开，要么公开了难以查找。依申请公开方面，则还存在保密审查的规范性文件亟待清理、政府机关处理申请不规范，各地方、各部门处理政府信息公开申请的流程、标准差异大，以及找五花八门的理由拒不公开信息的情况。

（一）　网站公开政府信息的水平有待提升

首先，还存在未建政府网站或者政府网站运行不稳定的情况。例如，国家铁路局在机构改革后一直无网站（2014 年 1 月才正式开通运行），抚顺市的政府网站仍在建设中，海口市质监局仍无网站，吉林市质监局的网站在测评期间一直无法打开，拉萨市没有独立的质监网站。部分环保部门网站存在阶段性打不开的现象（如鞍山、厦门）。此外，某些网站仅是一个"空架子"，信息的全面性和有效性存在很大的问题，如西宁市质监局网站。特别值得关注的是，一些地方省级政府或者市级政府的门户网站建设情况及政府信息公开情况较好，但所属的个别部门网站建设情况不理想或者政府信息公开水平还较低。

其次，信息栏目设置不合理。一些地方政府同时设置了《政务公开》《政府信息公开》等栏目，导致栏目重复，信息不能集中发布。一些地方政府虽然设置了政府信息公开目录，但是点击进入后是政府各部门的列表。而政府办公厅的信息公开目录中出现了本级政府的公开信息，办公厅的信息公开目录实际为本级政府的信息公开目录，如河南省、鞍山市。

再次，不配置目录的情况仍然存在。3 家省级政府未提供所属部门目录，2 家未提供下级地方政府的目录；较大的市中有 3 家未提供所属部门目录，3 家未提供下级地方政府的目录。仍有个别政府机关仅提供目录列表，列表内的信息未配置链接，导致目录流于形式，如广西壮族自治区、南宁市等。

另外，目录便利性有待提高。未提供多重分类的情况仍普遍存在。2013 年有 21 家国务院部门、17 家省级政府和 26 家较大的市政府仅提供一种分类。而且，目录的检索功能配置仍不理想。一些部门或地方政府检索中没有标题检索和索引号检索，检索设置过于简单；一些部门或地方政府的检索无效甚至不设置检索，不利于文件的查找；有些部门或地方政府的组合检索虽然全面，包括了文号、索引号、标题、主题词、正文、时间等内容，但是文件中未提供文号、主题词等，导致组合检索流于形式，不能真正发挥"组合"的作用。有些部门的检索隐藏在目录的子栏目中或是仅存在于信息公开栏目中，不能方便大众，如国家地理测绘局和呼和浩特市门户网站。

还有，网站公开信息时存在信息放置随意、栏目虚设的问题。某些政府门户网站缺乏合理的规划和分类，不能让公众直观、简便地发现其所需的信息。在内容的安排上，存在将一些非本栏目信息纳入本栏目的现象。比如，有的将常识和新闻纳入政策法规栏目中，有的将要闻公告栏目作为无所不包的万能栏目。其结果是导致很多信息栏目未能有效发挥作用，影响甚至误导公众获取信息。

最后，多平台发布信息时容易出现信息发布不一致的问题。各地方政府既建有本级政府门户网站，各部门也建有自己的门户网站，行政审批、食品安全等领域还建有专门网站，结果很容易出现各网站发布信息不协调、不一致的问题。比如，食品安全信息方面，仅有3个较大的市政府门户网站与当地质监局网站中关于食品生产许可方面的办事信息是一致的，其他网站这方面的内容要么存在不一致（内容上此多彼少或者此是彼非），要么网站没有此方面的内容。食品生产企业委托加工备案办理指南方面也是如此，真正能做到一致的仅有5个较大的市。这种情况会给公众、企业办事造成不便，增加办理手续的成本。

（二）一些应主动公开的信息公开不理想

首先，工作信息方面，许多政府机关基本的工作信息公开不理想。例如，部门领导信息公开不全面。与2012年相比，在部门领导信息公开的全面性上进步不大。有4家部门网站未提供部门领导的个人简历，2家部门网站提供了部分领导的简历。26家部门网站未提供部门领导的分管情况，7家部门网站提供部分领导的分管情况。公开透明的部门机构组织信息有利于提高政府部门的透明度，方便群众办事，减少部门之间的扯皮推诿，提高政府部门为人民服务的效率，但这方面的整体透明度还不理想。

虽然 53 家部门网站提供了内设机构的列表情况，但是能提供内设机构职责、联系方式的不多，能够提供内设机构处室列表以及处室分工情况的更少。评估结果显示，提供全部内设机构职责的有 41 家，提供全部内设机构电话或者电子邮件的有 18 家，提供全部内设机构处室列表的有 29 家，提供全部内设机构处室分工的只有 5 家。在国务院部门下属企事业单位信息方面，仍有 8 家部门网站没有提供下属企事业单位信息。

其次，一些地方政府部门公开本地出台的与本部门职责有关的法规、政策文件的情况不理想。实践中，地方人大和地方政府往往会就相关管理工作出台细则性、实施性的法规、规章，这些法规、规章往往是相关政府部门管理工作最直接的依据，因此，公开这些法规、规章是提升管理透明度的基本要求。但课题组发现，很多地方的政府部门往往只公开法律、行政法规，对于本地出台的有关规定，则很少公开。以食品安全监管为例，49 个较大的市中，有 15 个市的质监局网站公布了本级人大、政府及相关部门的食品生产安全监管的法规、政策，仅占 30.61%。再如，一些地方的行政服务中心内部规定公开不理想。9 个有专门行政服务中心网站的省级行政服务中心只有 3 个在网上公布了内部规定。较大的市中，41 个有专门行政服务中心网站，其中只有 26 个在网上公布了自身内部规定。

最后，行政审批信息的公开情况还不理想。所有的较大的市中仅有 2 家质量技术监督部门网站提供食品生产许可相关的全部业务分类（新证、补领、变更、更正、注销）的指南，也只有这 2 家提供了全部业务分类的办事信息且每项业务的办事信息内容是完整的（办理依据、办理部门、办理地址、联系方式、许可条件、需提交的材料、许可程序、办理期限）。

（三）政府信息公开更新不及时

《政府信息公开条例》对信息发布的时效有明确要求，但课题组发现，2013 年度信息更新滞后的问题依然普遍存在。例如，较大的市的质量技术监督部门网站能够在考察前三个月内提供食品生产许可相关结果的仅有 14 家，仅有 2 家能在考察前三个月内提供食品生产企业委托加工备案的办理结果。在食品安全抽查监督公开、食品生产企业质量信息公开和食品安全常识公开方面，同样存在信息公开迟滞的问题。省级和较大的市的环境保护部门也都存在信息更新缓慢的问题，较大的市的环境保护部门的信息公开滞后尤为明显。49家较大的市的环境保护部门网站中，提供评估日前6个月内的危险废物经营许可证发证信息、危险废物跨省转移申请审批情况、辐射安全许可证发证信息、辐射项目环评审批信息、辐射项目环保验收信息、企业环境保护信用信息的分别仅为13家、3家、8家、6家、6家、13家。31家省级环境保护部门提供评估日前6个月内的危险废物跨省转移申请审批和企业环境保护信用信息的分别为9家、3家。

（四）依申请公开有待规范

课题组对国务院部门的申请内容为要求其公开本机关人员数量，包括公务员人员数、事业编人员数、聘用人员数及借调人员数。

课题组对各地方政府的申请内容为要求其公开当地垃圾处理的相关信息，包括：①当地当前的垃圾处理能力，垃圾处理设施的建设情况（即无害化处理设施、卫生填埋场、垃圾焚烧设施现有的情况以及在建和规划情况），当地年度垃圾处理量（以下称"第一项申请"）；②当地垃圾减量、减排方面的规定和现状，循环利用、包装简化方面的政策文件（以下称"第二项申请"）；③当地垃圾收费方面的规定，2012年的征收金额及征收标准（以下称"第三项申请"）；④当地2012年用于城市垃圾处理设施建设、技术改造、政府资金支持等方面的经费投入和使用情况（以下称"第四项申请"）。

在向地方政府提出涉及垃圾处理的政府信息公开申请时，课题组按照上述信息类别分作4个独立的申请，提交给有关的主管部门。其中，24个省级政府和43个较大的市由同一个部门负责上述工作，主要是住房和城乡建设部门，直辖市一般是市容环卫部门，其余地方则涉及多个部门。

评估发现，依申请公开仍然存在很多问题。

首先，申请渠道还不够畅通。在线申请平台方面，部分地区需注册登录方可进行相关信息的申请，但在注册登录的过程中，其自身网站并不能保证申请人可顺利进行，有些会出现网页错误，以致申请人实际上并不能通过在线方式进行申请。某些地区在信息公开指南上称可以进行在线申请，待完整填写相关信息后系统却显示提交信息错误，但是并未提示哪些信息填写错误。还有一些地区在信息公开指南上并未列明可以进行在线申请，但申请过程中发现，其门户网站会弹出可以进行在线申请的页面。这就导致申请人获取信息的不一致性，申请人并不清楚以哪项为准。

其次，对政府信息公开的处理不规范。有的政府机关要求补正材料、作出答复均不出具书面文书，只通过电话说明；有的政府机关送达相关文书要求申请人支付快递费，但不提前通知申请人也不允许申请人选择其他更经济的寄送方式；有的政府机关拒绝公开信息，但不说明理由，不告知申请人有何救济方式。而且，在此次依申请过程中，课题组发现，部分地方政府部门负责信息公开处理工作的相关人员业务知识有待提高，其对整个依申请公开流程较为陌生。例如，某市城管局相关负责人接到申请后电话沟通，告知需先向该市政府发出申请，其需接到政府部门的指示后方可对相关的信息予以公开；经过 8 分钟的电话沟通，其仍坚持该做法。

再次，答复情况还有不理想的地方。①不能按时答复的情况比较突出。针对课题组提出的涉及垃圾处理的上述 4 项申请，省级政府和较大的市政府对第一项申请按时回复的分别是 14 家和 26 家，对第二项申请按时回复的分别是 14 家和 16 家，对第三项申请按时回复的分别是 14 家和 19 家，对第四项申请按时回复的分别有 14 家和 16 家。国务院部门中按时回复的有 37 家。②按照申请公开的信息的比例较低。针对课题组提出的涉及垃圾处理的上述 4 项申请，省级政府和较大的市政府针对第一项申请提供全部信息的分别是 11 家和 25 家，针对第二项申请全部提供信息的分别是 5 家和 11 家，针对第三项申请全部提供信息的分别是 3 家和 18 家，针对第四项申请全部提供信息的分别有 5 家和 11 家。国务院部门中针对申请提供全部信息的仅有 2 家。不少部门答非所问，如国务院部门针对课题组获取其公务员人数的申请，仅提供本部门人员编制数，事实上人员编制数与实有在编人员是两个概念。③拒绝公开的理由无标准。在申请地方政府公开垃圾处理信息时发现，有相当部分政府机关以"不承担为申请人汇总、加工或重新制作政府信息"为理由拒绝公开，个别部门以申请内容不明确为由拒绝公开。在向国务院部门申请公开人事编制信息时，拒绝公开的理由主要包括涉及国家秘密、属于内部信息、不负责加工汇总等。

最后，保密规范有待完善。在申请国务院部门公开人事方面信息时，课题组首次遇到众多部门以涉及国家秘密为由拒绝公开的情况。这些部门所依据的保密规范为《人事工作中国家秘密及其密级具体范围的规定》，该文件出台于 20 世纪 80 年代。根据该规定，中央和地方各级党政机关、事业单位以及社会团体的机构、编制、人员统计资料及报表属于秘密级事项。事实上，该规定已经完全不能适应当前国家推行人事编制信息公开的政策和做法，很多地方政府，包括部分国务院部门都已经非常详细地公开了人事编制信息。这说明，大量的保密规范亟待根据当前的形势进行清理和审查。

三　2013 年度评估建议

根据 2013 年评估情况，未来加强政府信息公开制度建设，还需要着力解决好如下问题。

第一，继续提升政府网站建设水平。政府网站已经基本实现了从无到有的跨越，今后，除了继续督促极少数未建设政府网站的政府部门尽快建好本部门网站外，还需要加强政府网站公开政府信息工作、提升在线办事水平、加强与公众的互动交流，把政府网站这一政府信息公开的第一平台建设成对公众而言具有较高友好性、简单易用的信息获取渠道。为此，不仅要加大硬件建设力度，提升服务器水平和网络带宽，确保网站运行流畅，还要加强网站设计，让网站版面美观、简洁，各信息栏目设计科学合理，方便公众在海量的政府信息中便捷地查找所需要的内容。同时，建议各政府网站针对本网站提供专门的使用指南，简洁明了地告知公众，本政府网站共设有哪些栏目、各栏目功能是什么、如何更便捷地获取网站上的信息。

第二，加大主动公开力度。主动公开是做好政府信息公开的关键，对应主动公开的信息捂着盖着，不仅会影响公众的知情权，妨碍其活动，更会额外增加政府部门自身的负担，让自身的工作陷入被动，甚至影响其公信力。因此，建议未来进一步强化主动公开工作，由各部门全面清理法律法规及国家有关规定所要求主动公开的信息类别，明晰其公开方式、时限等，真正做到应公开全公开、已公开的能获取。

第三，规范依申请公开工作规程。建议相关部门根据近年来政府信息公开申请的特点和发展趋势，细化办理政府信息公开申请的工作规程，不仅明确程序性规则，更要细化处理标准、依法界定不公开信息的范围。为此，还应加强对政府信息公开工作人员的培训，使其熟悉操作规程，作出不公开决定时应有充分的法定理由。

第四，清理保密规定。根据目前公开与保密的要求全面清理保密规定，修改、废止那些早已过时的、妨碍公开的保密规定。

（参见法治蓝皮书《中国法治发展报告 No. 12（2014）》）

第七章　2014年政府透明度
指数评估

一　总体情况

2014年，政府透明度整体上呈现积极推动、有序发展的态势，从中央到地方，政府部门实施政府信息公开制度均取得不同程度的进展。

第一，政府信息公开工作正成为政府治理的新手段。公开政府信息，不仅仅是打造阳光政府的要求，也是政府治理的重要手段，是体现国家治理能力现代化的重要方面。2014年，国家出台了多项法规，进一步明确将公开政府信息作为政府管理的重要手段。《企业信息公示暂行条例》在简政放权的背景下，提出公开政府机关掌握的企业信息，加强企业自律，构建诚信经营的市场环境。《关于依法公开制售假冒伪劣商品和侵犯知识产权行政处罚案件信息的意见（试行）》要求公开假冒伪劣和侵权行政处罚案件相关信息。《国务院办公厅关于加强环境监管执法的通知》（国办发〔2014〕56号）也将公开作为加强环境监管执法的重要方面。"公开"成为2014年转变政府管理理念与管理方式的新路径与新手段。

第二，自上而下的指导督促助推政府信息公开工作。根据《政府信息公开条例》的规定，国务院办公厅是全国政府信息公开工作的主管部门，负责推进、指导、协调、监督全国的政府信息公开工作。近年来，国务院办公厅每年以发布政府信息公开重点工作安排或者政府信息公开要点的形式，推动全国的政府信息公开工作。《2014年政府信息公开工作要点》对当年应当重点公开的事项作了更加细化的要求，为各级政府机关公开政府信息提供了更明确的指引，重点领域的信息公开及解读回应工作进展明显。结合工作要点，国务院办公厅开展了督查，各级行政机关在自身门户网站和中央政府门户网站公开了 2014 年落实信息公开工作要点的情况，接受社会评议与监督。

第三，政府门户网站建设水平明显提升。2014 年，中央政府门户网站（www.gov.cn）改版。新网站以《国务院》《新闻》《专题》《政策》《服务》《问政》《数据》《国情》8 个栏目统辖网站全部信息，功能更加明确，设计风格更加清新、简洁、大气，信息查询更加方便，不少行政机关纷纷效仿。

第四，政府机关更加关注重要政策法规的解读。对重大政策法规作出解读，是行政机关正面、主动阐释政策出台背景、依据和具体管理思路的重要手段，有助于人民群众全面、准确地理解相关决策的内涵，有效保护其合法权益，提升政策法规的实施效果。不少行政机关十分重视重要政策法规的解读工作，在门户网站设置了专门的政策法规解读栏目，不少行政机关做到了全部解读本部门、本地方发布的重大政策法规，而不是简单转载上级部门的解读信息。宁波市针对企业办事依据信息公开不集中、企业查询信息不方便的情况，专门在门户网站开通了"宁波市企业政策查询平台"，在市本级及所属部门发布的每一条政策法规后附有《政策解读》子栏目，提供解读信息。为方便企业理解相关政策法规，所有政策法规后还根据需要提供相关的政策，以及主管部门的联系电话，方便企业通过电话咨询，可见其工作的细致与用心。

第五，被评估对象的政府信息公开水平整体呈上升趋势。从评估情况看，虽然评估指标逐年细化、要求逐年严格，但各评估对象在各评估板块的得分及总分均显著提升。虽然分数不是评估的重点，并且，总体上看，政府信息公开工作与社会发展和公众期待还有差距，但这也可以表明，各评估对象的政府信息公开水平在显著提升。这离不开国家自上而下的推动，也离不开各评估对象对政府信息公开工作的高度重视。

但是，评估显示，政府信息公开工作仍然存在一些问题，应当在今后推动政府信息公开工作过程中引起重视。

第一，未设置政府信息公开专门机构和未配备专门人员的情况还较普遍。目前，绝大多数行政机关没有专门的机构和人员负责政府信息公开工作。不少行政机关的政府信息公开工作机构都是议事协调性的虚设机构，无编制、无固定人员，只是依靠现有工作人员兼职负责处理政府信息公开工作，或者临时抽调其他部门人员帮忙，难以保证工作的专业性、连续性。

第二，多头管理制约着政府信息公开效果。政府信息公开工作的多头管理问题由来已久，目前，国务院办公厅层面已经对政府信息公开、政务公开、政府公报管理、微博微信管理等职能进行了整合，公开效果显著提升。但国务院部门乃至地方政府层面，多头管理的问题还比较突出。在一些行政机关，政府信息公开的工作由办公厅（室）负责，新闻发布会、微博微信管理由新闻宣传部门负责，门户网站则由信息中心管理，热点回应归口为宣传部门或者专门的舆情监测部门。有的地方政府建有多个门户网站，分属于政府办公厅、党委宣传部门。例如，长春市同时运行两个网站，一个是 http：//www.changchun.gov.cn/，显示为中共长春市委、长春市人民政府主办；一个是 http：//www.ccszf.gov.cn，显示为长春市人民政府主办。多头管理、各自为政，非但没有提升政府信息公开的效果，往往还会导致信息公开的内耗，对外公开的信息口径不一、相互矛盾，使政府的公信力大受影响。

第三，政府信息公开质量还亟待提升。公示的统计数据显示，各行政机关每年都公开了大量的信息，但公开质量仍不高。首先，公众需要的信息公开得少。不少政府机关目前仍把重点放在新闻类信息的公开上，更多展示的还是领导行踪信息，公众办事需要的信息往往不公开、公开不及时或者公开了难获取。其次，新旧信息有时难以做到协同公开。例如，在国务院层面，中央机构编制委员会办公室2014年初公开各部门行政审批事项清单后，不少国务院部门只是简单地转发了本部门清单，但并没有在门户网站上同步更新本部门的行政审批事项，部分国务院部门门户网站上发布的行政审批事项清单仍是2011年、2012年的信息，出现了新旧清单存在矛盾的情况。此外，规范性文件的公开方面，不少部门规范性文件的效力问题难以从公开的信息中获知。各行政机关多年来制定并发布了大量的规范性文件，有的已经失效、被废止或者被新的文件所取代，但从各部门发布的信息看，一般难以判定其效力。此外，多数行政机关发布新文件时把旧文件撤下，这也造成了不便。因为一些规范性文件虽然不再有效，但对人民群众了解相关政策的延续性，或者对解决一些历史上的争议问题仍然是很有意义的。

第四，政府信息公开的运动式色彩还较浓。从目前看，不少行政机关的政府信息公开工作还没有摆脱"运动式"色彩，未完全做到常规化运行，往往上级部门督促得紧，就公开得好些，不督促就可能出现松懈的情况。

第五，网站建设水平和运行稳定性有待提升，影响公开效果。有些部门的网站运行状况较差，出现阶段性打不开等情况，如新疆维吾尔自治区、石家庄市的门户网站在评估期间多次出现无法打开的情况。有的地方政府未专门设立政府法制办公室的网站或者网站链接无效，如鞍山市、福州市、唐山市未设政府法制办网站，长春市政府法制办网站无法打开。此外，国家能源局、国家粮食局的门户网站搜索功能无效，国家质检总局、吉林省政府门户网站未提供检索功能。有些网站的兼容性存在问题，有些网站设计要求屏幕分辨率为1024×768，公众在查阅行政审批事项时常遇到屏幕显示问题，是政府服务公众，还是公众要适应政府，值得反思。有的网站存在叠字现象，通过多台计算机、多种浏览器和多类系统考察结果亦然。

二　政府信息公开目录

2014年，课题组对政府网站的目录栏目、目录的内容链接有效性、目录信息分类、目录组合检索有效性、目录信息的更新及时性、目录信息的全面性进行了评估。地方政府目录部分还评估了其所属政府部门、下级政府机关和公用企事业单位的目录情况。

评估显示，2014年的目录配置状况较2013年有了较大的进步。目录的配置情况、目录信息的链接有效性、目录便利性、检索功能有效性及目录信息更新及时性都有了不同程度的改善。

第一，目录配置情况良好。绝大多数政府网站都配有政府信息公开目录，其中31家省级政府网站全部设置了政府信息公开目录，且配备了目录信息链接。55家国务院部门网站全部配置了比较完善的目录。49家较大的市政府网站中有48家提供了较为完善的目录。目录设置情况较2013年进一步改善。

第二，信息链接有效性提高。课题组随机抽查了信息公开目录中的10条信息，其中全部有效的有50家国务院部门网站（占90.91%；2013年为49家，占89.09%），26家省级政府网站（占83.87%；2013年为28家，占90.32%），42家较大的市政府网站（占85.71%；2013年为40家，占81.63%）。

第三，目录便利性增强。首先，对目录进行多重分类的部门及政府显著增加。2014年对目录进行多重分类的国务院部门网站由29家增加为30家，省级政府网站仍为10家。其次，目录组合检索有效性增强。2014年有33家国务院部门、12家省级政府和24家较大的市政府的网站检索有效，其中14家国务院部门、2家省级政府和9家较大的市政府的网站组合检索有效（2013年有21家国务院部门、9家省级政府和19家较大的市政府的网站组合检索有效，2012年分别为17家、7家和15家）。

第四，提供公用企事业单位目录的地方政府数量有了大幅提高。2014年提供公用企事业单位目录的省级政府网站有8家（2013年为4家），较大的市政府网站有28家（2013年为22家）。

第五，信息更新更加及时。有31家国务院部门网站、25家省级政府网站和34家较大的市政府网站有评估前一周内的信息。

政府信息公开目录建设存在的问题主要表现在以下几个方面。

第一，不配置目录的情况及目录链接无效的情况仍然存在。2014年，呼和浩特市政府门户网站的目录链接无效。仍有个别政府机关仅提供目录列表，列表内的信息未配置链接，导致目录流于形式，如广西壮族自治区、南宁市、沈阳市、本溪市。司法部网站的信息公开目录中有链接的部分均可以打开，打开是各部门的情况介绍，剩下的内容均链接无效。国家粮食局的目录信息打开后只有概述没有正文。

第二，栏目设置不合理。一些地方政府门户网站虽然设置了政府信息公开目录，但是点击进入后是政府各部门的列表。而政府办公厅的信息公开目录中出现了本级政府的公开信息，所以办公厅的信息公开目录实际为本级政府的信息公开目录，这种现象并非罕见，6 家省级政府和 9 家较大的市都出现了这种情况。有些政府网站目录混乱，多个目录入口链接混乱，如浙江省和大连市，不同的入口打开的界面不相同。

第三，目录便利性有待提高。未提供多重分类的情况仍普遍存在。2014 年有 22 家国务院部门、13 家省级政府和 17 家较大的市政府网站仅提供一种分类，或者没有分类，给查询信息带来不便。

第四，目录的检索功能配置仍不理想。一些部门或地方政府的检索功能无效甚至不设置检索，不利于文件的查找。有些部门或地方政府的网站组合检索虽然全面，包括了文号、索引号、标题、主题词、正文、时间等内容，但是文件中未提供文号、主题词等，导致组合检索流于形式，不能真正发挥"组合"的作用。有些部门的网站检索隐藏在目录的子栏目中或是仅存在于信息公开栏目中，不能方便大众。众多组合检索的个别检索功能不能使用，或者有些信息可以检索出来、有些信息则检索不出来。

第五，提供公用事业单位目录的地方政府数量较少。地方政府对公用企事业单位政府信息公开目录的重视程度仍有待加强，一些地方政府虽然设置了公用企事业单位的目录，数量也较 2013 年有大幅度增长，但省级政府中只有四川省公用企事业单位的信息链接全部有效，大部分省份和较大的市政府网站虽然设置了目录栏目，但其信息链接或者连接到部门的门户网站，或者无效。

第六，目录信息全面性较差。按照《条例》和国务院办公厅历次发文的要求，政府信息公开目录是行政机关管理政府信息、方便公众查询信息的重要保障机制，但目前如何处理政府信息公开目录与政府门户网站各栏目之间的关系，一直是不明确的。从评估情况看，许多行政机关的政府信息公开目录未能包含本级政府门户网站中发布的政府信息，即便将应进入目录的信息范围缩小到《党政机关公文处理工作条例》所规定的各类可公开的文件形式，仍然普遍存在大量信息未纳入目录管理的情况，目录与门户网站建设"两张皮"的现象十分普遍。网站发布的很多信息未纳入目录中，导致目录功能弱化。有 5 家国务院部门、8 家省级政府和 8 家较大市政府门户网站的信息在公开目录中都能找到。

三　工作信息

工作信息是政府工作基本情况的反映，公开行政机关的工作信息可以让公众了解行政机关的职权职责、机构设置情况、职权及履行职权的基本情况，也是方便公众办事、了解国家方针政策、有效监督政府所必需的。为此，2014年课题组继续对国务院部门的工作信息公开情况进行评估。评估包括政府领导信息、内设机构与职能信息和年度工作信息三方面内容。其中政府领导信息包括领导成员名单、领导简历和领导分工；机构职能信息包括本部门职责、内设机构及内设机构分工职能、内设机构负责人信息、内设机构联系方式、内设机构的处室设置及分工、部门的下属单位网站链接及下属单位职责；年度工作信息包括本部门年度工作总结和年度工作要点或计划。

评估发现，国务院部门在工作信息的公开方面有以下几点做得较好。

首先，在政府领导信息方面，被评估的国务院部门都提供了本部门正副职领导的名单。其中，49家提供了本部门领导的简历信息，占89.09%；28家提供了领导的工作分工情况，占50.91%。

其次，在机构职能信息方面，各部门基本能够提供本部门职责、本部门内设机构与下属单位的基本信息。其中53家提供了本部门职责，54家提供了本部门内设机构列表，48家提供了内设机构职能信息；35家提供了各内设机构的处室列表，6家提供了全部处室的工作职能分工；24家提供了全部内设机构的联系信息。

再次，与2013年相比，国务院部门下属企事业单位信息的公开情况有明显改进。除部分无下属企事业单位的部门外，仅有2家没有提供下属企事业单位信息。

最后，在年度工作信息方面，有几家部门公开了年度工作计划和工作总结。公开本部门的年度工作总结和工作要点、计划等，是向社会展示本部门工作成效、主动接受社会监督的重要方式。公开这些信息既有助于满足公众了解相关部门工作情况的需求，也有助于提升本部门的公信力。4家国务院部门公开了上一年度本部门的工作总结和之前的年度总结，9家公开了本年度的工作要点或者工作计划，8 家公开了 2013 年及之前的工作要点或者工作计划。国家宗教事务局和国家知识产权局在此方面一直做得比较规范。这表明，这几类信息并非不能公开，有些部门不愿意公开，主要还是存在认识误区。

工作信息公开方面也存在一些问题，应引起注意。

第一，部门领导信息公开不完整。评估显示，仍有 4 家未提供部门领导的个人简历，2 家提供了部分领导的简历；25 家未提供部门领导的分管情况，2 家仅提供部分领导的分管情况。

第二，内设机构的信息公开情况还有待提升。例如，5 家仅提供了本部门部分内设机构的职责信息，1 家完全未提供，1 家评估时网站无法有效访问，14 家未提供本部门内设机构的处室列表，43 家未提供所有内设机构处室工作分工，28 家完全没有提供内设机构的联系方式。

第三，部门年度工作计划、总结信息还普遍未公开。绝大部分部门年度工作计划、总结信息的公开情况不理想。造成这种结果与不少部门的认识有关系。在对一些部门的访谈中，有的工作人员明确表示，此类信息与公众无关，只需内部掌握即可，且不少信息可能涉及不宜公开的内容。

四　规范性文件

规范性文件数量多、涉及面广，关系到公共利益、社会秩序和公民的切身利益，在现实生活中发挥着重要的作用。规范性文件的公开程度是考察政府透明度和依法行政水平的重要内容。虽然有的规章以下的规范性文件只规定适用于行政机关内部，但是考虑到现实中大量的规范性文件直接或者间接作用于行政管理相对人，并对相对人设定权利义务或者对其权利义务有实质性影响，因此，本评估不对其内部性与外部性进行区分，而将各级政府及其内设机构制定的所有规章以下的规范性文件的公开情况作为评估对象。

评估集中于政府网站设置规范性文件栏目情况、规范性文件栏目的集中性、规范性文件栏目的统一性、规范性文件栏目的便利性、规范性文件的更新情况、规范性文件链接的有效性、规范性文件起草过程的公开情况、规范性文件的解读信息、规范性文件的废改信息，以及地方政府规范性文件的备案信息。

从评估结果看，规范性文件的栏目集中性和栏目统一性、规范性文件的更新情况、规范性文件起草过程的公开情况有了明显的进步。

第一，所有被评估对象都提供了规范性文件栏目，集中发布本部门制定的规范性文件，公众可以直接通过网站查询下载。

第二，规范性文件栏目中信息发布的统一性增强。2014年共有19家国务院部门、10家省级政府和28家较大的市政府的规范性文件与信息公开目录中的规范性文件信息一致。例如，西藏自治区政府规范性文件的公布比较规范，其门户网站在信息公开目录下设了一个专门的规范性文件栏目。

第三，规范性文件的更新情况较好。2014年共有48家国务院部门、31家省级政府、48家较大的市政府的规范性文件栏目中全部提供了2014年的规范性文件。

第四，不少行政机关公开了规范性文件的效力信息。为了防止"红头文件"的规定违法，进而侵害人民群众的合法权益，不少地方政府近年来加强了对规范性文件的备案审查力度，并定期公布经过备案审查的文件目录。有18家省级政府在其门户网站或者政府法制工作办公室网站公开了规范性文件备案审查的目录；深圳、大连、宁波、青岛、厦门等城市也公开了经过备案审查的规范性文件目录。湖南省还在门户网站开设了《规范性文件清理》栏目，集中标注规范性文件是否有效。此外，不少政府机关在公开栏目中标注了规范性文件的效力。有的国务院部门在发布的规范性文件中标注了效力，如海关总署公布的规范性文件中绝大多数标注了是否有效。有的国务院部门公示了现行有效的规范性文件目录，如国家外汇管理局。不少地方政府也在文件目录列表上加注了是否有效的说明，如重庆、湖南。部分地方政府同时发布了失效类文件清单，如江西和四川。部分地方政府在文件正文的最后一条明确交代了文件实施的起止时间，如上海、天津、山东、湖南、陕西、青海、深圳、青岛、大连、厦门等。

第五，规范性文件起草过程的公开情况有了较大改善。2014年有26家国务院部门、6家省级政府和17家较大的市政府提供了草案征集栏目；

21 家国务院部门、6 家省级政府和 15 家较大的市政府提供了 2014 年的规范性文件草案信息；35 家国务院部门、7 家省级政府和 21 家较大的市政府针对规范性文件草案提供了相应的征集渠道。例如，国家食品药品监督管理总局有专门的草案征集栏目，而且对草案制定目的、草案本身、草案具体条文的说明很详细。

第六，规范性文件的有效性有所提高。随机抽查十条规范性文件，链接全部有效的数量为 51 家国务院部门、30 家省级政府和 49 家较大的市政府的网站。

但是，规范性文件的公开情况依然存在不少问题。

第一，规范性文件栏目设置混乱、信息放置错误以及更新不及时。首先，大多数国务院部门和地方政府仍设置了政策法规、政府公报、通知公告、规划计划等多个规范性文件栏目，且与政府信息公开目录中的规范性文件栏目信息不一致。只提供唯一的规范性文件栏目的只有 23 家国务院部门、12 家省级政府和 25 家较大的市政府的网站。其次，部分国务院部门和地方政府对规范性文件的定位不准确，规范性文件放置随意，有的规范性文件放置在公示公告栏目中，有的放置在要闻通告栏目中。例如：民政部门户网站的《政策法规》栏目放了一些非法规类文件；住房和城乡建设部将一部分处罚决定发布在《政策发布》栏目中；教育部在《规章》栏目放置了高校章程；工业和信息化部有的规范性文件栏目放的不是规范性文件，如《文件发布》栏目中放了很多行政审批结果信息。信息放置混乱不利于公众快捷便利地获取相关信息，影响公开效果。

第二，规范性文件栏目的便利性有待加强。国务院部门和地方政府在规范性文件按照事项分类和部门分类方面有待改善。根据评估结果，2014 年仅有 6 家国务院部门、1 家省级政府和 3 家较大的市政府网站对规范性文件进行了事项分类，而按照部门分类的仅有 1 家省级政府网站。

第三，规范性文件起草过程的公开情况虽较 2013 年有所进步，但仍有待改善。首先，仍有一部分国务院部门和地方政府网站未设置规范性文件草案征集栏目。其次，设置了草案征集栏目的国务院部门或地方政府网站公开的规范性文件草案数量较少，在草案栏目中公布了 3 条以上（包括3条）草案且链接均有效的仅有20家国务院部门、3家省级政府和12家较大的市政府网站。再次，公开的内容不够全面，基本上仅公开草案而未公开制定目的及草案具体条文的说明，对其中一个草案进行抽查，包括制定目的、草案本身、草案具体条文说明的仅有26家国务院部门、6家省级政府和12家较大的市政府网站，如国家文物局网站，经搜索发现相关修订草案的征集意见，但是未提供文件草案。最后，绝大多数国务院部门和地方政府网站没有提供规范性文件草案意见征集的反馈情况，根据2014年的评估结果，国务院部门和地方政府网站都未提供2014年规范性文件草案意见征集的反馈信息。

第四，对重要文件的解读还需要加强。评估发现，部分行政机关的政策解读栏目所公开的解读信息并不限于本地区的政策文件，还转载了大量国家相关部门的政策解读信息，如湖南、湖北、贵州、内蒙古等均转载了不少国务院部门的解读信息，自身的解读信息反倒较少。而且，政策文件的解读质量还有待提升。多数行政机关发布的解读内容多来源于新闻媒体不同角度的报道，缺乏政府主导下的全面性解读。此外，不少解读信息只是把制定有关法规、规章及规范性文件的说明照搬到网上，不仅形式呆板，信息量也十分有限。

第五，提供备案信息的地方政府数量以及更新进度有待提高。规范性文件的备案工作机制只存在于地方政府，国务院部门并没有此工作机制。2014年提供备案信息的省级政府为18家、较大的市政府为29家，如洛阳、济南关于规范性文件备案的最新信息是2012年的。

第六，规范性文件废改信息公开状况不佳。评估结果显示，提供2014年规范性文件废止信息的仅有10家国务院部门、7家省级政府和12家较大的市政府，提供规范性文件修改信息的政府数量分别是4家、5家和9家。而且，公布规范性文件效力信息的形式也不统一。大体有如下几种方式：其一，定期公布现行有效的规范性文件，如商务部；其二，在政府信息公开目录中标注文件的有效性，如海关总署；其三，设置专门的公布现行有效的规范性文件栏目，如民政部；其四，随机公布规范性文件的清理结果，如西宁、福州、农业部等。

五　环境保护信息

2014 年对环境保护信息的评估内容包括环境保护部门关于危险废物、辐射安全、建设项目环境影响评价、建设项目竣工环保验收、排污费征收、对环境问题或环境污染信访投诉的处理与反馈、行政处罚、企业环保信用等。

评估发现，2014 年环境保护信息公开有许多方面值得肯定。

第一，省级环境保护部门环境保护信息公开透明度高。从评估得分来看，与较大的市环境保护部门相比，省级政府部门的环境保护信息公开情况较好，环保信息公开较为全面、规范。

第二，省级政府与较大的市环境保护部门都注重建设项目环境影响评价信息的公开。31 家省级政府、45 家较大的市环保部门提供了建设项目环境影响评价的受理公告信息，30 家省级政府、40 家较大的市环保部门提供了建设项目环境影响评价的审批前公示信息，31 家省级政府、49 家较大的市环保部门提供了建设项目环境影响评价的审批后公告信息。从上述数据可以看出各环保部门对建设项目环境影响评价工作的重视。

第三，政民互动方式多样，创新不断。政民互动平台是实现公众参与环保政务的重要方式，互动方式创新不断。绝大部分环保部门通过政民互动这一平台来实现该类信息的公开。26 家省级政府、31 家较大的市环保部门提供了评估日前 6 个月公众对环境问题或者对企业污染环境的信访投诉及其处理反馈结果。

第四，有的地方环保部门对企业环保信用信息公开较好。例如，广州、苏州对 2013 年度企业按红、黄牌等进行排序，方便查找和了解，福建则是在栏目中对企业的环保信用按"良好"和"不良"进行评价。

第五，环保部门网站日趋便民。评估的过程也是作为一名公众访问不同环保部门网站的过程，能够明显感受到越来越多的环保部门网站注重公众查询信息的便捷程度。宁波市环保局网站将网站分为公民站、企业站、环保站，有针对性地公开信息、提供服务，公示信息图文并茂、简洁明了。有部分网站对审批信息和验收信息进行了分类，并按照受理、拟审批和审批后进行分类，非常方便查询，如广东省和福建省。

评估也发现了环境保护信息公开方面存在的问题。

第一，部分环境保护信息未有效公开。4家省级政府和15家较大的市的环保部门没有提供建设项目竣工环境保护验收的受理公告信息，8家省级政府和30家较大市的环保部门没有提供危险废物跨省转移申请审批情况。2家省级政府和24家较大的市的环保部门没有提供辐射安全许可证发证信息（如北京和西藏），3家省级政府和17家较大的市的环保部门没有提供辐射项目环评审批信息，4家省级政府和16家较大的市的环保部门没有提供辐射项目环保验收信息。

第二，信息更新滞后。省级和较大的市的环境保护部门都存在信息更新缓慢的问题，部分较大的市的环境保护局信息公开滞后尤为明显。较大的市的环境保护部门网站中，提供评估日前6个月内的危险废物经营许可证发证信息、危险废物跨省转移申请审批情况、辐射安全许可证发证信息、辐射项目环评审批信息、辐射项目环保验收信息、企业环境保护信用信息的分别为15家、11家、15家、16家、9家、23家。31家省级环保部门网站提供评估日前6个月内的危险废物跨省转移申请审批和企业环境保护信用信息的分别为20家、11家。

第三，建设项目环评审批、环保验收信息公开不完整。完整的建设项目信息应当包括建设项目环评审批受理信息、环评审批前公示、环评审批后公示和建设项目竣工环保验收的受理信息、环保验收审批前公示、环保审批验收后公示六个方面的信息。但部分地方的环保部门公开这方面信息还不理想。比如：没有公开建设项目环境影响评价受理公告信息的，有4家较大的市的环保部门；未提供建设项目环境影响评价审批前公示信息的，有1家省级环保部门和9家较大的市的环保部门；未提供建设项目竣工环境保护验收的受理公告信息的，有4家省级环保部门和15家较大的市的环保部门；未提供建设项目竣工环境保护验收的审批前公示信息的，有2家省级环保部门和13家较大的市的环保部门；未提供建设项目竣工环境保护验收的审批后公告信息的，有4家省级环保部门和6家较大的市的环保部门。

第四，网站栏目的建设不规范，有些网站中，危险废物许可证和辐射审批信息甚至排污收费和行政处罚栏目不在其所属的栏目，给查询信息带来诸多不便。另外，建设项目环评审批、环保验收信息栏目的设置不是很完善，大部分信息都混淆在一起（如南宁、无锡）。只有少部分网站进行了很详尽的区分，还有一些拟审批信息却放在审批后栏目中。

第五，企业环保信用信息公开不规范。《企业信息公示暂行条例》要求，政府部门应当公示其在履行职责过程中产生的企业行政处罚信息，这是企业信用信息的重要组成部分。但绝大多数环保部门没有提供企业环保信用信息专栏，企业环保信息放置随意，不利于公众查找；部分网站设置了企业环保信用栏目，但栏目中没有提供相关信息。

六　行政审批信息

行政审批信息的评估内容主要包括：行政服务中心或政务服务中心网站的建设情况，行政审批事项列表及链接有效性，行政服务中心与本级政府网站行政审批事项信息的一致性，审批事项的办事依据、办事条件、申请材料、审批程序、审批时限、审批部门信息以及联系电话等事项的网上公示情况。评估中主要对各地政府行政服务中心或政务中心等实体中心网站的行政审批信息公开情况进行了考察，无行政服务中心或政务中心的，则主要对其政府网站的办事服务栏目以及相关部门的审批信息公开情况进行考察。

从2014年的评估情况看，行政审批信息在以下方面的亮点值得关注。

第一，行政审批信息网上公开平台建立情况良好。31家省级政府和49家较大的市，都能以行政服务中心网站、专门的行政审批网站或政府网站在线办事栏目的形式为行政审批信息的公开提供网络平台。这些网站的建设使得政府的行政审批项目、权限更加透明，便利了企业和人民群众的办事与生活。

第二，发布行政审批权力清单，提升公开效果。评估发现，绝大多数政府能够主动在其行政服务中心或者政府网站内公布行政审批权力清单或者行政审批项目清单。海南省人民政府政务服务中心在其网站首页建立专门栏目列出了省级行政审批权力清单和进驻省政务中心的审批权力清单，并配有行政审批单位、行政审批事项（包括子项）、管理服务事项（包括子项）、互联网申报事项、全流程互联网审批事项的实时数量信息。其他行政中心网站或政府网站也能够运用自己的方法对行政审批权力清单进行公示。

第三，省级政府在行政服务中心与政府网站或部门网站发布的行政审批事项信息的一致性有所增强。有22家省级政府行政服务中心网站提供的行政审批事项信息与政府网站或部门网站是一致的，有20家较大的市行政服务中心网站提供的行政审批事项信息与政府网站或部门网站是一致的。

第四，公开的行政审批事项信息在形式上相对完整。课题组在各个政府的行政服务中心网站或在线办事网站随机抽取10条行政审批信息，观察其行政审批事项的有效性。结果发现，31家省级评估对象全部能够提供链接有效的行政审批信息。49家较大的市中有48家能提供链接有效的行政审批事项信息。在行政审批事项信息内容完整性上，课题组分别对具体行政审批事项是否包括办事依据、办事条件、申请材料、审批程序、审批期限、审批部门信息、联系电话这七类信息作了考察。31家省级政府能够通过对应的网络平台在抽样的行政审批事项中全部或者部分提供办事依据、办事条件、申请材料、审批程序、审批期限、审批部门信息和联系电话。全部能够提供办事依据的有22家，全部能够提供办事条件的有17家，全部能够提供申请材料的有17家，全部能够提供审批程序的有19家，全部能够提供审批时限的有21家，全部能够提供审批部门信息的有22家，全部能够提供联系电话的有13家，部分能提供这七项信息的分别为9、14、14、11、10、7、16家。49家较大的市通过对应的网络平台在抽样行政审批事项中全部能够提供办事依据、办事条件、申请材料、审批程序、审批时限、审批部门信息、联系电话的，分别有39、25、41、37、45、44、22家，部分能够提供这七项信息的分别为8、18、7、9、3、2、17家。没有提供这七项信息的分别为2、6、1、3、1、3、10家。

第五，政府网站更加重视行政审批信息获取的便捷性。31家省级政府和49家较大的市政府行政服务中心网站或政府网站在线办事栏目均按照公民办事、企业办事、审批部门对行政审批信息进行分类。有些网站设立重点审批信息公告栏，有针对性地公开行政审批信息、提供相应服务，公示的行政审批信息图文并茂、简洁明了。

第六，审批依据的相关解释彰显了政府的依法行政和细心为民。不少行政服务中心或在线办事网站对行政审批所依据的法律、法规、规章、规范性文件公开细致。例如，海南省网上审批大厅在列明行政审批依据的同时，对每一条审批依据都进行了解释。

第七，网站界面友好美观，便民服务措施更加贴心实用。随着网络技术的不断发展，政府行政服务中心的建设也借助了先进的网络科技。例如，北京市、上海市等地政府门户网站的在线办事栏目提供了无障碍浏览、办理服务，语音、动画齐全，图文并茂。沈阳市政务服务中心等则是通过网站首页视频介绍的方式为办事者提供指引。广东省、合肥市等省市则运用现代网络科技打造了虚拟的办事服务大厅，让人有身临其境之感。另外，针对办理行政审批过程中的疑问，有的网站还开通了在线协助服务，办理者可通过在线交谈、邮件、电话等方式解决办理过程中的疑难问题。

第八，行政审批办件动态信息实时公开。不少网站专门在首页设立了办件动态公示栏目滚动播放审批信息，有的网站则设立了办件查询栏目，让公众能够及时了解办件动态，查询办理的进程和结果。

行政审批信息的公开主要存在以下问题。首先，行政审批事项信息在专门的行政服务中心或者审批网站与同级政府网站或其部门网站提供的信息存在不一致。其次，行政审批事项信息提供不全面。省级政府中能够全部提供办事依据、办事条件、申请材料、审批程序、审批时限、审批部门信息、联系电话信息的，只有 11 家；较大的市中只有 14 家。最后，某些网站中不同部门行政审批事项信息的提供存在差异性，有的部门行政审批事项信息公开得完整或较完整，而有的行政审批事项信息公开得很不全面。

七 依申请公开

依申请公开是《条例》赋予公众的重要权利，也是行政机关公开政府信息的重要方式。本次评估的内容主要包括对各评估对象通过门户网站发布政府信息公开申请指南的情况、网络在线申请和邮寄申请两种渠道的畅通情况、答复申请的规范化情况。

从 2014 年 11 月 20 日起，课题组陆续以个人名义，采取特快专递邮寄、在线申请的方式进行验证。对地方政府的邮寄申请，主要是向各地国土资源管理部门申请公开当地 2014 年 1 ~ 10 月份收取的国有土地出让金的总额。部分地区反馈，此项信息由财政部门掌握，对此，课题组又向当地财政部门发送了申请。对国务院部门邮寄渠道与在线申请渠道的验证及对地方政府的在线申请渠道的验证则采取随机确定申请内容的方法。课题组根据快递签收及邮件发送时间确定了申请送达时间，并预留了多于法定答复期限的时间，等待各政府机关作出回复。

评估发现，绝大多数部门都在网站公开了依申请公开的条件、流程信息。有的部门还积极探索依申请公开指南的新形式，如国家卫生和计划生育委员会在依申请公开栏目中公示了此前处理的较为典型的申请案例及其作出的答复，以提示申请人提交的申请规范性及对可能的答复结果作出合理预期。

课题组发送申请后，各被评估对象总体上能够作出积极回复，有的部门反复通过电话确认申请内容等事项。

评估发现，目前依申请公开还存在不少问题。

第一，部分行政机关的依申请公开说明欠缺。对依申请公开的条件、流程等作出说明，有助于人民群众正确提出申请。部分行政机关没有提供依申请公开说明或依申请公开说明的设置位置不合理，不方便申请人查找相关信息。仍然有些部门没有发布相关的申请说明或者公开指南，还有的指南不便查找。例如：国家公务员局、黑龙江省财政厅、大连市财政局的网站上没有提供政府信息公开指南和申请说明；海南省财政厅虽然提供了政府信息公开指南，但是指南里并没有关于依申请公开的说明；外交部和中国证券监督管理委员会网站上的政府信息公开指南经过网页搜索才能找到。

第二，部分行政机关提供的申请方式单一。根据《条例》的要求，申请公开政府信息可以采取现场申请、邮寄申请、在线申请等多种方式，以满足不同人群的需要。邮寄方式是最普遍的申请方式，几乎每个行政机关都提供了邮寄的申请渠道，但部分行政机关只提供部分或仅提供一种申请方式。有 12 家行政机关（8 家国务院部门和 4 家省级财政部门）门户网站没有提供在线申请平台或电子邮件的申请方式。9 家行政机关（7 家国务院部门和 2 家省级财政部门）不接受现场申请。有 5 家行政机关（3 家国务院部门和 2 家市级财政局）仅提供一种申请渠道，公安部、国家信访局、国家林业局的网站上仅提供邮寄申请方式，宁波财政局和大连财政局仅接受在线申请。

第三，部分行政机关关于申请方式的说明与实际不符。有 30 家行政机关（17 家国务院部门和 11 家省级财政部门、2 家市级财政局）网站上的政府信息公开指南对申请方式的说明与实际不符。其中，有 7 家行政机关（4 家国务院部门和 3 家省级财政部门）的政府信息公开指南显示该行政机关提供在线申请平台，但是在其网站上无法找到申请平台，分别是国家工商行政管理总局、国家测绘地理信息局、国家外汇管理局、国家中医药管理局、内蒙古自治区财政厅、宁夏回族自治区财政厅、河北省财政厅。广东省财政厅的网站上虽然提供了在线申请平台，但是该在线申请平台只对广东户籍的申请人开放。行政机关网站上不同栏目提供的申请方式不一致会误导申请人，并且在一定程度上可能延误申请人的申请，损害申请人申请政府信息公开的权益。

第四，政府信息公开申请受理机构信息不全。政府信息公开申请受理机构信息是申请人正确提交信息公开申请的前提，但是在评估中，部分行政机关没有提供全面的受理机构信息，使申请人在申请时无法填写收件人信息，以致无法提交申请。例如，国家信访局和新疆维吾尔自治区财政厅的政府信息公开指南上没有提供受理机构的地址，山西省财政厅、海南省财政厅和新疆维吾尔自治区财政厅的政府信息公开指南里没有提供受理机构的邮编。有 7 家行政机关（6 家部委和 1 家省级财政厅）的政府信息公开指南没有提供受理机构的联系电话，分别是住房和城乡建设部、国家卫生和计划生育委员会、国家质量监督检验检疫总局、中国保险监督管理委员会、中国证券监督管理委员会、国家能源局、新疆维吾尔自治区财政厅。有 24 家行政机关（15 家部委、7 家省级财政厅和 2 家市级财政局）的政府信息公开指南没有提供电子邮箱，分别是外交部、财政部、住房和城乡建设部、公安部、司法部、人力资源和社会保障部、农业部、文化部、国家林业局、国家信访局、中国民用航空局、国家外汇管理局、国家粮食局、国家海洋局、国家邮政局、山西省财政厅、甘肃省财政厅、四川省财政厅、浙江省财政厅、海南省财政厅、湖北省财政厅、新疆维吾尔自治区财政厅、青岛市财政局、深圳市财政局。

第五，有的政府部门对信息公开申请的答复不够规范。有的行政机关仅在电话中告知了答复结果，不出具书面答复书。一些以电子邮件方式出具的回复中，答复内容较为随意。例如，江西省国土厅向申请人发送了两封邮件，这两封邮件的内容不同，使用的邮箱也不相同，有一封邮件正文只有一句话："请登录江西省国土资源交易网查询"，没有抬头或落款。有8家行政机关没有告知作出答复的依据，分别是上海市国土资源局、山东省国土资源厅、广西壮族自治区国土资源厅、内蒙古自治区国土资源厅、辽宁省国土资源厅、浙江省国土资源厅、黑龙江省国土资源厅和湖北省国土资源厅。此外，不少评估对象发出的不公开决定书也未明确告知救济途径。

八　政府信息公开工作年度报告

政府信息公开工作年度报告是政府机关对上年度本机关政府信息公开工作的总结，按照《条例》规定，年度报告应于每年3月31日前对社会发布，接受社会检验和监督。本次评估的内容为：年度报告发布情况，以及报告的内容是否全面。早在2014年3月31日前，课题组就已经完成了对年度报告发布情况的评估工作。评估显示，绝大部分政府机关能在规定的时间内发布年度报告。课题组在各政府机关网站对其年度报告进行了检索。截止到2014年3月31日24时，被评估的国务院部门中，按时发布了上一年度的年度报告的有51家，省级政府及计划单列市全部都做到了按时发布。

多数年度报告内容较为翔实，大多详细列明了主动公开政府信息、依申请公开政府信息的情况及相关行政复议和行政诉讼的情况，指出了本级政府在信息公开工作方面存在的主要问题，并明确提出了改进的措施和努力方向。

　　一些行政机关注重公众查询年度报告的便利性。有的行政机关在年度报告的外观上注重多样性和生动性，有的还注重内容的可读性。比如，北京、上海和四川的年度报告制作成 Flash 文件，样式精美，内容完整，集创新与实用于一体。不少行政机关在年度报告中加入了详细的图表，增强了年度报告的可视性。有的报告还将本年度的情况与往年作了对比，使报告的内容更加完整丰富，直观易懂。有的行政机关在年度报告中列出了主动公开法规、规章及规范性文件的名称列表，还可以直接链接到文件内容。有的省级政府在年度报告栏目中加设市级政府年度报告。上海市政府采用相应的技术措施，在年度报告栏目中设置查询下拉框，方便公众查询。上述设计和方法都为公众理解内容、查询信息提供了极大便利。

　　值得一提的是，有的国务院部门提供了政府信息公开月度统计报告，有助于公众实时了解其信息公开状况，如商务部和国家文物局。国家文物局还公开了地方文物管理机构报送的月度统计信息。

　　但从目前来看，年度报告发布还有不少待规范之处，比较突出的问题是年度报告对一些重要数据披露不详。据统计，有 26 家国务院部门提供了申请数量居前几位的事项，19 家提供了申请人按照不同申请方式提交申请的数量，21 家按照答复决定的内容（如公开、不公开、部分公开等）提供了分类数据，有 9 家按照不公开的理由（如涉及国家秘密、个人隐私等）提供了分类数据，能够将投诉、行政复议和行政诉讼同时提供的只有 6 家。有 8 家省级政府按照本级政府、下级政府、所属部门三类信息详细提供收到申请的数量，有 14 家仅提供了本级政府与下级政府或者本级政府与所属部门收到申请的数据；7 家提供了申请数量居前几位的部门，21 家提供了申请数量居前几位的事项；20 家提供了申请人按照不同申请方式提交申请的数量，24 家按照答复决定的内容（如公开、不公开、部分公开等）提供了分类数据，有 9 家按照不公开的理由（如涉及国家秘密、个人隐私等）提供了分类数据，能够将投诉、行政复议和行政诉讼同时提供的只有 11 家。

　　此外，一些部门年度报告关于依申请公开的情况描述过于简单，有的只用一句话来概括。例如，某省政府 2013 年的报告中提到领导很重视，但是依申请公开方面的内容只有寥寥几句，既不说明是否公开，也未说明不公开的理由。

九 2014 年度评估建议

第一，加强并整合政府信息公开工作机构。各级各类行政机关应成立专门的政府信息公开工作机构，由专门人员负责政府信息公开工作。同时，应由专门机构统一领导包括政府信息公开、网站建设、对外宣传、微博微信运营维护、舆情观测与应对在内的各项工作，形成政府信息公开的合力。

第二，逐步明确主动公开重点领域的公开标准和要求。建议在现有每年发布一个政府信息公开要点的基础上，选取几个重点领域，联合相关部门共同明确相关信息的公开要求和标准。可以考虑就某些行业自上而下梳理权力清单，明确上下级机关间的职责职权划分，确立行政审批、处罚、强制等信息的公开标准和范式。此外，国务院部门可以参考教育部 2014 年发布高校信息公开清单的做法，梳理本行业应主动公开的政府信息，以清单的形式对外发布，作为各行政机关公开相关信息的最低要求，并根据法律法规的修改完善及社会发展的需要进行动态更新。政府信息公开年度报告的发布也应当设定严格标准，避免出现连续几年的报告在框架、结构、内容上严重雷同，只是更换个别统计数据的情况。

第三，进一步加强依申请公开工作。从目前各行政机关面临的依申请公开形势看，未来申请量仍会逐步攀升，申请的复杂性仍会不断加剧，借助政府信息公开申请实现信访、维权等目的的情况短期内还可能增加。为此，应规范各行政机关的依申请公开处理流程，确保对依申请公开的指南描述准确，渠道多元化且畅通。应保证处理政府信息公开申请的人员编制，有专门人员专职处理申请。建立疑难、重大、繁杂申请会商机制，遇到难以处理的申请事项，邀请相关业务主管部门、专家参与论证。还要定期开展培训，结合实务中遇到的问题，开展有针对性的培训。各级办公厅（室）应发挥领导和指导作用，宏观掌控本级政府的政府信息公开申请处理工作，对疑难、重大、复杂的申请事项，应及时介入，指导和帮助有关部门做好论证和答复。

第四，将政府信息公开工作与法治政府建设同步推进。政府信息公开工作不但不是孤立的，而且还紧密联系着各级政府的法治政府建设。一些地方和部门的政府信息公开申请工作压力大、难处理，除了与公开与否的标准还不够明确、操作性不强等有关外，更多的则是因为依法行政还不到位，不少权力的运行还未能符合依法行政的要求，管理过程中的不规范还在一定程度上存在。一旦遇到政府信息公开的申请，有关部门没有公开的自信和底气。因此，政府信息公开不能孤立对待，必须与法治政府建设同步发展，做好政府信息公开工作除了要解决一些政府信息公开工作自身存在的问题外，还要加大依法行政的力度，进一步规范权力运行。公开有助于规范权力，只有规范的权力运行才能真正实现公开。

（参见法治蓝皮书《中国法治发展报告 No. 13（2015）》）

第八章 2015年政府透明度 指数评估

一 总体情况

2015年，国家高度重视政府信息公开工作，政府信息公开贯穿于政府管理各领域，政府信息公开成效明显。

第一，政府信息公开成为政府治理必不可少的手段。首先，政府信息公开在法治政府建设中的作用得到进一步确认。中共中央、国务院印发的《法治政府建设实施纲要（2015~2020年）》明确提出坚持以公开为常态、不公开为例外的原则，推进决策公开、执行公开、管理公开、服务公开、结果公开，完善政府信息公开制度，拓宽政府信息公开渠道，进一步明确政府信息公开范围和内容。其次，国家将公开政府信息作为鼓励创新的重要手段。中共中央办公厅、国务院办公厅《关于加强中国特色新型智库建设的意见》提出，加强公开工作，方便智库及时获取政府信息。《促进大数据发展行动纲要》《国务院关于积极推进"互联网+"行动的指导意见》《国务院关于规范国务院部门行政审批行为 改进行政审批有关工作的通知》《国务院办公厅关于简化优化公共服务流程 方便基层群众办事创业的通知》等都涉及以公开促创新的内容。再次，国家将政府信息公开作为加强监督的重要手段。中共中央办公厅、国务院办公厅印发《关于推行地方各级政府工作部门权力清单制度的指导意见》以及《国务院办公厅关于推广随机抽查 规范事中事后监管的通知》《国务院办公厅关于加强安全生产监管执法的通知》，提出通过公开加强对行政机关的监督；《国务院办公厅关于全面推开县级公立医院综合改革的实施意见》《国务院办公厅关于加强和改进企业国有资产监督　防止国有资产流失的意见》等也提出，通过公开发挥社会监督的作用。最后，将公开政府信息作为一种全新的监管手段。《国务院办公厅关于运用大数据加强对市场主体服务和监管的若干意见》《国务院办公厅关于加强互联网领域侵权假冒行为治理的意见》《2015 年全国打击侵犯知识产权和制售假冒伪劣商品工作要点》等提出，大力推进市场主体信息公示，构筑市场诚信环境。

第二，自上而下的指导督促助推政府信息公开工作。2015 年，国务院办公厅继续发布《2015 年政府信息公开工作要点》，对各级政府机关做好政府信息公开工作作出了要求和安排。2015 年 11 月 18 日，国务院办公厅政府信息与政务公开办公室就国务院国有资产监督管理委员会信息公开办公室在《关于商请明确依申请公开办理程序有关问题的函》中提出的，收到信息公开申请的时点确定问题和补正期间停止计算期限问题，作出了答复。

第三，政府信息公开的要求越来越高，越来越细。例如，《2015 年政府信息公开工作要点》要求，细化预决算公开内容，各级政府及部门预决算在公开到支出功能分类项级科目的基础上，一般公共预算基本支出逐步公开到经济分类款级科目，对下专项转移支付预决算公开到具体项目。财政部《关于做好政府采购信息公开工作的通知》对政府采购信息公开提出了极为明确细致的要求。

第四，第三方评估成为推进政府信息公开的又一新抓手。2014 年国务院办公厅政府信息公开与政务公开办公室首次委托中国社会科学院法学研究所对全国政府信息公开工作开展第三方评估[①]，2015 年对社会发布了评估报告。2015 年，国务院办公厅政府信息公开与政务公开办公室继续引入第三方评估机制。此外，山东、黑龙江等地也纷纷引入第三方评估机制。开展第三方评估有助于改变政府机关自我评价的弊端，有力推动了全国的政府信息公开工作。

---

① 见《中国政府信息公开第三方评估报告》，中国社会科学出版社，2015。

二 政府信息公开专栏

政府信息公开专栏主要对各评估对象在门户网站设置政府信息公开专栏并配置政府信息公开目录、政府信息公开依据（主要是发布本行政机关制定的公开依据）、政府信息公开指南和政府信息公开工作年度报告栏目的情况进行了评查。

本次评估未对政府信息公开目录本身进行重点分析。近几年的评估中，课题组发现，政府机关普遍存在门户网站发布信息与政府信息公开目录发布信息不一致的情况，其根源在于门户网站与政府信息公开目录分属不同的信息管理系统，容易造成信息重复发布，影响公开效果。随着网站搜索技术的逐步成熟，公众查找所需信息可主要通过门户网站搜索功能检索获取，从长远来看，门户网站应与政府信息公开专网、专栏等有机融合，门户网站的栏目设置也可以承担政府信息公开目录的大部分功能。因此，2015 年度开始不再对政府信息公开目录设置作重点评估。

评估发现，评估对象门户网站普遍配置政府信息专栏，但仍有网站缺少栏目要素。政府信息公开依据、政府信息公开目录、政府信息公开指南、政府信息公开年报栏目是政府信息公开专栏的组成要素。此次评估发现，多数评估对象在门户网站设置政府信息公开专栏，并同时配置上述 4 项栏目要素。39 家国务院部门、23 家省级政府和 35 家较大的市政府门户网站均设置了公开依据、目录栏目、指南栏目、年报栏目，占比分别为72.22%、74.19%、71.43%。当然，也可以看出，仍有相当比例的评估对象没有在门户网站上全面配置这些栏目要素。

在政府信息公开专栏中发布政府信息公开依据的情况普遍还不理想。本次评估设定的标准是，不仅要在政府信息公开专栏发布《政府信息公开条例》及上级机关发布的相关规定，更要公开本机关制定的涉及政府信息公开的规定。但评估发现，13 家国务院部门、8 家省级政府、13 家较大的市政府没有在门户网站的政府信息公开专栏中公开政府信息公开依据。政府信息公开依据的评估中普遍出现的问题是：一些评估对象公开的不是本部门、本级政府的政府信息公开依据，更多是《条例》或者是上一级政府机构的规定。

三　规范性文件

公开规范性文件有助于公众知晓办事依据，明确自身权利义务边界，这也是政府依法行政的重要评价指标。本次评估的内容包括：门户网站是否设置链接有效的规范性文件栏目，是否存在多个栏目发布规范性文件的情况，是否对所发布的规范性文件进行了分类，是否公开规范性文件草案，是否对规范性文件草案制定背景或制度设计进行说明，是否公开意见征集渠道，是否公开征集到的意见的汇总情况，是否公开对征集到的意见的采纳情况，是否公开了采纳与否的理由，是否公开本部门规范性文件的清理信息，是否标注了规范性文件的有效性。

评估发现，所有评估对象普遍设置了规范性文件栏目，集中发布规范性文件。但规范性文件的公开也存在一些问题。

首先，栏目设置不够规范。某些评估对象存在多个栏目同时发布规范性文件的情况，在国务院部门中这个问题较为突出，有 14 家门户网站有多个栏目同时发布规范性文件，占 25.93%。而在地方政府中，则分别各有 3 家存在类似情况，分别占 9.68%、6.12%。而且，规范性文件放置杂乱无章，与政策法规、规章制度等混在一起，难以查找。

其次，不少评估对象没有发布规范性文件草案的意见征集及意见反馈情况。本次评估采取了较为宽松的标准，只要在 2015 年内发布过一次规范性文件草案、反馈过一次征集意见情况即视作符合标准。但国务院部门、省级政府、较大的市政府中，分别有 30 家（占 55.56%）、20 家（占 64.52%）、28 家（占 57.14%）没有通过门户网站公布规范性文件草案。即使网站公布了规范性文件草案，也普遍还没有公开规范性文件草案征集意见的汇总情况、采纳情况。仅 1 家国务院部门、3 家省级政府、4 家较大的市政府公布了意见征集汇总情况，其中，仅国家发展改革委公开了意见征集的采纳情况。只征集意见，但对征集了哪些意见、采纳了哪些意见、为什么采纳某些意见而未采纳其他意见不作说明，这一方面不利于公众监督政府决策，另一方面不利于取信于民。

最后，普遍未标注规范性文件的有效性。规范性文件不标注有效性，会给公众带来一定的误导。然而，仅有极少数评估对象的门户网站标注了规范性文件的有效性，如海关总署、重庆市、湖南省、上海市、山东省、广东省和吉林市、西安市、广州市、厦门市等。

四　财政信息

财政信息的评估指标主要包括预算信息、决算信息和"三公"经费信息，具体包括以下内容：网站是否公开2015年预算说明，一般公共预算支出表是否公开到功能分类的项级科目，预算支出总表是否公开到功能分类的项级科目；一般公共预算基本支出表是否公开到经济分类的款级科目；网站是否公开2014年决算说明，一般公共决算支出表是否公开到功能分类的项级科目，决算支出总表是否公开到功能分类的项级科目；"三公"经费中是否公开因公出国的组团数和人数，是否公开公务用车的购置数和保有量，是否提供国内公务接待的批次和人数，是否公开"三公"经费增减原因的说明。其中，31家省级政府和49家较大的市的财政预决算说明不仅应公布在本级政府网站里，也应公布在本级财政部门的网站中。

评估发现，国务院部门预决算信息公开相对细致。有53家国务院部门公开了2015年预算说明和2014年决算说明，并且表格都细化到位，实现功能分类到项级科目、经济分类到款级科目。

但是，评估中也发现财政信息公开的一些问题。

第一，预决算信息公布不规范，信息放置混乱、公布形式不统一。首先，少数国务院部门和地方政府没有设置专门的财政预决算栏目，有些预决算信息发布在《政务公告》《公告信息》或者《要闻发布》栏目中。其次，部分国务院部门和地方政府设置了财政资金栏目，但是信息未放置在该栏目中，有的放置在通知公告栏目中，有的放置在信息动态栏目中。

第二，省级政府和较大的市的预决算说明的公开情况有待加强。有25家省级政府和27家较大的市在政府门户网站和财政网站公布了2015年预算说明，比例分别为80.65%和55.10%。有18家省级政府和21家较大的市在政府门户网站和财政网站公布了 2014 年决算说明，比例只有 58.06% 和 42.86%。

第三，省级政府和较大的市公布的预决算表格细化程度比较低，普遍未做到功能分类到项级科目、经济分类到款级科目。评估考察的表格有 6 张，包括一般公共预（决）算支出表、预（决）算支出总表以及一般公共预（决）算基本支出表。评估主要发现了以下几点问题。首先，大部分地方政府表格不够全面。9 家省级政府和 13 家较大的市没有一般公共决算支出表，3 家省级政府和 11 家较大的市没有一般公共预算支出表。其次，部分地方政府的经费项目公布不够规范。比如，只有 11 家省级政府和 2 家较大的市的一般公共预算基本支出表公开到经济分类的款级科目，只有 1 家较大的市的一般公共决算基本支出表公开到经济分类的款级科目。

第四，部分评估对象"三公"经费的说明不详细。只有 35 家国务院部门、2 家省级政府在门户网站和财政网站完整地公布了"三公"经费使用说明。部分地方政府只公布了"三公"经费的大致说明。部分国务院部门和地方政府的"三公"经费公布不完整，遗漏了一些重要信息。1 家国务院部门、26 家省级政府和 45 家较大的市没有公开因公出国（境）的组团数和人数；10 家国务院部门、26 家省级政府和 44 家较大的市没有公布 2014 年车辆的购置数，6 家国务院部门、25 家省级政府和 45 家较大的市没有公布 2014 年车辆的保有量，有 10 家国务院部门、27 家省级政府和 47 家较大的市没有公布国内公务接待的批次和人数。而且"三公"经费增减原因说明往往被忽略。有 3 家国务院部门、18 家省级政府和 40 家较大的市没有公布"三公"经费增减原因。

五　环境保护信息

环境保护信息的评估内容包括环境保护部门关于建设项目环境影响评价、建设项目竣工环境保护验收、辐射项目环评审批、辐射项目环保验收、辐射安全许可证、2015 年重点排污单位或环境重点监管对象等政府信息。

评估发现，环境保护信息公开方面有如下亮点。

第一，省级环境保护信息公开水平整体较高。

在建设项目环境影响评价、建设项目环保验收、辐射安全审批及发证情况以及重点排污单位和环境重点监管对象的信息公开方面，省级环保部门均较大幅度领先较大的市政府。例如，建设项目环境影响评价审批后信息以及建设项目竣工环境保护验收审批后公告信息，省级环保部门均是100%按时公开。

第二，建设项目环境影响评价公开情况较好。

30家省级环保部门和44家较大的市的环保部门公开了2015年内建设项目环境影响评价受理公示信息，分别占96.77%、89.80%。30家省级环保部门和47家较大的市的环保部门公开了2015年内建设项目环境影响评价审批前公示信息，分别占96.77%、95.92%。31家省级环保部门和42家较大的市的环保部门公开了2015年内建设项目环境影响评价审批后公告信息，分别占100%和85.71%。29家省级环保部门和38家较大的市的环保部门公开了2015年内建设项目竣工环境保护验收受理公示信息，分别占93.55%和77.55%。30家省级环保部门和37家较大的市的环保部门公开了2015年内建设项目竣工环境保护验收审批前公示信息，分别占96.77%和75.51%。31家省级环保部门和42家较大的市的环保部门公开了2015年内建设项目竣工环境保护验收审批后公告信息，分别占100%和85.71%。

第三，重点污染企业信息公开较为理想。

31家省级环保部门和40家较大的市的环保部门公开了2015年本省内重点排污单位或环境重点监管对象信息，分别占100%和81.63%。

第四，辐射安全审批及许可证发放信息公开较好。

25家省级环保部门公开了2015年内辐射项目环评审批结果信息，占80.65%；23家省级环保部门公开了2015年内辐射项目环保验收结果信息，占74.19%；25家省级环保部门公开了2015年辐射安全许可证发证情况，占80.65%。成都、合肥、汕头、苏州、洛阳等完整公开了2015年度辐射项目环评审批结果信息、辐射项目环保验收结果信息及辐射安全许可证发证信息。

环境保护信息公开方面主要发现下列问题。

第一，较大的市的辐射安全信息公开整体欠佳。

辐射安全信息包括辐射项目环评审批结果信息、辐射项目环保验收结果信息及辐射安全许可证发证信息。评估发现，较大的市的环保部门发布辐射安全信息的总体状况欠佳。有 34 家较大的市的环保部门未公开辐射项目环评审批结果信息，占 69.39%。仅有 12 家公开了 2015 年内辐射项目环评审批结果信息，占 24.49%。有 36 家未公开辐射项目环保验收结果信息，占 73.47%。仅有 9 家公开了 2015 年内辐射项目环保验收结果信息，占 18.37%。有 25 家未公开辐射安全许可证信息，占 51.02%。仅有 18 家公开了 2015 年内辐射安全许可证发证信息，占 36.73%。

第二，环境保护信息公开渠道仍需加强整合。

越来越多的政府门户网站在原有信息公开专栏的基础上增加了重点领域信息公开专栏，并将环境保护信息作为其中的公开重点。但是，有的专栏仅是罗列信息，没有进行有效的分类，给公众查阅相关信息带来了不便；有的地方环保部门与政府信息公开专栏公开的信息不一致，反而令公众无所适从。

六 行政审批信息

行政审批信息的评估内容主要包括：观察门户网站是否公开本级的行政审批事项目录，行政服务指南是否具备许可依据、申报条件、申报材料、办理流程、办理期限和收费标准等各项信息，是否公开了行政审批办理结果。

行政审批信息公开方面大致有如下亮点。

第一，行政审批事项目录公开情况较好。

31 家省级政府和 47 家较大的市的门户网站公开了审批事项清单，公开率分别达 100% 和 95.92%。

第二，部分评估对象栏目设置清晰明了，查找方便快捷。

部分评估对象部门网站首页醒目位置有权力清单和责任清单，行政审批栏目设置非常便于查找，并且清单按照相应政府部门进行划分，行政审批程序一目了然。办事大厅服务指南的查找同样方便快捷，服务指南完整规范。以河北省、河南省和珠海市、济南市为例，这些评估对象门户网站合理地设置规划网站首页的布局，不仅更为直观地突出行政审批栏目，而且更为优化地分类呈现不同种类的行政审批事项，增强了用户体验。黑龙江省网站设计美观大方、简洁明了，非常容易查找到权责清单，界面上方可以按照职权类型查询，左侧可以选择部门，为公众的查找和搜寻提供了极大便利。

第三，绝大多数公开了行政审批的依据、申报条件、申报材料、办事流程等。

24家省级政府的审批依据直接公布于审批项目清单中，占77.42%，有4家未公布于审批项目清单中，但是公布于办事栏目中，其余3家的部分行政审批项目中公布了许可依据；47家较大的市的门户网站公布了审批依据，占95.92%，其中39家的审批依据直接公布于审批项目清单中，8家未公布于审批项目清单中，但是公布于办事栏目中。

有22家省级政府公布了申报条件，占70.97%，其中有2家直接公布于审批项目清单中，20家公布于办事栏目中；39家较大的市公布了申报条件，占79.59%，其中有8家直接公布于审批项目清单中，31家公布于办事栏目中。

24家省级政府公布了申报材料，占77.42%，其中有3家直接公布于审批项目清单中，21家公布于办事栏目中；44家较大的市公布了申报材料，占89.80%，其中12家直接公布于清单中，32家公布于办事栏目中。

24家省级政府公布了办事流程，占77.42%，其中5家直接公布于审批项目清单中，19家公布于办事栏目中，另外还有5家的部分审批事项公布了办理流程；有44家较大的市公布了办理流程，占89.80%，其中13家公布于审批项目清单中，31家公布于办事栏目中。

第四，抽查的评估对象绝大多数公开了办理结果。

省级政府的审批结果抽查评估了安全生产监督管理部门，结果显示，有28家公开了审批结果，占评估总数的90.32%；较大的市抽查了食品药品监督管理部门，结果显示，有47家公开了审批结果，占评估总数的95.92%。

同时，评估也发现了如下问题。

第一，服务指南的准确性不佳。公布的行政审批事项清单中的办事指南与在线办事栏目中对应的办事指南应当具有一致性。但评估显示，行政审批清单的办事指南与在线办事栏目对应的办事指南普遍存在较大出入。仅 8 家省级政府的行政审批清单的办事指南与该省级政府在线办事栏目对应的办事指南一致，占 25.81%；8 家审批清单的办事指南与该省政务服务中心对应的办事指南一致，占 25.81%。17 家较大的市的行政审批清单的办事指南与其门户网站在线办事栏目对应的办事指南一致，占 34.69%；16 家审批清单的办事指南与该市政务服务中心对应的办事指南一致，占 32.65%。

第二，大多数网站未设置审批办理结果的栏目。仅 17 家省级政府门户网站或省级行政服务中心网站设置了审批办理结果栏目，占评估的省级政府总数的 54.84%，其中有 15 家的办理结果栏目设置在省级政府网站，2 家设置在省级行政服务中心网站；23 家较大的市的门户网站或其政务服务中心设置了办理结果栏目，占 46.94%，其中有 19 家在较大的市政府网站设置了办理结果栏目，4 家在较大的市的政务服务中心设置了办理结果栏目。

七　依申请公开

依申请公开指标包括申请渠道的畅通性和依法答复情况。课题组以个人名义于 2015 年 11 月 10 日通过挂号信的方式向 54 家国务院部门、31 家省级政府的价格主管部门、49 家较大的市的民政部门提出了政府信息公开申请。其中，向 54 家国务院部门申请的信息各不相同，向 31 家省级政府的价格主管部门申请的信息均为"省内 5A 级游览参观点现行门票价格及园中园票价（包括但不限于旅游景点名单和每个旅游景点对应的旺季和淡季的价格及其园中园的价格，并附上定价依据）"，向 49 家较大的市政府的民政部门申请的信息均为"在市政府注册登记的现有公益慈善类社会组织的名单"。课题组自行政机关收到政府信息公开申请的第二个工作日起算，观测其是否在 15 个工作日内答复申请。

评估发现，各行政机关在如下方面做得较为规范。

第一，信函申请渠道普遍畅通。

53 家国务院部门、30 家省级政府的价格主管部门、48 家较大的市政府的民政部门提供的信函申请渠道畅通，课题组寄出的挂号信均被上述行政机关签收，分别占 98.15%、96.77%、97.96%。国家文物局、海南省物价局、广州市民政局提供的信函申请渠道不畅通。其中，课题组向国家文物局寄出的挂号信由于"迁移新址不明"被退回；寄往海南省物价局的挂号信由于"物业保安拒收"后因"逾期"被退回；寄往广州市民政局的挂号信由于"保安拒收"后"逾期"被退回。

第二，大多数行政机关的答复及时。

多数行政机关在法定期限以信函或电子邮件的方式提供了正式答复。41 家国务院部门、23 家省级政府的价格主管部门、37 家较大的市政府的民政部门，在收到申请后的 15 个工作日内以书面或数据电文的形式答复了申请，分别占 75.93%、74.19%、75.51%。

第三，多数行政机关答复的格式规范。

在本次评估中，以信函方式提供的答复，其格式普遍规范，均盖有行政机关的公章。以电子邮件方式提供答复的行政机关中，多数行政机关的答复格式规范，或以邮件附件的方式提供盖有行政机关公章的答复书电子文档，或在邮件正文中清楚标注发件机关的抬头或落款。具体说来，在仅以电子邮件方式答复申请的 26 家国务院部门、18 家省级政府的价格主管部门、34 家较大的市政府的民政部门中，23 家国务院部门、9 家省级政府的价格主管部门、13 家较大的市政府的民政部门以电子邮件方式提供的答复格式规范。另外，从上述数据可以看出，相对于省级政府的价格主管部门和较大的市政府的民政部门，国务院部门在答复格式规范化方面表现较好。

第四，在省级政府的价格主管部门和较大的市政府的民政部门的答复中，大多数行政机关公开了所申请的信息。

在本次评估中，课题组向省级政府的价格主管部门和较大的市政府的民政部门申请的上述信息均为可公开的政府信息，或已主动公开或可依申请公开。在作出答复的 27 家省级政府的价格主管部门、37 家较大的市政府的民政部门中，23 家省级政府的价格主管部门、35 家较大的市政府的民政部门，在答复中或全部公开或部分公开了所申请信息。剩余的 4 家省级政府价格主管部门中，其中 1 家答复信息不存在，另外 3 家答复非本机关政府信息公开范围。剩余 2 家较大的市政府的民政部门中，其中 1 家答复部分公开，剩余 1 家答复信息不存在。

但评估也发现依申请公开存在以下问题。

第一，个别行政机关在信函申请渠道的畅通性方面表现不佳。

个别行政机关提供的信函申请渠道不畅通或有所延误。其中一方面原因在于其政府信息公开指南中关于依申请公开受理机构的地址信息未及时更新。例如，国家文物局退信的理由是"迁移新址不明"，这表明其政府信息公开指南中受理机构的地址并未及时更新。又如，国家测绘地理信息局，课题组于 2015 年 11 月 10 日向该行政机关邮寄出申请信函，该行政机关于 2015 年 12 月 18 日签收，12 月 21 日在与课题组的电话沟通中，其工作人员表示，由于地址错误，刚刚收到申请。这表明，其指南中受理机构的地址也未更新。另一方面原因在于政府信息公开指南中提供的依申请公开受理机构地址不准确。例如，课题组于 2015 年 11 月 10 日按照国家知识产权局指南中的地址向其寄出了申请信函，但其工作人员在 2015 年 12 月 1 日与课题组的电话沟通中表示，由于收件地址书写有误，写的是信访室，转交时间长，收到申请较晚。

第二，少数行政机关未在法定期限内答复申请。

4 家省级政府的价格主管部门超过法定期限答复申请。8 家国务院部门、2 家省级政府的价格主管部门、11 家较大的市政府的民政部门，共21 家行政机关未答复申请。1 家国务院部门和 1 家省级政府的价格主管部门要求补充申请，3 家国务院部门要求补充用途证明。另外，个别行政机关拒不提供书面答复。例如，昆明市民政局在与课题组的电话沟通中表示，只能通过电话回复，拒绝通过其他方式回复，原因不明，最终，昆明市民政局未提供正式答复。

第三，少数行政机关以电子邮件方式提供的答复格式仍不规范。

本次评估中，在仅提供电子邮件方式答复申请的 26 家国务院部门、18 家省级政府的价格主管部门、34 家较大的市政府的民政部门中，3 家国务院部门、9 家省级政府的价格主管部门、21 家较大的市政府的民政部门，以电子邮件方式提供的答复格式不规范。其表现为，或以附件方式提供的答复没有行政机关的公章，或邮件正文未显示注有行政机关名称的抬头或落款。例如，哈尔滨市民政局提供的答复邮件中，其使用的是 QQ 邮箱，邮件正文仅提供一条链接，无其他任何文字，如果不打开链接查看，无法判断该邮件的发件人是何机关。

第四，部分行政机关答复内容不规范。

就作出答复的 41 家国务院部门而言，18 家国务院部门在答复中公开了所申请信息，2 家答复部分公开，1 家答复不予公开，3 家答复非政府信息公开范围，4 家答复信息不存在，7 家答复非本机关政府信息公开范围，1 家答复不负责加工汇总，1 家答复所申请的部分信息不存在和另一部分信息不属于本机关公开范围，3 家答复所提申请属于咨询，1 家答复所申请信息不属于应公开的政府信息范围。作出答复的 27 家省级政府的价格主管部门中，23 家答复公开，1 家答复信息不存在，3 家答复非本机关政府信息公开范围。作出答复的 37 家较大的市政府的民政部门中，35 家答复公开，1 家部分公开所申请信息，1 家答复信息不存在。

部分行政机关未在答复中明确已主动公开的信息链接、查询渠道，未告知作出答复的法律依据和救济渠道。个别行政机关提供的救济途径中关于行政诉讼时效的表述不准确。《行政诉讼法》中行政诉讼的时效已经修改为 6 个月，部分行政机关未在答复书中更新这一内容，如中国地震局。个别行政机关在答复内容上表现退步。例如，2014 年政府信息公开评估时，财政部在提供给课题组的政府信息公开申请补正通知书中留下了财政部办公厅财政信息公开办公室的联系电话，但课题组多次拨打该电话均无人接听；2015 年，财政部在寄给课题组的补正通知书中未留下联系电话。

第五，个别行政机关对政策咨询的范围定义过于宽泛。

在本次评估中，课题组向国税总局申请有关政策内容的信息，国税总局并未与课题组进行电话沟通，而是直接以邮件回复该申请属于政策咨询，建议课题组补充申请或直接去网上查询。政策本身是行政机关对外进行行政行为的依据，属于政府信息。当申请人申请有关政策的内容时，行政机关应当将其作为政府信息公开申请来对待；当申请人对政策内容产生不解时，行政机关才可将其作为政策咨询来对待。

八　政府信息公开工作年度报告

政府信息公开年度报告的评估内容为：年度报告发布情况、年度报告是否具有新颖性，以及报告的内容是否对主动公开和依申请公开作出详细说明。2015 年 4 月 1 日前，课题组完成了对年度报告发布情况的评估工作。

评估显示，绝大部分政府机关能在规定的时间内发布年度报告。课题组在各政府机关网站对其年度报告进行了检索。截止到 2014 年 3 月 31 日 24 时，仅司法部未按时发布上一年度的年度报告，省级政府及较大的市全部按时发布。但后期司法部补发了年度报告，且将发布时间标注为 2015 年 3 月 31 日。

评估对象普遍对 2014 年的主动公开情况作了总结分析。53 家国务院部门、31 家省级政府、47 家较大的市政府均对主动公开的信息汇总数据情况进行了公开说明。

评估对象普遍公布了收到的申请数量和答复政府信息公开的总体情况。公开收到政府信息公开申请总体情况的有 54 家国务院部门、31 家省级政府和 48 家较大的市政府；公开申请答复情况的有 54 家国务院部门、28 家省级政府和 45 家较大的市政府。

同时，年度报告发布方面也存在如下问题。

第一，部分年度报告的栏目设置与发布情况不够规范。例如，银川市政府在网站首页设置了《信息公开》专栏，但未设置信息公开年报栏目，该市政府的 2014 年信息公开年报在公示公告专栏中发布，年报查找费时较长。呼和浩特市政府网站首页设置了《政务公开》栏目，但未设置信息公开年报栏目，未在本级政府网站上公开 2014 年年报，但在内蒙古自治区网站的年报目录中公开了 2009 年至 2014 年年报，呼和浩特市政府部门或区县的部分年报在市级政府网站的《公文公报》《旗县区动态》《部门动态》栏目中公布。此外，湖北省信息公开年报栏目下只有 2014 年年报，其他年报未在年报栏目下公开，但可从百度搜索中获取；湖南省年报目录下不仅有本级政府的信息公开年报，还有各部门、各市区的年报，各年度各政府部门的年报混杂在一起，未作分类，不便于查找。

第二，部分政府 2014 年信息公开年报的内容与往年存在较大重复。课题组比对发现，中国地震局、国家外汇管理局、国家中医药管理局、新疆维吾尔自治区政府的 2014 年年报与 2013 年年报的内容高度重复。

第三，政府信息公开年度报告相关事项的数据公开不详。部分 2014 年年度报告未在年报中公开政府信息公开申请数量居前的事项，涉及 35 家国务院部门、8 家省级政府、21 家较大的市政府。又如，部分政府未在年报中公开申请信息公开的答复处理结果的分类数据情况，缺乏对申请信息公开的处理结果数据统计分析，涉及 25 家国务院部门、5 家省级政府、10 家较大的市政府。

九　2015 年度评估建议

2016 年，中共中央办公厅、国务院办公厅印发了《关于全面推进政务公开工作的意见》，对全面推进政务公开工作作出了明确要求。未来，如何进一步落实公开要求，提升公开效果，是目前摆在各级政府机关面前的课题。建议从如下方面加强政府信息公开工作。

第一，以法治思维、法治方式推进政府信息公开工作。全面梳理现行法律法规，根据当前的社会形势、管理需要，结合《政府信息公开条例》的修订，对其中涉及公开、保密的规定以及各政府机关的公开权责进行全面审查，及时填补制度空白、修改过时规定，加强相关法律法规之间的协调。

第二，注重提高公开的标准化、规范化程度。国务院部门、省级政府应当注重顶层设计，加强对本行业、本地区政府信息公开工作的指导，出台公开工作的细则要求。同时，针对不同层级政府机关的职能职责，明确各自的公开义务和公开责任，防止对公开工作提要求时大而化之。此外，建议分行业逐步梳理主动公开清单，明确公开的主体、对象、范围、方式、时限等具体要求，确保同类信息按照同类标准公开。

第三，将政务公开工作与法治政府建设同步推进，以公开为常态来审视决策、执行全流程。行政机关的所有管理环节，包括一些纯内部事务，在作出最终决定前都不仅要进行合法性审查、社会风险评估，还应当进行公开属性的审查。要以所有环节都可能在未来被公众提出申请或者要主动公开为标准，审核各管理环节固化下来的信息是否可以经得起未来的公开考验。

第四，将公众需求作为公开工作的起点和落脚点。必须彻底转变以自我为本位的公开理念和公开模式，要通过公众参与、需求调查、政府信息公开申请态势分析等，摸清公众希望了解政府管理的哪些事项，掌握和研判公开工作面临的形势，变政府部门"端菜"为人民群众"点菜"，按照公众需求的内容、希望的方式，准确、全面、及时、有效地向公众公开政务活动及相关信息。甚至要区分不同人群的信息需求和信息获取能力，有针对性地主动推送政务信息，对发达地区及善于、愿意使用信息化手段获取信息的公众，要依托政府门户网站、微平台等做好公开工作，对落后地区及没有使用信息化手段能力的公众，则要用好传统的宣传栏、宣传册等手段。

（参见法治蓝皮书《中国法治发展报告 No. 14（2016）》）

第九章　2016年政府透明度
指数评估

一　总体情况

2016年，中共中央办公厅、国务院办公厅印发了《关于全面推进政务公开工作的意见》，国务院办公厅印发了《〈关于全面推进政务公开工作的意见〉实施细则》《2016年政务公开工作要点》等，全面推进政务公开工作受到各级政府的高度重视，各级政府机关积极探索推进行政决策公开、执行公开、管理公开、服务公开和结果公开。可以说，以《关于全面推进政务公开工作的意见》的发布为标志，透明政府建设又掀起了自《政府信息公开条例》颁布实施以来的新高潮。

评估发现，相较于县级政府，较大的市的政务公开情况普遍较好。在政府信息公开平台方面，门户网站设置的政府信息公开专栏要素齐全的较大的市为83.67%，县级政府为73%；在规范性文件公开方面，75.51的较大的市设置了规范性文件栏目且对栏目内的规范性文件进行了分类，县级政府则为45%；在行政审批信息公开方面，100%的较大的市发布了行政审批事项清单，县级政府则为98%；在工作年度报告公开方面，所有较大的市均发布了2015年年度报告，县级政府则为92%。

此外，对市县级政府的公开情况进行分析可以发现，2016年政务公开工作呈现主动公开水平逐步提升、依申请公开日益规范的总体特点。

第一，部分重点领域的信息公开日益细化、规范。各地普遍在权力清单、环境保护信息、棚户区改造信息、社会救助信息、教育信息等重点领域的公开方面加力，公开情况普遍较好。例如，北京市梳理并发布了重点领域政务公开三级清单，如权力清单，列出市、区、街镇三级959条目录信息4909项内容标准，要求全部按规范公开，方便公众查询。全国各市县级政府也普遍发布了权力清单，其中，行政审批信息方面，各地按照推进"互联网+政务服务"的要求，梳理并公开办事指南和办事结果。

第二，各评估对象普遍注重门户网站建设。门户网站是政务公开第一平台。做好网站建设、发布权威信息，是做好信息化时代政务公开工作的基本保障。评估发现，评估对象政府门户网站建设水平普遍较高，专栏要素配置较好，绝大多数网站检索功能有效，不少网站配置了针对视力障碍人士的无障碍浏览功能。

第三，政府门户网站将本地区相关信息进行集中展示，方便获取。首先，很多政府门户网站在政府信息公开专栏中设置了重点领域栏目，集中发布本地区涉及民生、社会关注度高的重点部门的重点领域信息；其次，在办事公开方面，很多地方都设置了办事公开的集中平台，集中展示各部门、下辖市县的办事指南，如贵阳、兰州等；另外，个别地方将属于不同部门同一领域的相关信息集中展示，如在集中式生活饮用水水源水质监测信息公开方面，江苏省宿迁市环保局网站集中公开了市环保局负责的饮用水水源水质信息、市水利局负责的供水厂出水水质信息、市卫生计生委负责的用户水龙头水质信息。通过集中展示方便了公众查询信息，提升了公开效果。

第四，依申请公开总体渠道畅通、答复规范。实际验证显示，几乎所有评估对象的依申请公开渠道畅通，仅一个评估对象的信函申请渠道不畅通，多数行政机关按期答复，答复内容和形式均较为规范。

但评估结果也显示，政务公开仍存在一些共性问题，应当在推动政府信息公开工作中引起重视。

第一，政务公开工作的部分内容有待明确。首先，"五公开"的内容划分不明。决策公开、管理公开、服务公开、执行公开、结果公开这五种分类，或交叉或重叠，并不清晰，以至于各地在具体落实中不好操作。其次，公开标准不够明确。很多地方虽然设置了"五公开"专栏，且分类公开了这五类信息，但发布的信息多为新闻类信息，而非有实质内容的政务信息。再次，政务公开中重点领域信息的公开责任主体不明。国务院办公厅《2016年政务公开工作要点》仅明确了2016年应重点公开的政务信息，并未明确这些信息应当由哪一级政府部门来公开。例如，国务院办公厅《2016年政务公开工作要点》仅笼统要求公开住房保障信息，但在《国务院办公厅关于保障性安居工程建设和管理的指导意见》（国办发〔2011〕45号）中，住房保障信息的公开责任主体是市县政府。

第二，县级政府及其部门网站建设水平有待提高。门户网站建设情况决定了公开的效果，评估发现，不少地方尤其是县级政府及其部门的网站建设水平不高，影响到公开质量。首先，多数县级政府网站设置游动浮标，且部分政府网站的游动浮标不可关闭，有强制阅读之嫌。其次，个别政府部门网站建设水平较低，如内蒙古自治区赤峰市翁牛特旗教育局网站只是一张图片，除了网站底部的学校链接外，其他链接均无效。再次，个别政府网站栏目设置混乱，如河南省义马市、辽宁省庄河市、山东省济南市历下区、重庆市荣昌区等政府门户网站设置栏目功能不清晰、缺乏合理规划。最后，个别政府网站具体页面的信息呈现不正常，如湖南省长沙县特困人员供养、临时救助申请指南的办理流程页面的信息显示错误。

第三，同类信息的发布平台过多。不少地方设置了多个公开平台，发布同类信息，造成信息发布渠道混乱，查询不便。以政府信息公开工作年度报告的发布为例，不少地方在本机关门户网站和上级政府门户网站的集中展示平台都会发布本机关的年度报告，但部分评估对象出现两个平台发布的信息重叠或交叉，任一平台均无完整信息的情况，信息发布混乱随意。

第四，不同平台发布的同类信息内容矛盾。不少地方在不同的网站平台发布同类信息，但各平台间信息不一致，容易误导公众。以行政审批事项的办事指南为例，各地政府门户网站、政务服务中心网站、相应部门的门户网站都会发布同一事项的办事指南，但办事依据、办事流程、需提交的材料、办理地点等存在不一致，一些地方存在线上线下发布的信息不一致的情形。

二　政府信息公开平台

政府门户网站是政府信息公开的第一平台。本板块评估政府网站建设情况，包括政府信息公开专栏设置情况、网站检索功能，还针对较大的市评估其网站设置无障碍浏览功能的情况。政府信息公开主要评估公开依据栏目及其发布本机关公开依据的情况、指南栏目和指南内容的准确性、年度报告栏目、依申请公开栏目的设置情况，无障碍浏览指标包括无障碍浏览功能的配置、阅读辅助功能和语音辅助功能。

（一）评估发现的亮点

1. 政府信息公开专栏设置普遍较为规范

首先，大多数评估对象的政府信息公开专栏要素全面。41 家较大的市政府、73 家县级政府的公开专栏都包括公开依据、公开指南、公开年度报告、依申请公开栏目，分别占 83.67% 和 73%。

其次，部分评估对象的公开专栏集中展示了下属部门、区县的同类信息，方便查询。例如，广州市、青岛市、江苏省靖江市、内蒙古自治区多伦县等集中展示了政府部门及下级政府的专栏要素。部分评估对象的依申请公开栏目集中展示了与依申请公开相关的信息，如宁波市、合肥市的依申请公开栏目下并列着依申请公开流程、方式、查询、表格下载、收费标准等子栏目。

最后，个别评估对象公开了依申请公开的答复情况或依申请公开情况统计。例如，江西省南昌县在公开专栏下设置了依申请公开情况公示栏目，栏目中公开了南昌县政府收到的申请事项及其答复内容。合肥市在依申请公开栏目下设置了依申请公开统计栏目，栏目中公开了合肥市政府及其部门的申请受理量及其答复情况的统计数据。

2. 多数评估对象设置了无障碍浏览功能

评估发现，28 家较大的市政府门户网站设置了无障碍浏览功能。其中，27 家较大的市的网站提供了放大字体或页面的阅读辅助功能，占 55.10%；26 家较大的市的网站提供了页面背景与文字颜色转换的阅读辅助功能，占 53.06%；22 家较大的市的网站提供了语音辅助功能，占 44.90%。

（二）评估发现的问题

1. 个别评估对象公开专栏设置情况不佳

首先，个别评估对象公开专栏的要素有欠缺。8 家较大的市政府、19 家县级政府的公开专栏中无公开依据栏目；6 家县级政府的专栏中无公开指南栏目；4 家县级政府的专栏中无公开年度报告栏目；1 家较大的市政府、11 家县级政府的网站专栏中无依申请公开栏目。

其次，个别评估对象的专栏设置不规范，不便查找。例如，河北省建设了全省统一的政府信息公开平台，其中包括晋州市政府信息公开专栏，专栏中发布了晋州市的公开指南、公开年度报告等栏目要素，但晋州市政府网未设置政府信息公开专栏或政府信息公开平台的入口。

最后，个别评估对象的栏目要素定位不准确。例如，青海省格尔木市的公开依据栏目内放置的不是公开依据，山西省孝义市、河南省义马市、河南省沈丘县、青海省格尔木市的公开指南栏目中混杂着非指南信息。

2. 个别评估对象公开专栏的内容公开不到位

首先，个别评估对象的公开专栏未发布本机关制发的栏目要素信息。3 家较大的市政府、18 家县级政府的公开依据栏目未发现本机关制发的有关政府信息公开工作的文件，5 家县级政府的公开指南栏目未发现本机关的政府信息公开指南，1 家县级政府的公开年度报告栏目未发现本机关的政府信息公开工作年度报告。

其次，个别评估对象的政府信息公开指南内容不准确。5 家县级政府的政府信息公开指南与依申请公开栏目中关于申请方式的描述不一致，如黑龙江省哈尔滨市平房区、湖北省武汉市武昌区、贵州省遵义市汇川区、云南省腾冲市、宁夏回族自治区平罗县。其中，黑龙江省哈尔滨市平房区政府信息公开指南的申请方式部分显示有电子邮件申请方式，但指南中未提供受理机构的电子邮箱，该指南未显示可进行网上在线申请，但网站已提供了网上在线申请平台。

3. 部分评估对象在网站检索功能方面仍存在不足

部分评估对象或未提供网站检索或提供的网站检索功能无效。1 家较大的市政府、12 家县级政府未提供网站检索，4 家较大的市政府、26 家县级政府提供的网站检索功能无效。

4. 部分评估对象未设置无障碍浏览功能

中国残疾人联合会、中共中央网络安全和信息化领导小组办公室联合印发的《关于加强网站无障碍服务能力建设的指导意见》提出，按照国家相关标准加强网站无障碍服务能力建设，全面促进和改善网络信息无障碍服务环境。评估发现，21 家较大的市政府门户网站未设置无障碍浏览功能，占 42.86%。例如，哈尔滨市政府网站虽然设有无障碍浏览通道，但其链接无效。在提供了无障碍浏览功能的 28 家较大的市政府网站中，6 家仅提供了阅读辅助功能，未提供语音辅助功能；1 家仅提供了语音辅助功能，未提供阅读辅助功能。

三 规范性文件

规范性文件是行政机关制发的对不特定多数人的权利义务产生影响、可以反复适用的文件。《2016 年政务公开工作要点》《国务院关于加强法治政府建设的意见》明确规定了规范性文件公开的具体要求。本板块评估了重大决策预公开、栏目设置、规范性文件清理信息、规范性文件有效性标注、规范性文件备案审查信息的公开情况。其中，重大决策预公开包括规范性文件意见征集、对所征集意见的反馈，对较大的市还分析了规章草案意见征集的反馈情况；栏目设置包括是否设置规范性文件专门栏目、栏目内是否有分类。

（一）评估发现的亮点

1. 部分评估对象规范性文件意见征集的发布情况较规范

首先，部分评估对象发布的规范性文件意见征集信息要素完整。规范性文件草案、意见征集渠道及征集期限是意见征集的基本要素。评估发现，32 家较大的市政府、16 家县级政府公开了上述内容，分别占 65.31%

和 16%。

其次，个别评估对象还创新了规范性文件意见征集信息的发布形式。例如，广州市政府设置了征集图解栏目，对部分规范性文件的意见征集进行图解说明，增强了规范性文件草案的可读性，也是将政策解读关口前移的积极探索。

2. 有些评估对象注重发布反馈信息

有些评估对象发布了意见征集的反馈情况。11 家较大的市政府、2 家县级政府发布了规范性文件意见征集的总体情况，其中，深圳市总结了收集到的意见和建议的情况，详细说明了意见的数量及以不同方式收集的意见的分类数据、收集的意见的主要观点。5 家较大的市政府发布了对规范性文件征集到的意见采纳与否的情况，其中，苏州市针对不采纳的代表性观点逐一列明了原因。

在政府规章草案征集意见的反馈方面，有些评估对象发布了其意见征集的反馈情况。有 11 家较大的市政府发布了政府规章征集的意见的总体情况，其中除 1 家表明未收到意见外，6 家较大的市政府发布了对意见的采纳情况，5 家说明了不采纳的理由。例如，厦门市在结果反馈中详细说明了规章制定背景、意见征集的过程、征集的意见的汇总情况，并对意见采纳情况及其理由进行了详细阐述。

3. 部分评估对象发布的意见征集及反馈信息查询方便

部分评估对象将规范性文件意见征集及反馈信息关联展示，查阅方便。例如：广州市、深圳市、苏州市等在意见征集栏目下设民意征集和结果反馈两个子栏目，方便查找相互对应的关联信息；福州市、厦门市、无锡市、广西壮族自治区合浦县等在已发布的规范性文件意见征集信息后设结果反馈栏目，链接至相应的反馈信息。

4. 部分评估对象对规范性文件栏目进行了多种分类

按照年份、文种、部门、事项、有效性等对发布的规范性文件进行分类，有利于增强查找便利性。在设置了规范性文件栏目的 49 家较大的市政府、98 家县级政府中，8 家较大的市政府、10 家县级政府为规范性文件栏目提供了两种以上的分类。

5. 部分评估对象的规范性文件标注了效力状态

对规范性文件的有效性进行标注有利于明确其效力状态。评估发现有两种做法。一种是在文件列表中或具体文件页面上方标注有效性，如银川市、济南市、长沙市等；另一种是在文件制发时已规定了文件的有效期，如汕头市、重庆市新津县。评估发现，13 家较大的市政府、12 家县级政府已公开的规范性文件全部标注了有效性，分别占 26.53 和 12%；21 家较大的市政府、23 家县级政府的部分已公开规范性文件标注了有效性或有效期，分别占 42.86% 和 23%。

6. 部分评估对象规范性文件清理信息公开较好

《国务院关于加强法治政府建设的意见》明确要求，行政机关应当发布规范性文件的清理结果。规范性文件清理分为定期清理和及时清理两种情况。评估发现，38 家较大的市政府、33 家县级政府在近两年发布了规范性文件清理结果。其中，12 家采用及时清理的方式，59 家采用定期清理的方式，长沙市政府门户网站每月发布规范性文件效力报告。

7. 部分评估对象的规范性文件备案审查信息公开情况较好

《国务院关于加强法治政府建设的意见》明确要求定期向社会公布通过备案审查的规章和规范性文件目录。评估发现，24 家较大的市政府、1 家县级政府发布了规范性文件备案审查信息。其中，有些评估对象按季度发布规范性文件备案信息，如哈尔滨市、洛阳市、南昌市、青岛市、济南市、淄博市、安徽省宁国市等；个别较大的市政府按月发布了规范性文件备案信息，如南宁市、厦门市、广州市等。

（二）评估发现的问题

1. 多数评估对象规范性文件征集意见及反馈信息公开不到位

首先，多数评估对象未公开规范性文件草案征集意见的信息。15 家较大的市政府、80 家县级政府未公开规范性文件草案信息，分别占 30.61% 和 80%。此外，在已公开了规范性文件草案的 34 家较大的市政府、20 家县级政府中，本溪市、西宁市、山东省新泰市、湖南省长沙县、重庆市北碚区、陕西省勉县未公开征集渠道，本溪市、西宁市、山东省新泰市、重庆市北碚区、陕西省勉县未公开征集期限。

其次，个别评估对象公开规范性文件草案征集意见信息不及时。例如，哈尔滨市的一条规范性文件草案意见征集的截止日期是 2016 年 4 月 3 日，而该条信息的上网时间显示为 2016 年 4 月 5 日。

再次，个别评估对象的规范性文件草案征集意见的时间过短。例如，武汉市于 2016 年 10 月 14 日在市法制办网站发布了一条规范性文件草案征集意见信息，征集截止时间是 2016 年 10 月 20 日，征集时间仅 6 天，合肥市、宁波市、济南市等也存在类似情况。

最后，多数评估对象未发布对规范性文件或规章征集意见的反馈信息。37 家较大的市政府、98 家县级政府完全未发布规范性文件意见征集的反馈信息，包括征集意见的总体情况、意见采纳情况，分别占 77.51% 和 98%。在剩余的 12 家较大的市政府、2 家县级政府中，1 家较大的市政府仅说明了采纳的观点，未说明征集意见的整体情况；7 家较大的市政府、2 家县级政府仅发布了征集意见的整体情况，未说明意见的采纳情况；除 1 家较大的市政府表示全部采纳意见外，2 家较大的市政府仅说明了征集意见的整体情况和采纳意见情况，对于不采纳的意见，并未公开不采纳的理由。

在对规章征集意见的反馈方面，多数评估对象未发布反馈信息。38 家较大的市政府未完全发布其反馈信息，包括征集意见的总体情况、意见采纳情况。在剩余的 11 家较大的市政府中，4 家仅发布了征集意见的情况，未说明意见采纳情况。

2. 少数评估对象的规范性文件栏目设置有待规范

首先，个别评估对象无专门栏目用于集中发布规范性文件，涉及 2 家县级政府。

其次，少数评估对象未对规范性文件栏目进行分类。在设置了规范性文件的 49 家较大的市政府、98 家县级政府中，12 家较大的市政府、55 家县级政府的规范性文件栏目未作分类。

再次，个别评估对象的规范性文件栏目内容混乱。11 家较大的市政府、15 家县级政府的规范性文件栏目中放置了非规范性文件信息。例如，邯郸市的《规范性文件》栏目中放置着规章和地方性法规，而《政府规章》栏目中发布有规范性文件；昆明市的《规范性文件》栏目里有地方性法规。

3. 多数评估对象规范性文件的效力标注有待加强

15 家较大的市政府、65 家县级政府未标注已公开规范性文件的有效性或有效期。

4. 多数评估对象的规范性文件清理信息公开情况较差

11 家较大的市政府、67 家县级政府未公开近两年规范性文件的清理结果。

5. 多数评估对象的规范性文件备案信息公开待加强

25 家较大的市政府、99 家县级政府未发布规范性文件备案信息。

四　行政审批信息

本板块包括行政审批事项清单、行政审批事项的办事指南、行政审批结果三方面内容。行政审批事项清单主要评估行政审批事项清单及其动态调整情况，行政审批事项的办事指南包括指南要素及内容的准确性，行政审批结果包括栏目设置及行政审批结果的公开情况。

（一）评估发现的亮点

1. 评估对象普遍公开了行政审批事项清单

行政审批事项清单是权力清单的重要组成部分，在门户网站上公开事项清单有利于服务群众办事、方便监督政府。评估发现，49 家较大的市政府、98 家县级政府在政府门户网站上公开了行政审批事项清单，分别占 100% 和 98%。

2. 绝大部分评估对象公开了行政审批事项的办事指南

49 家较大的市政府、95 家县级政府公开了办事指南。19 家较大的市政府、38 家县级政府的办事指南内容完整，包括办事依据、申报条件、申报材料、审批流程、审批期限和收费标准等要素。另外，济南市在办事指南中每一项申报材料后均附有样表链接，可供下载申报材料的格式文本。

3. 部分评估对象设置了审批结果公开栏目

38 家较大的市政府、33 家县级政府设置了行政审批结果栏目，用于集中发布行政审批结果，分别占 77.55% 和 33%。部分评估对象在政府门户网站上设置了"双公示"专栏用于发布行政审批结果，并将审批结果按照部门及区县进行分类，如唐山市、北京市东城区等。此外，个别评估对象的部门网站在发布行政审批结果时，按照具体业务事项进行分类公开，如沈阳市食品药品监督管理局的行政审批结果按照食品、药品、医疗器械、GSP 等进行分类。

（二）评估发现的问题

1. 个别评估对象的行政审批事项清单公开不到位

仍有 2 家县级政府未公开行政审批事项清单。个别评估对象的权责清单栏目内容不规范，如安徽省桐城市的权力清单和责任清单栏目内混杂着其他信息，且部分部门的权责清单页面无内容。

2. 部分评估对象未对行政审批事项清单进行动态调整

根据《民政部关于做好取消福利企业资格认定事项有关工作的通知》，福利企业资格认定事项已被取消，各评估对象应对其行政审批事项清单进行及时更新。但 11 家较大的市政府、33 家县级政府的行政审批事项清单中仍有福利企业的资格认定事项，分别占 22.45% 和 33%。

3. 多数评估对象行政审批事项办事指南公开有待加强

首先，个别评估对象未公开行政审批事项的办事指南，如西藏自治区朗县、吉林省白山市江源区、吉林省公主岭市、河南省义马市、江苏省靖江市等。

其次，多数评估对象的行政审批办事指南内容要素不完整。行政审批事项办事指南应当包括办事依据、申报条件、申报材料、审批流程、审批期限和收费标准等要素。但 5 家较大的市政府、9 家县级政府的部分行政审批事项办事指南未说明办理依据，17 家较大的市政府、29 家县级政府的部分行政审批事项办事指南未说明申报条件，4 家较大的市政府、18 家县级政府的部分行政审批事项办事指南未说明申报材料，11 家较大的市政府、21 家县级政府的部分行政审批事项办事指南未说明办理流程，3 家较大的市政府、7 家县级政府的部分行政审批事项办事指南未说明办理期限，12 家较大的市政府、28 家县级政府的部分行政审批事项办事指南未说明收费标准。

再次，部分评估对象行政审批事项办事指南中的申报条件不明确。根据《国务院关于加快推进"互联网+政务服务"工作的指导意见》，除办事指南明确的条件外，不得自行增加办事要求。评估发现，25 家较大的市政府、45 家县级政府的行政审批事项的申报条件不明确。有的申报条件中包括"其他""相关""等"等模糊性表述，如太原市、大同市、宁波市等；有的申报条件仅表述为符合某相关文件的要求或详见某文件，如吉林市、成都市、河北省任丘市、辽宁省鞍山市铁东区、吉林省敦化市等。有的申报材料不明确，行政审批事项的申报材料清单明确具体可以让人民群众"少跑腿"，但 19 家较大的市政府、50 家县级政府的行政审批事项的申报材料仍包括"其他""等"等模糊性表述。有的收费标准不明确。例如，安徽省天长市的部分审批事项的收费标准与依据只提供了收费依据的文号，未提供具体的收费标准内容。

4. 部分评估对象的行政审批事项办事指南内容的准确性不够

个别评估对象办事指南栏目中的行政审批事项未更新。例如，湖南省平江县的权责清单中已没有福利企业资格认定事项，但其办事指南栏目中仍有该事项，二者提供的行政审批事项不一致。

少数评估对象多平台发布的行政审批事项办事指南的内容不一致。部分评估对象既在行政审批事项清单中发布办事指南，也在在线办事栏目或办事大厅或网上政务服务中心发布行政审批事项办事指南。但 29 家较大的市政府、25 家县级政府多平台发布行政审批事项的办事指南内容不一致。

个别评估对象的个别行政审批事项办事指南内容与现行规定不一致。例如，《基础设施和公用事业特许经营管理办法》规定的基础设施和公用事业特许经营期限最长不超过 30 年，但河南省长葛市的市政公用事业特许经营项目批准的证照有效期是 30 日，很可能是笔误。

5. 部分评估对象行政审批结果公开不理想

审批结果公示是互联网政务服务的重要环节，本次评估主要观察了门户网站、行政服务中心网站以及抽查部门网站的审批结果公示情况。有 6 家较大的市政府未发布食品药品监督管理领域的行政审批结果，62 家县级政府未公开卫生计生领域的行政审批结果。

个别评估对象发布的行政审批结果不规范。例如，河南省长葛市的行政许可公示栏目中发布的审批结果的标题全都一样，无法辨认具体的审批结果。

五　行政处罚信息

本板块指标包括行政处罚事项清单及针对企业的行政处罚结果的公开情况。

（一）评估发现的亮点

1. 评估对象普遍公开了行政处罚事项清单

47 家较大的市政府、95 家县级政府公开了本级政府部门的行政处罚事项清单。其中，大连市、太原市、乌鲁木齐市、本溪市等将行政处罚事项清单按部门进行了分类，易于查找。

2. 环保领域的行政处罚结果信息公开情况较好

大多数评估对象公开了环保领域的处罚结果。46 家较大的市政府、73 家县级政府公开了环保领域的行政处罚结果。其中，45 家较大的市政府、64 家县级政府发布的处罚结果内容要素完整，包括被处罚者的名称、违法事实、处罚依据、处罚结果。

（二）评估发现的问题

1. 个别评估对象行政处罚事项清单公开情况不理想

2 家较大的市政府、5 家县级政府未公开行政处罚事项清单。在发布了行政处罚事项清单的 47 家较大的市政府、95 家县级政府中，2 家较大的市政府、1 家县级政府未提供法律依据，1 家县级政府的部分处罚事项未提供法律依据。

个别评估对象的行政处罚事项清单中的法律依据不明确。7 家较大的市政府、8 家县级政府公开的行政处罚事项清单中的法律依据未包括完整的法律法规名称、条款数、条款内容。例如，长沙市、福州市、河北省唐山市丰润区、河北省任丘市、山西省灵丘县、福建省福州市台江区等提供的法律依据无条款内容。

2. 行政处罚结果的公开有待加强

少数评估对象未公开环保领域的行政处罚结果，涉及 3 家较大的市政府、27 家县级政府。个别评估对象公开的行政处罚结果要素不完整。在公开了行政处罚结果的评估对象中，2 家县级政府未提供违法事实，1 家县级政府的部分处罚结果未提供违法事实，1 家较大的市政府、7 家县级政府未提供处罚依据。

多数评估对象未公开安全生产领域的行政处罚结果。25 家较大的市政府、77 家县级政府未公开行政处罚结果。个别评估对象公开的行政处罚结果要素不完整。在公开了行政处罚结果的评估对象中，3 家较大的市政府、1 家县级政府未提供违法事实，2 家较大的市政府、1 家县级政府未提供处罚依据，1 家较大的市政府、1 家县级政府未提供处罚结果要素。

3. 行政处罚结果信息发布平台不统一

部分评估对象多平台公开行政处罚结果信息。各地公开行政处罚结果信息的网站有部门网站、政府门户网站、企业信用信息网等。在公开了环保领域行政处罚结果的 46 家较大的市政府中，24 家仅通过市级环保部门网站公开处罚结果，6 家通过市级环保部门网站和企业信用信息网两个平台公开处罚结果，7 家通过市级环保部门网站和政府门户网站两个平台公开处罚结果，9 家在市级环保部门网站、政府门户网站和企业信用信息网三个平台上均公开处罚结果信息。多平台公开信息容易造成信息发布混乱、查询不便等问题。

六 环境保护信息

本板块的评估指标包括集中式生活饮用水水源水质监测信息、排污费征收情况、建设项目环评审批信息公开。《2016 年政务公开工作要点》要求，自 2016 年起地级以上城市人民政府每季度应向社会公开饮用水水源、供水厂出水、用户水龙头水质的饮水安全状况；《关于印发〈全国集中式生活饮用水水源水质监测信息公开方案〉的通知》要求，自 2016 年 1 月起，地级及以上城市按月公开集中式生活饮用水水源水质监测信息，故将集中式生活饮用水水源水质监测信息指标分为是否按月公开饮用水水源水质监测信息、是否按季度公开供水厂出水的水质监测信息、是否按季度公开用户水龙头水质的饮水安全状况。

（一）评估发现的亮点

1. 饮用水水源水质和供水厂出水水质监测信息公开普遍较规范

首先，相对于用户水龙头水质饮水安全状况信息公开，大多数评估对象按时公开了饮用水水源水质和供水厂出水的水质监测信息。有 46 家较大的市政府按月公开了饮用水水源水质的监测信息，40 家按季度公开了供水厂出水的饮水安全状况信息，仅 24 家按季度公开了用户水龙头水质的饮水安全状况信息。

其次，相对于文件要求，大多数评估对象公开集中式生活饮用水水源水质监测信息的频率较高。在饮用水水源水质监测信息方面，1 家较大的市政府按周公开了上述信息；在供水厂出水水质的监测信息方面，25 家较大的市政府按月公开，1 家按每月上中下旬公开，4 家按周公开，5 家按日公开；在用户水龙头水质的饮水安全状况方面，17 家较大的市政府按月公开，1 家按周公开，1 家按日公开。

2. 排污费征收信息公开普遍较好

大多数评估对象公开了排污费收费标准和排污费征收情况。有 42 家较大的市政府公开了排污费收费标准，40 家较大的市政府公开了排污费的征收情况。

3. 建设项目环境影响评价信息公开情况较好

大多数评估对象发布了 2016 年建设项目环评受理公告、拟审批公示、审批决定公示。有 47 家较大的市政府公开了受理情况公示结果，47 家较大的市政府公开了拟审批公示结果，46 家较大的市政府公开了建设项目环境影响评价审批决定。

（二）评估发现的问题

1. 少数评估对象的集中式生活饮用水水源水质监测信息公开不到位

个别评估对象未按月公开饮用水水源水质的监测信息。1 家较大的市政府按季度公开，2 家未公开。

个别评估对象未按季度公开供水厂出水的水质监测信息。2 家较大的市政府未定期公开，7 家未公开。

多数评估对象未按季度公开用户水龙头出水的水质监测信息。4 家较大的市政府未定期公开，21 家未公开。

2. 个别评估对象未公开排污费征收情况

7 家较大的市政府未公开排污费收费标准，9 家较大的市政府未公开排污费的征收情况。

3. 建设项目环境影响评价信息公开仍存在不足

首先，个别评估对象未公开建设项目环评受理公示、拟审批公示和审批决定公示。2 家较大的市政府未公开建设项目环评受理公告、2 家未公开建设项目拟审批公示、3 家未公开建设项目审批决定公示。

其次，个别评估对象的建设项目环评受理公示内容要素不完整。《关于印发〈建设项目环境影响评价政府信息公开指南（试行）〉的通知》要求，建设项目环评受理情况公示应当包括项目名称、建设地点、建设单位、环评机构、受理日期、环境影响报告书、表全本、公众反馈意见的联系方式。有 7 家较大的市政府未公开建设项目环境影响报告书、表全本。

再次，个别评估对象的建设项目环评拟审批公示的内容要素不完整。《关于印发〈建设项目环境影响评价政府信息公开指南（试行）〉的通知》要求，建设项目环评拟审批公示应当包括项目名称、建设地点、建设单位、环评机构、项目概况、主要环境影响及预防或减轻不良环境影响的对策和措施、公众参与情况、建设单位或地方政府所作出的相关环境保护措施承诺文件、听证权利告知、公众反馈意见的联系方式。有 3 家较大的市政府未公开主要环境影响及预防或减轻不良环境影响的对策和措施，26 家较大的市政府未公开公众参与情况，41 家未公开建设单位或地方政府所作出的相关环境保护措施承诺文件。

七　棚户区改造信息公开

棚户区改造是民生工程，关系人民群众切身利益，为此，《国务院关于加快棚户区改造工作的意见》（国发〔2013〕25号）、《国务院办公厅关于进一步加强棚户区改造工作的通知》（国办发〔2014〕36号）等对棚户区改造信息公开提出了明确要求。本板块的评估指标主要包括棚户区改造用地计划及项目信息。

（一）评估发现的亮点

1. 大多数评估对象的棚户区改造信息公开意识较强

31家较大的市政府公开了2016年棚户区改造用地计划或者包含棚户区改造在内的保障性住房用地或国有建设用地计划，占63.27%；47家较大的市政府公开了2016年棚户区改造的基本项目信息，占95.92%；44家较大的市政府公开了2016年棚户区改造基本项目的落实情况，占89.80%。

2. 部分评估对象公开了各区县的棚户区改造信息

11家较大的市政府在棚户区改造用地计划中公开了市本级以及各区县的2016年棚户区改造用地计划，占22.45%。22家较大的市政府发布了市本级以及各区县的2016年棚户区改造基本项目信息，占44.90%。10家较大的市政府发布了市本级以及各区县2016年棚户区改造基本项目的落实进展情况，占20.41%。

3. 个别评估对象公开的棚户区改造信息较详细

长春市发布的2016年度棚户区改造用地计划内容翔实，按区域、地块名称、四至范围以及总面积对棚户区用地信息进行详细说明；昆明市、郑州市、洛阳市、济南市等按照项目名称、坐落位置、发布机构、发布日期、实物安置套数、货币安置套数、计划开工时间等对2016年棚户区改造建设项目的基本信息进行说明；苏州市、珠海市、淮南市等在发布棚户区改造项目落实情况时，做到了按照项目名称、项目地址、项目进度、建设单位、资金来源及到位情况、计划开工套数、已开工套数、已竣工套数对建设项目的进展情况进行说明。

（二）评估发现的问题

1. 各评估对象公开棚户区改造用地信息形式不统一

有 21 家较大的市政府通过表格的形式发布，占 42.86%；仅有 10 家较大的市政府的棚户区改造用地计划是通过文字与表格两种形式来进行说明，占 20.41%。

2. 部分评估对象发布棚户区改造项目信息不详细

大同市、齐齐哈尔市、淄博市、哈尔滨市以及海口市的 2016 年度棚户区改造项目基本信息通过新闻动态发布，且信息简单笼统；沈阳市的 2016 年棚户区改造建设项目信息是通过《关于 2016 年度棚户区改造项目入库备案的函》的形式发布的，这容易引起混淆；沈阳市、哈尔滨市、南京市、昆明市以及杭州市的 2016 年棚户区改造项目进展情况也是通过新闻的形式发布的。

3. 个别评估对象发布信息有误

呼和浩特市国土资源局公开的 2016 年棚户区建设用地计划无内容，与其房屋管理局网站上公开的信息内容不一致。

八　社会救助信息

本板块主要评估城乡低保标准及申请指南、特困人员供养救助标准及申请指南、医疗救助标准及申请指南、临时救助标准及申请指南的公开情况。

（一）评估发现的亮点

1. 部分评估对象发布了内容全面的社会救助申请指南

办事指南是指引社会大众申请社会救助的重要文件，关系到公众申请社会救助。有 43 家县级政府发布了城乡低保办事指南且指南要素全面，32 家县级政府发布了特困人员供养办事指南且指南要素全面，36 家县级政府发布了医疗救助办事指南且指南要素全面，37 家县级政府发布了临时救助办事指南且指南要素全面。

2. 个别评估对象建立网上统一办事平台，方便群众办理

省级政府设立政务公开平台，统一要求和管理，有利于群众更方便地进行信息查询。浙江政务服务平台公开了各市以及各县个人网上办事和行政审批事项，其中公开了城乡低保、特困人员供养、医疗救助、临时救助的申请指南以及全面的指南要素和详细的流程。

（二）评估发现的问题

1. 多数评估对象的社会救助标准信息公开不到位

部分评估对象未公开社会救助标准。26家县级政府未公开城乡低保标准，44家县级政府未公开特困人员供养标准，23家县级政府未公开医疗救助标准，34家县级政府未公开临时救助标准。

2. 多数评估对象的社会救助申请指南信息公开有待加强

部分评估对象公开的社会救助申请指南要素不全面。47家县级政府虽然提供了城乡低保办事指南，但未包括办理依据、申报条件、申报材料、办理流程、办理期限、收费标准等全部要素；42家县级政府虽然提供了特困人员供养办事指南，但指南要素不全面；49家县级政府虽然提供了医疗救助办事指南，但指南要素不全面；44家县级政府虽然提供了临时救助办事指南，但指南要素不全面。

部分评估对象提供的社会救助办事指南内容不准确。例如，政府门户网站和同级民政局网站提供的办事指南要素不一致。北京市东城区、山东省莱西市、山东省博兴县、湖南省隆回县、广西壮族自治区桂林市临桂区、广西壮族自治区龙州县、重庆市荣昌区、四川省新津县、贵州省贵阳市乌当区、贵州省遵义市汇川区、陕西省勉县等均存在类似情况。

个别评估对象未公开社会救助的申请指南。10家县级政府未提供城乡低保的办事指南，26家县级政府未提供特困人员供养的办事指南，15家县级政府未提供医疗救助的办事指南，19家县级政府未提供临时救助的办事指南。

九　教育信息

教育信息关系到公民受教育权的实现。本板块主要评估公众关注度高的义务教育阶段划片信息、随迁子女入学信息的公开情况。

（一）评估发现的亮点

1. 过半数评估对象公开了本年度义务教育划片信息

有 55 家县级政府公开了 2016 年本地区小学划片信息。其中，54 家县级政府在本级政府门户网站或教育部门网站公开，1 家县级政府在上级政府门户网站公开。48 家县级政府公开了 2016 年本地区中学划片信息。其中，47 家县级政府在本级政府门户网站或教育部门网站公开，1 家县级政府在上级政府门户网站或教育部门网站公开。

2. 少数评估对象公开了随迁子女入学信息

有 35 家县级政府公开了随迁子女入学信息，且包括了随迁子女入学条件、申报材料、办理流程等要素。其中 32 家县级政府在本级政府门户网站或教育部门网站公开了上述信息，3 家县级政府在上级政府门户网站公开。

（二）评估发现的问题

1. 仍有半数左右评估对象未公开本年度义务教育划片信息

有 45 家县级政府未公开本年度小学划片信息，52 家县级政府未公开本年度中学划片信息。陕西省勉县教育部门网站公开了 2014 年的小学与初中招生划片信息，但未公开本年度的划片结果；宁夏回族自治区盐池县也只公开到 2015 年的义务教育招生划片信息。

2. 多数评估对象的随迁子女入学信息公开不到位

部分评估对象未公开随迁子女的入学条件、申报材料、办理流程。47 家县级政府未公开随迁子女入学条件，33 家县级政府未公开随迁子女入学申报材料，60 家县级政府未公开办理流程。

个别评估对象公开的随迁子女入学信息不明确。随迁子女入学条件和办理材料是随迁子女政策的核心，其内容明确具体有利于提高办事效率。2家县级政府虽然公开了入学条件但不明确，16家县级政府虽然公开了办理材料但不明确。

3. 多数评估对象教育信息的发布位置不规范

多数评估对象的教育信息发布具有随意性，没有统一集中发布的平台，也没有相应的导航服务，导致用户无法快速定位到相关信息。有的评估对象将信息公开在通知公告栏，有的公开在办事服务栏，有的公开在政府文件中，还有的公开在规划计划中。青海省西宁市城东区将义务教育划片信息放置在教育部门的通知公告栏中，湖北省宜都市将其放置在教育部门的公示公告栏中，四川省攀枝花市西区将其发布在教育部门的文件通知栏中。北京市政府网站虽然设置了专题栏目集中发布各区县的教育信息，但该专栏放置位置隐蔽，位于网站首页第二屏便民服务的"更多"——"教育就业"——"北京义务教育入学进行时专题"，且网站首页上方的《便民服务》栏目内无该专题栏目，不易查找。

十 政府信息公开工作年度报告

行政机关应当于每年3月31日前发布本机关上年度的政府信息公开工作年度报告。本板块的指标主要包括年度报告可获取性、内容新颖性、报告内容。

（一）评估发现的亮点

1. 评估对象普遍公开了政府信息公开工作年度报告

49家较大的市政府、92家县级政府发布了2015年度政府信息公开工作年度报告。

2. 政府信息公开工作年度报告的内容翔实

大多数评估对象的2015年度政府信息公开工作年度报告的内容翔实。具体体现在5个方面：第一，评估对象发布的2015年报告均有对政府主动公开信息情况的说明；第二，49家较大的市政府和89家县级政府在其报告中提供了政府信息公开申请总量，除15家县级政府2015年未收到申请外，48 家较大的市政府、71 家县级政府在报告中提供了依申请公开的答复数量；第三，42 家较大的市政府和 75 家县级政府的报告对政府信息公开的收费情况进行了描述；第四，48 家较大的市政府和 85 家县级政府的报告说明了因政府信息公开申请引起的行政复议总数，49 家较大的市政府和 82 家县级政府的报告说明了因政府信息公开申请提起行政诉讼的总量；第五，报告中均涉及过去一年中政府信息公开工作存在的主要问题，多数评估对象的年度报告中提出了对未来工作的要求。

（二）评估发现的问题

1. 部分评估对象发布的年度报告不全面

部分评估对象未发现 2015 年或之前年份的年度报告。按照《政府信息公开条例》的要求，各级政府机关应当公开自 2008 年以来的历年年度报告，但有 16 家较大的市政府和 60 家县级政府发布的年度报告不全。其中，8 家县级政府在其网站上未找到 2015 年政府信息公开工作年度报告。

2. 个别评估对象的年度报告放置混乱，不易查找

将年度报告发布在统一的平台或栏目中，且对其按照年份、部门、层级等进行分类，可方便年度报告的查找。但个别评估对象没有将历年的年度报告集中在一个统一的平台上，如拉萨市将 2008～2014 年年度报告均发布在拉萨市政府门户网站上，但其 2015 年年度报告发布在西藏自治区政府门户网站上。个别评估对象将所有机关单位的政府信息公开工作年度报告全都放置在一个栏目里，未对其进行分类，如广东省新兴县、山东省济南市历下区。

3. 个别评估对象的年度报告名称不规范

个别评估对象的不同下级部门发布在集中平台上的年度报告标题相同，无法区分。例如，海南省海口市美兰区部分行政机关均以《2015 年政府信息公开工作年度报告》为题在区政府门户网站的集中平台发布年度报告，造成查询识别不便。

4. 部分评估对象年度报告内容的新颖性有待加强

仅就 49 家较大的市政府、100 家县级政府近 3 年年度报告的概述和存在问题及改进措施部分进行比对后发现，4 家较大的市政府、24 家县级政府的年度报告重复率超过 90%。其中，在较大的市中，济南市 2015 年报告与其 2013 年报告的重复率最高，达到 96.05%；在县级政府中，广西壮族自治区桂林市临桂区 2014 年报告与其 2013 年报告、云南省腾冲市 2014 年报告与其 2013 年报告的重复率最高，达到 100%。

5. 多数年度报告对依申请公开情况的说明不详细

首先，3 家县级政府的年度报告未对 2015 年度依申请公开的情况，包括申请情况和答复情况作说明。

其次，部分评估对象的年度报告未对申请方式进行分类说明。7 家较大的市政府和 31 家县级政府的年度报告未按照信函、电子、当面等申请方式对申请情况进行分类描述。

再次，8 家较大的市政府和 36 家县级政府的年度报告对答复结果未进行分类说明，而仅仅是说"全部办结"或者"全部及时答复"，并未按照答复类型公开分类数据。另外，22 家较大的市政府和 24 家县级政府的年度报告中未对不公开答复的理由作分类说明。例如，湖北省武汉市武昌区政府对报告中显示的 6 件不予公开答复的事项未按照国家秘密、商业秘密、个人隐私、其他等类别予以说明。

6. 个别年度报告中的部分数据不准确

年度报告应以全面、准确的数据展示工作成效，但个别报告中的数据不准确。例如，宁夏回族自治区盐池县 2015 年年度报告正文显示本年度没有复议案件，但是在附表中显示有 3 件复议案件。四川省新津县 2015 年年度报告的收费情况显示："2014 年度新津县共支出政务公开经费 45.36 万元，其中，设施设备经费 10.82 万元，资料印刷经费 25.36 万元，业务培训经费 4.28 万元，其他经费 4.9 元。"其发生时间表述错误，且各项经费加起来与总额不一致。再如，大同市政府的年度报告中记载，"2015 年，我市各级政府及其工作部门受理 146 件政府信息公开申请，已答复 146 件。在 146 件已答复件中，其中'同意公开'27 件，'不予公开'0 件；'非政府信息、政府信息不存在、非本机关政府信息'51 件"，显然答复分类的数据与 146 件的总量不吻合。

而且，个别评估对象年度报告中表述的准确性存疑。例如，河北省晋州市 2015 年年度报告对收到申请的数量和申请行政复议、诉讼数量的表述准确性存疑。其年度报告显示 2015 年晋州市未收到申请，但 2015 年有 5 件行政复议案件发生，即使系因 2014 年的申请引发的行政复议，也应该详细说明，避免产生误解。

十一 依申请公开

对依申请公开的评估涉及信函申请渠道畅通性、答复时效性、答复规范性三项内容。

（一）评估发现的亮点

1. 信函申请渠道普遍畅通

149 家评估对象中，有 148 家能够成功收到申请的信函，申请渠道基本畅通，占 99.33%。仅有向湖北省武汉市武昌区地税局一家申请的信函被退回。

2. 部分行政机关答复流程、形式、内容规范清晰

部分行政机关能够严格按照法律法规的规定对申请的信息进行答复，在答复流程、形式、内容等方面做到规范、清晰。例如，课题组于 2016 年 11 月 12 日向沈阳市司法局提出了信函申请，沈阳市司法局于 11 月 21 日向申请人的邮箱发送了送达回证、《沈阳市司法局受理依申请公开政府信息登记回执》以及《沈阳市司法局政府信息公开告知书》，告知将会以电子邮件的方式作出答复，并于 11 月 23 日发送了《沈阳市司法局关于依申请公开政府信息的答复》和送达回证，对所申请的信息作出了正式的答复。其答复申请的整个流程比较完整，出具的每份文件也都加盖了单位印章。又如，课题组于 11 月 9 日向兰州市司法局提出了政府信息公开申请，兰州市司法局于 11 月 21 日通过邮件形式作出了正式答复，内容十分清晰。在答复的表格中，兰州市司法局详细地介绍了市级、区县级以及乡镇街道级社区矫正工作的开展情况，并按照中央政法专项编制、地方行政编制、地方事业编制等分类具体回复了社区矫正工作人员编制数量。

此外，部分行政机关的答复格式比较规范。例如，广州市司法局、济南市司法局、福州市司法局、宁波市司法局、珠海市司法局、成都市司法

局、天津市武清区和河西区地税局等在具体的答复书中附上了文号，并加盖本单位的印章，比较正式。另外，济南市司法局、宁波市司法局在公开所需信息的同时，还告知了相应的救济渠道。

部分行政机关还通过附加工作介绍、联系电话、传真等方式给申请人进一步了解相关信息提供了方便。例如，大连市司法局在公开所申请的信息的同时，附上了《大连市社区矫正工作相关简介》，简要介绍了社区矫正工作的总体情况和队伍建设情况，并留下了联系电话。另外，宁波市司法局、合肥市司法局、厦门市司法局、南宁市司法局也在答复书中附上了联系方式，以便申请人进一步咨询。

（二）评估发现的问题

1. 未正式答复或超期答复

截至 2017 年 3 月 1 日，在 148 家渠道畅通的评估对象中，有 84 家行政机关没有答复。其中，有 19 家较大的市的行政机关未答复，占 38.78%；有 65 家县级政府的行政机关未答复，占 65.66%。其中，有 9 家较大的市的行政机关通过电话进行口头答复，没有出具正式的答复书，占 18.37%。在作出正式答复的 64 家行政机关中，有 6 家为超期答复。其中，在作出正式答复的 30 家较大的市的行政机关中，有 2 家为超期答复，占 6.67%；在作出正式答复的 34 家县级政府的行政机关中，有 4 家为超期答复，占 11.76%。

2. 答复流程矛盾、不规范

行政机关在进行答复时，应做到前后一致、规范。但有的行政机关在答复的过程中出现自相矛盾或者不规范的情况，造成答复的可信度降低。例如，青岛市司法局在接到信息公开申请后，先告知申请人此项信息属于涉密信息，不能公开，但后来又口头告知了相关编制信息，前后矛盾。另外，根据《政府信息公开条例》第 21 条的规定，对于申请内容不明确的，行政机关应当告知申请人进行更改、补充。珠海市司法局在正式的答复书中表明："申请不太明确，无法作出具体答复"，但在作出答复之前并没有告知课题组成员进行更改或者补充申请。

3. 答复格式混乱

规范的答复格式一方面可以使申请人清晰地了解所获取的信息，另一方面也可以体现答复申请的规范化程度。部分行政机关在答复时存在格式混乱的问题，如石家庄市司法局、南京市司法局、安徽省宁国市地税局、江苏省邳州市地税局等在进行邮件答复时，使用的是工作人员的个人邮箱，发件人的名称各种各样，邮件的标题并没有明确标注答复机关的名称。另外，还有一家行政机关在延期答复邮件的标题、正文和告知书中都未注明单位名称，无法判断发件人。

4. 答复内容错误、缺失

有的行政机关的答复内容存在错误。例如，安徽省怀远县地税局在进行邮件答复时，在邮件的标题中出现了错别字，将"残保金"写为"残暴金"。四川省新津县地税局在正式的答复书中将"印发"写为"印花"。

有的行政机关的答复所列的不公开依据和理由缺失或不成立。在作出正式答复的 64 家行政机关中，除 25 家较大的市的行政机关、9 家县级政府的行政机关公开了所申请的信息外，其余 5 家较大的市的行政机关、25家县级政府的行政机关中，有 4 家较大的市的行政机关、6 家县级政府的行政机关未援引不公开的法律依据；11 家县级政府的行政机关未告知不公开的理由。另外，四川省新津县地税局在答复书中告知的不公开理由不能成立，其答复为："税务机关应于每年 3 月底向社会公布上年本地区用人单位缴纳保障金情况。目前仍处于残疾人保障金申报期内，我局暂不能对用人单位缴纳保障金的情况进行信息公开。"但是，课题组申请公开的信息为 2015 年新津县相关保障金的情况，按照新津县地税局所引用的规定，其本应在 2016 年 3 月底就向社会公布该信息。

十二　2016 年度评估建议

第一，明确政务公开的内容、主体、标准。建议自上而下逐步梳理行政机关制发的有关政务公开工作相关指导文件，明确相关领域文件已作出要求的信息公开内容、公开主体、公开标准，尤其要清楚本机关在该领域的公开职责。调整相互冲突的文件要求，对文件仅作了模糊规定的领域，进一步明确公开内容、公开主体和公开标准。行政机关在制发政务公开工作相关文件时也应在划定重点公开信息的基础上，配套出台相关领域的细化要求，细化公开内容、公开责任主体、公开标准等内容。此外，对制发的主动公开政务清单作动态调整。

第二，加强以公众为本位的公开理念。在信息公开内容方面，在对政府网站主动公开信息的浏览量和点击量、依申请公开的统计的基础上，对统计数据进行加工汇总，进而作出公开工作的态势分析，明确公众需求的重点，从而有重点地加强主动公开工作。

第三，加强政务公开方面的立法。目前，政务公开主要依靠政策推动，除《政府信息公开条例》《企业信息公示暂行条例》等法规外，缺乏位阶较高的法律规定，公开的要求、界限尤其是不公开事项的界定都不够清晰，应继续完善立法。

第四，优化信息呈现形式，整合公开平台，增加信息间的相互链接。建议关闭上下级政府间、部门及下属单位间重复建设的信息发布平台，采用相互链接的形式，既保证信息发布源的单一性，也有助于提高信息的准确性。对相互关联的信息，如政策文件与其草案、解读信息，政策文件与其落实信息等，增加相互链接，从而实现关联阅读。

（参见法治蓝皮书《中国法治发展报告 No.15（2017）》）

结　论

从 2007 年中国出台《政府信息公开条例》至今，恰好十年有余，政府信息公开制度实施已九年有余，而政务公开的推进时间则更早。随着国家自上而下的强力推进、社会公众的需求不断提高，公开透明已经深入人心并成为政府行政的规定动作。中国社会科学院法学研究所课题组所开展的持续近 9 年的政府透明度指数评估见证了这一发展变化的全过程。

第一，各级政府机关对公开政府信息和活动的重视程度日渐提升。《政府信息公开条例》实施以来，国家和各级政府机关制定了大量涉及推动公开工作的法规、文件，对细化各领域公开工作起到了很大的推动作用。2016 年，中央全面深化改革领导小组第二十次会议审议通过了《关于全面推进政务公开工作的意见》，这是贯彻落实《中共中央关于全面推进依法治国若干重大问题的决定》中提出的坚持以公开为常态、不公开为例外原则，推进决策公开、执行公开、管理公开、服务公开、结果公开"五公开"要求的具体举措，是打造开放政府、加快建设法治政府的必然要求。该意见是未来一段时间推进政务公开工作的指导性文件，从多方面对推进政务公开、提升政府透明度作出了总体部署和宏观要求。每年法学研究所发布政府透明度指数报告后，总有为数不少的政府机关与课题组沟通，详细了解自身工作中存在的问题、其他地方和部门的亮点，寻求改善工作的建议。在与课题组的互动交流中，课题组从服务公众角度提出的许多建议被采纳并融入有关部门的政府信息公开工作中。

第二，公开理念不断提升。首先，目前正在推进的政务公开工作充分体现了服务深化改革的理念。深化改革、简政放权、转变政府职能，关键是让权于市场、放权于社会，让各类主体自主决定自身的活动，但这绝不是政府不去管就可以实现的。各类主体只有充分理解政策走向、监管动态、社会发展形势、市场变化等，才能对自身活动的风险有充分的预期并作出理性的选择，权力才能真正放得下、接得住。正是基于这样的原因，2017年3月国务院办公厅发布的《2017年政务公开工作要点》提出，加大财经政策、实施情况等的公开力度，就是要把市场监管方面的政策走向、实施效果、市场情况等告知市场主体，让其对经济运行和社会发展有充分准确的预期和判断，以便作出准确的市场活动决策，减少政府直接干预市场。其次，政务公开工作还充分体现了政府管理方式和管理理念的重大转变。传统的管理都是政府通过行政审批、行政处罚、行政强制等以及对市场和社会的各种干预，直接作用于行政相对人或者市场，一则管理成本高，二则对市场和社会的干预较为直接，三则易因直接干预引发政府与相对人之间的矛盾。目前正在推进的政务公开工作强调更多的是要做好政策、项目信息、重点领域的数据信息公开，其深意是要通过全方位的公开让社会主体、市场主体对有关领域的政策走向与实际状况有全面、准确的了解，对未来的发展和可能出现的风险有充分的预期，并自行选择趋利避害的方式方法。换言之，是要通过深化政务公开，变以往政府直接管为今后政府间接管，变政府的直接干预为间接调控，更加强调市场主体和社会主体的自我判断和自我选择。这是政府监管理念与方式的重大转变，表明政务公开已经成为政府监管的重要手段。再次，政务公开工作更充分体现了公开、解读、回应三位一体的理念。过去，政务公开工作主要侧重于公开，对公开的效果缺乏足够的关注，而当前，几乎所有领域的政务公开都要求在公开的基础上，要做好解读工作，让群众听得懂、看得到。不仅要发布权威信息，对重大政策、重要的数据和结果，还要用群众喜闻乐见的方式、语言进行解读，让其有获得感。而且，还要及时回应社会关切，对群众通过舆情、咨询投诉等渠道反馈的热点问题，政府还应当消除"鸵鸟"心理，主动、及时、准确地作出回应和反馈，消除群众误解。特别是在信息发布环节，还要尽可能通过收集到的舆情等掌握社会关切的重点，分析研判政务公开的舆情风险，有针对性地做好公开与解读。政务公开工作不再是被动的公开，而是要公开、解读、回应有机统一、三位一体，找准群众的需求点，提升公开效果。

第三，公开工作进步明显。2009 年以来，政府透明度的评估指标经历了从简单到复杂、从以评估形式为主到以评估内容为主的演进过程，随着一些领域的公开情况逐年好转，相应的评估指标或者加大了难度，或者不再进行评估。评估对象从最初绝大多数不及格到取得不错的成绩。评估之初，即便课题组普遍送 10 分，有的评估对象也只能得十几分①，不少板块甚至出现大面积零分的情况②。但时至今日，评估结果则是绝大多数评估对象得分及格，且最高分不断攀升。在每年的评估中，课题组都立足于发现问题、查找不足，但仍然可以看到，总体上各级政府的公开工作进步是非常明显的。以政府信息公开工作年度报告发布为例，在 2011 年的评估中，59 家国务院部门均能按时发布 2010 年年度报告，但截至 2016 年评估年末，仍有 4 家未发布 2009 年年度报告；在 43 家较大的市中，2009 年有 34 家公开了上一年度的年度报告全文，2010 年为 37 家，2012 年 43 家较大的市全都能够按时发布年度报告。又如财政预决算信息，2010 年的评估结果显示，当年国务院部门预算信息的公开程度很不理想，主要表现为预算信息公开程度不高、相关信息公开不细致：59 家国务院部门中，能够在目录或者网站主页设置财政预算栏目的仅有 27 家，占全部被调研国务院部门的 45.8%；能够以各种方式公开上一年度部门预算信息的有 43 家，占 72.9%；没有一家政府或部门对收支预算编制标准作出详细说明，仅有 3 个部门在部门收支预算中对与上年度相比变化较大的项目作了说明，其中，1 个部门对其原因作了简单解释；有 2 个部门在财政拨款支出预算中对与上年度相比变化较大的项目作了说明，其中 1 家对其原因作了简单解释。而时至今日，财政预决算乃至"三公"经费的公开已经十分规范并不断细化。

必须看到，透明政府建设仍有许多问题，不同地区、不同层级、不同领域的公开水平差异较大，政务公开与人民群众不断增长的信息需求的矛盾始终存在。未来，切实推进各级各类政府机关的公开工作，还需要从如

---

① 首次发布的评估报告中，凡是建有政府门户网站的都会轻松得到 10 分。
② 见《多家政府信息公开交白卷》，《法制日报》2011 年 2 月 25 日，第 2 版。

下几个方面入手。

第一，注重以法治思维、法治方式推进政务公开工作。推进政务公开工作是全面建设法治政府的必然要求，也是法治中国建设的必然要求，为保障其落实效果，必须依法推进。政务公开关系到保密与公开的关系、关系到保障公众知情权与保障政府机关正常管理活动的关系，如何推进必须要有相应的制度安排和法律授权，因此，必须在法治框架内、按照法治的方式推进，依法明确公开和保密的边界，杜绝拍脑袋、凭感觉、想当然公开政府信息的做法。要按照十八大及十八届三中、四中、五中全会对建设法治政府提出的要求以及中办、国办、《关于全面推进政务公开工作的意见》对推进政务公开工作作出的部署，全面梳理现行法律法规，根据当前的社会形势、管理需要，结合《政府信息公开条例》的修订，对其中涉及公开、保密的规定以及各政府机关的公开权责进行全面审查，及时填补制度空白、修改过时规定，加强相关法律法规之间的协调，让推进政务公开工作都有法律法规支撑，用制度将公开要求予以固化，让公开工作不因领导人关注重点的变化而变化。

第二，注重提高政务公开的标准化、规范化程度。近年来，政务公开工作面临的最大问题是公开标准不明确、政府机关开展公开工作的随意性大。同样一类信息有的部门公开这些信息、有的公开那些信息，导致公开的信息可用性不高；有的通过公告栏、显示屏公开，有的通过新闻发布会公开，有的通过门户网站公开，有的是公开在本机关门户网站，有的则是公开在其他机关的门户网站，人民群众查询获取公开的信息不便。为此，必须结合实践中存在的问题，适应大数据时代对政府信息和数据进行采集、挖掘、利用的需求，提高政府机关公开信息的标准化和规范化程度。首先，国务院部门、省级政府应当注重加强对本领域、本地区政府信息公开工作的指导，出台公开工作的细则要求，明确下级机关的公开权限、公开方式、公开时限等。其次，应当针对不同层级政府机关的职能职责，明确各自的公开义务和公开责任，防止对公开工作提要求时大而化之。再次，应当分行业逐步梳理主动公开清单，明确公开的主体、对象、范围、方式、时限等具体要求，确保同类信息按照同类标准公开。

第三，同步推进政务公开工作与法治政府建设工作，以公开为常态来审视决策、执行全流程。政务公开工作不是孤立的，其与各级政府的法治政府建设紧密相连。当前，一些地方、部门的政务公开工作压力大、难处理，一个重要因素是依法行政还不到位，有时政府权力的运行还很难符合依法行政的要求，在一定程度上还存在管理不规范的现象。这使得有关部门没有公开的自信和底气。政务公开不能孤军奋战，应将公开属性的审查关口前移。公开是常态、不公开是例外，这不应仅是一句口号，而是法治政府建设的基本原则和基本要求。理论上，行政机关各方面事务对应的政府信息都可以成为公众申请的对象。因此，行政机关的所有管理环节，包括一些单纯的内部事务，在作出最终决定前都不仅要进行合法性审查、社会风险评估，还应当进行公开属性的确定和审查。要以所有环节都可能在未来被公众提出申请或者要主动公开为标准，审核各管理环节固化下来的信息是否能经得起未来的公开考验。

第四，将公众需求作为公开工作的起点和落脚点，让公众切实体会到"获得感"。近年来，各级政府机关公开了大量信息，在政务公开方面也做了很多工作，但与公众的知情需求还存在一定差距，一些公众办事所需要的信息、关系国计民生的信息往往公开不到位、公开不全面、公开不细致，归根结底是因为政府机关只是站在自身工作角度审视公开工作，政务公开的供给方与需求方之间存在严重的供需错位。未来，必须彻底转变以自我为本位的公开理念和公开模式，要通过公众参与、需求调查、政府信息公开申请态势分析等，摸清公众希望了解政府管理的事项，掌握和研判公开工作面临的形势，变政府部门"端菜"为人民群众"点菜"，按照公众需求的内容、希望的方式，准确、全面、及时、有效地向公众公开政务活动及相关信息。要区分不同人群的信息需求和信息获取能力，有针对性地主动推送政务信息，对发达地区及善于、愿意使用信息化手段获取信息的公众，要依托政府门户网站、微平台等做好公开工作，对落后地区及没有使用信息化手段能力的公众，则要用好传统的宣传栏、宣传册等手段。

第五，加强政府信息公开平台建设。公开平台建设是做好政府信息公开工作的关键，为此，必须立足于传统平台，利用好新兴的信息化平台，推动政府信息的全方位、立体化公开。各级政府应强化政府门户网站的公开功能。首先，进一步明确门户网站作为政府信息公开第一平台的地位，将门户网站作为最权威、最终局的信息发布渠道，所有政府信息无论是否通过其他渠道对社会发布过，最终都应当在门户网站上进行展示和发布，以方便公众随时查询利用。其次，不断改版优化门户网站，提升信息查询便利度。应对门户网站栏目设置进行统筹规划，避免拍脑袋设栏目，确保信息栏目的唯一性和信息发布位置的准确性，提升信息发布和查询的便捷度。再次，应当进一步整合各类网站平台，基层不具备建设和维护门户网站能力的，应当在同级政府门户网站开辟专栏。应整合门户网站与政府信息公开专网，实现政府信息公开"一网打尽"。另外，要处理好门户网站与政府信息公开专网的关系。公开政府信息是政府门户网站所要承担的主要职能之一，因此，没有必要在门户网站之外，再单独建设政府信息公开专门网站或者平台。今后应逐步将政府信息公开专门平台整合到门户网站，逐步淡化政府信息公开目录在门户网站的地位，彻底解决门户网站与政府信息公开目录"两张皮"的现象。今后，应通过优化门户网站栏目设置，提升网站友好性，来提高信息获取的便利度。而政府信息公开目录主要应当应用在政府机关内部的信息管理环节，用于加强政府自身信息管理。最后，借助网络技术实现政府信息公开及查询的智能化，逐步研发政府信息的智能推送功能，实现对特定人群、特定需求者的智能推送，从人找信息过渡到信息找人。

第六，探索公开、解读、回应有机结合的模式。在政策草拟阶段，凡不涉密、公开不会造成社会或市场波动的，应在公开草案征集意见的同时做好解读工作，让群众感受到政府问政于民的真诚与决心。对群众提出的意见建议，相关部门应在不违反保密原则的前提下，作出是否采纳、为何不采纳的反馈。对一些重要的非政策类信息，如统计数据、财政预决算、审计报告等，应重视解读工作，用群众喜欢看、听得懂、能接受的语言与之交流。逐步探索立足舆情、网站互动、咨询投诉渠道等收集掌握群众关切的机制，及时准确研判政府管理及信息发布的舆情风险，做好应对预案。同时，还要处理好公开与新闻宣传的关系。政务公开应以发布权威、规范的政务信息为基本要求，尤其是在涉及履职情况的政务公开方面，应强调按照相关信息的要素全面、规范地发布信息，提升政务公开的权威性，避免以新闻动态等方式替代规范的政府信息公开。但这并不排斥政务公开重视发挥新闻媒体的作用，应利用新闻媒体生动活泼、受众广大、传播力强等优势，将权威的政务活动和结果信息转化为媒体语言，广为传播，提升政务信息的到达率。各级政府机关在做好本机关公开工作的同时，还要积极借助新闻媒体、两微一端，以群众喜闻乐见的方式和语言，传播政务活动的相关信息。

第七，加大监督与社会评议的力度，让问责有据有力。除了依法保障公众通过行政复议、行政诉讼保障自身的知情权外，还要进一步畅通举报投诉的渠道，创新上级机关督查、抽查的方式，加大内部监督问责的力度。此外，应当更好地发挥第三方评估的作用，利用独立、客观、科学的第三方评估机制，不定期对政务公开工作成效进行"体检"，查找列出政务公开的问题清单，避免政府机关自我评价时"不识庐山真面目，只缘身在此山中"，防止出现对存在问题习以为常、视而不见听而不闻的状况，在一轮一轮的查找问题、落实整改中不断提升政务公开水平。

附 录

附录 1 2009~2016 年政府透明度
指数评估对象

一 2010~2012 年评估的国务院部门（59 家）

外交部	农业部
国家发展和改革委员会	商务部
教育部	文化部
科学技术部	卫生部
工业和信息化部	国家人口和计划生育委员会
国家民族事务委员会	中国人民银行
公安部	审计署
监察部	国务院国有资产监督管理委员会
民政部	海关总署
司法部	国家税务总局
财政部	国家工商行政管理总局
人力资源和社会保障部	国家质量监督检验检疫总局
国土资源部	国家广播电影电视总局
环境保护部	国家新闻出版总署
住房和城乡建设部	国家体育总局
交通运输部	国家安全生产监督管理总局
铁道部	国家统计局
水利部	国家林业局

国家知识产权局	国家能源局
国家旅游局	国家烟草专卖局
国家宗教事务局	国家外国专家局
国家预防腐败局	国家海洋局
中国地震局	国家测绘地理信息局
中国气象局	中国民用航空局
中国银行业监督管理委员会	国家邮政局
中国证券监督管理委员会	国家文物局
中国保险监督管理委员会	国家食品药品监督管理局
国家电力监管委员会	国家中医药管理局
国家信访局	国家外汇管理局
国家粮食局	

二　2013～2016 年评估的国务院部门（54 家）①

外交部	住房和城乡建设部
国家发展和改革委员会	交通运输部
教育部	水利部
科学技术部	农业部
工业和信息化部	商务部
国家民族事务委员会	文化部
公安部	国家卫生和计划生育委员会
民政部	中国人民银行
司法部	审计署
财政部	国务院国有资产监督管理委员会
人力资源和社会保障部	海关总署
国土资源部	国家税务总局
环境保护部	国家工商行政管理总局

---

① 其中 2013 年评估时为 55 家，含国家公务员局。

国家质量监督检验检疫总局　　中国保险监督管理委员会

国家新闻出版广电总局　　　　国家信访局

国家体育总局　　　　　　　　国家粮食局

国家安全生产监督管理总局　　国家能源局

国家食品药品监督管理总局　　国家烟草专卖局

国家统计局　　　　　　　　　国家外国专家局

国家林业局　　　　　　　　　国家海洋局

国家知识产权局　　　　　　　国家测绘地理信息局

国家旅游局　　　　　　　　　国家铁路局

国家宗教事务局　　　　　　　中国民用航空局

中国地震局　　　　　　　　　国家邮政局

中国气象局　　　　　　　　　国家文物局

中国银行业监督管理委员会　　国家中医药管理局

中国证券监督管理委员会　　　国家外汇管理局

三　2011~2012 年评估的省级政府（26 家）

北京市　　　　　　　　　　　山东省

天津市　　　　　　　　　　　河南省

河北省　　　　　　　　　　　湖北省

山西省　　　　　　　　　　　湖南省

辽宁省　　　　　　　　　　　广东省

吉林省　　　　　　　　　　　海南省

黑龙江省　　　　　　　　　　重庆市

上海市　　　　　　　　　　　四川省

江苏省　　　　　　　　　　　贵州省

浙江省　　　　　　　　　　　云南省

安徽省　　　　　　　　　　　陕西省

福建省　　　　　　　　　　　甘肃省

江西省　　　　　　　　　　　青海省

四 2013~2015 年评估的省级政府（31 家）

北京市	湖北省
天津市	湖南省
河北省	广东省
山西省	广西壮族自治区
内蒙古自治区	海南省
辽宁省	重庆市
吉林省	四川省
黑龙江省	贵州省
上海市	云南省
江苏省	西藏自治区
浙江省	陕西省
安徽省	甘肃省
福建省	青海省
江西省	宁夏回族自治区
山东省	新疆维吾尔自治区
河南省	

五 2009~2012 年评估的较大的市政府（43 家）

河北省石家庄市	辽宁省抚顺市
河北省唐山市	辽宁省本溪市
河北省邯郸市	吉林省长春市
山西省太原市	吉林省吉林市
山西省大同市	黑龙江省哈尔滨市
辽宁省沈阳市	黑龙江省齐齐哈尔市
辽宁省大连市	江苏省南京市
辽宁省鞍山市	江苏省无锡市

江苏省苏州市	湖北省武汉市
江苏省徐州市	湖南省长沙市
浙江省杭州市	广东省广州市
浙江省宁波市	广东省深圳市
安徽省合肥市	广东省珠海市
安徽省淮南市	广东省汕头市
福建省福州市	海南省海口市
福建省厦门市	四川省成都市
江西省南昌市	贵州省贵阳市
山东省济南市	云南省昆明市
山东省青岛市	陕西省西安市
山东省淄博市	甘肃省兰州市
河南省郑州市	青海省西宁市
河南省洛阳市	

六 2013~2016 年评估的较大的市政府（49 家）

河北省石家庄市	吉林省吉林市
河北省唐山市	黑龙江省哈尔滨市
河北省邯郸市	黑龙江省齐齐哈尔市
山西省太原市	江苏省南京市
山西省大同市	江苏省无锡市
内蒙古自治区呼和浩特市	江苏省苏州市
内蒙古自治区包头市	江苏省徐州市
辽宁省沈阳市	浙江省杭州市
辽宁省大连市	浙江省宁波市
辽宁省鞍山市	安徽省合肥市
辽宁省抚顺市	安徽省淮南市
辽宁省本溪市	福建省福州市
吉林省长春市	福建省厦门市

江西省南昌市	广西壮族自治区南宁市
山东省济南市	海南省海口市
山东省青岛市	四川省成都市
山东省淄博市	贵州省贵阳市
河南省郑州市	云南省昆明市
河南省洛阳市	西藏自治区拉萨市
湖北省武汉市	陕西省西安市
湖南省长沙市	甘肃省兰州市
广东省广州市	青海省西宁市
广东省深圳市	宁夏回族自治区银川市
广东省珠海市	新疆维吾尔自治区乌鲁木齐市
广东省汕头市	

七　2016 年政府透明度评估的区县政府（100 家）

北京市东城区	内蒙古自治区多伦县
北京市房山区	辽宁省沈阳市沈北新区
北京市顺义区	辽宁省庄河市
天津市河西区	辽宁省鞍山市铁东区
天津市武清区	辽宁省凤城市
天津市静海区	吉林省公主岭市
河北省晋州市	吉林省白山市江源区
河北省唐山市丰润区	吉林省敦化市
河北省承德市双滦区	黑龙江省哈尔滨市平房区
河北省任丘市	黑龙江省讷河市
山西省灵丘县	黑龙江省富锦市
山西省高平市	广东省新兴县
山西省孝义市	上海市徐汇区
内蒙古自治区呼和浩特市新城区	上海市静安区
内蒙古自治区翁牛特旗	上海市浦东新区

江苏省无锡市滨湖区

江苏省邳州市

江苏省溧阳市

江苏省靖江市

浙江省杭州市萧山区

浙江省温州市龙湾区

浙江省永康市

浙江省遂昌县

安徽省怀远县

安徽省桐城市

安徽省天长市

安徽省宁国市

福建省福州市台江区

福建省晋江市

福建省南安市

福建省上杭县

江西省南昌县

江西省都昌县

江西省赣州市南康区

江西省丰城市

山东省济南市历下区

山东省莱西市

山东省新泰市

山东省博兴县

河南省沁阳市

河南省长葛市

河南省义马市

河南省沈丘县

湖北省武汉市武昌区

湖北省宜都市

湖北省汉川市

湖北省建始县

湖南省长沙县

湖南省隆回县

湖南省平江县

湖南省桃江县

广东省广州市越秀区

广东省佛山市顺德区

广西壮族自治区桂林市临桂区

广西壮族自治区合浦县

广西壮族自治区北流市

广西壮族自治区龙州县

海南省海口市美兰区

海南省万宁市

海南省屯昌县

重庆市北碚区

重庆市南川区

重庆市荣昌区

四川省新津县

四川省攀枝花市西区

四川省什邡市

四川省珙县

贵州省贵阳市乌当区

贵州省遵义市汇川区

云南省安宁市

云南省曲靖市麒麟区

云南省腾冲市

云南省瑞丽市

西藏自治区达孜县

西藏自治区朗县

陕西省延安市安塞区　　　　　　青海省格尔木市

陕西省勉县　　　　　　　　　　宁夏回族自治区平罗县

甘肃省武山县　　　　　　　　　宁夏回族自治区盐池县

甘肃省华池县　　　　　　　　　新疆维吾尔自治区奎屯市

青海省西宁市城东区　　　　　　新疆维吾尔自治区富蕴县

附录 2   2009~2016 年政府透明度指数评估结果

一   2009 年政府透明度指数评估结果

表 1   2009 年政府透明度指数评估结果

单位：分

排名	评估对象	政府门户网站运行状况（满分 10 分）	政府信息公开目录（满分 22 分）	政府信息公开指南（满分 17 分）	依申请公开（满分 17 分）	政府信息公开工作年度报告的有效性（满分 14 分）	房屋拆迁信息（满分 20 分）	总　分（满分 100 分）
1	宁波市	10	17	15.5	11	12	15	80.5
2	成都市	10	13	14.5	12	10.5	13	73
2	厦门市	10	12	11	13	11	16	73
4	广州市	10	12	13.5	11	13	13	72.5
4	西安市	10	21	12.5	15	9	5	72.5
6	福州市	10	18	10.5	12	13	6	69.5
7	贵阳市	10	19	8	12	9	11	69
8	济南市	10	10	9.5	12	9	18	68.5
9	大连市	10	21	3.5	14	8.5	11	68
10	南京市	10	18	8.5	9	9	13	67.5
11	杭州市	10	10	10.5	13	12.5	11	67
12	徐州市	10	11	7.5	10	14	14	66.5

续表

排名	评估对象	政府门户网站运行状况（满分 10 分）	政府信息公开目录（满分 22 分）	政府信息公开指南（满分 17 分）	依申请公开（满分 17 分）	政府信息公开工作年度报告的有效性（满分 14 分）	房屋拆迁信息（满分 20 分）	总　分（满分 100 分）
13	石家庄市	10	18.5	7.5	10	10	9	65
13	苏州市	10	14.5	4.5	10	10	16	65
15	合肥市	10	19	10.5	11	9.5	4	64
16	珠海市	10	18	13.5	11	10	0	62.5
17	大同市	8	13	9.5	9	13	8	60.5
17	青岛市	10	9	13.5	14	8	6	60.5
19	长沙市	10	12	9	13	8	7	59
20	邯郸市	10	19	10.5	2	14	0	55.5
21	深圳市	10	11.5	5.5	8	11	9	55
22	洛阳市	10	17	3	14	6	4	54
23	南昌市	10	7.5	12	9	9.5	5	53
23	海口市	10	9	2	11	11	10	53
25	无锡市	10	3	4.5	9	12	12	50.5
26	唐山市	10	19	8.5	11	0	0	48.5
27	郑州市	10	6	9	9	11	3	48
28	太原市	9.5	11	3	11	8	5	47.5
28	沈阳市	10	14	8.5	4	7	4	47.5
30	武汉市	10	16	0	4	1	16	47
30	鞍山市	9.5	6	11	8	10.5	2	47
32	淮南市	10	18	10	7	1	0	46
33	淄博市	10	9	10.5	4	6	5	44.5
34	汕头市	10	8	5	12	8	0	43
34	哈尔滨市	10	21	0	3	0	9	43
36	长春市	10	8	10.5	7	0	3	38.5
36	西宁市	10	2	10.5	2	14	0	38.5
38	吉林市	5	7	8.5	6	1	5	32.5

排名	评估对象	政府门户网站运行状况（满分10分）	政府信息公开目录（满分22分）	政府信息公开指南（满分17分）	依申请公开（满分17分）	政府信息公开工作年度报告的有效性（满分14分）	房屋拆迁信息（满分20分）	总　分（满分100分）
39	本溪市	9	0	7	4	8.5	2	30.5
40	昆明市	9	12	6.5	2	0	0	29.5
41	齐齐哈尔市	9	2	0	9	0	8	28
42	抚顺市	5	3	0	2	7.5	1	18.5
43	兰州	10	0	0	0	0	8	18

二　2010年政府透明度指数评估结果

表2　2010年政府透明度指数评估结果（国务院部门）

单位：分

排名	评估对象	政府信息公开目录（满分20分）	政府信息公开指南（满分20分）	依申请公开（满分20分）	政府信息公开工作年度报告（满分20分）	预算信息（满分20分）	总　分（满分100分）
1	科学技术部	20	7.5	12	18	10.5	68
2	国家人口和计划生育委员会	17	13	13	16	4	63
2	国家林业局	17	10	7	20	9	63
4	农业部	20	10.5	9	18	5	62.5
5	交通运输部	9	15	5	20	13	62
5	商务部	17	11	9	18	7	62
7	中国气象局	17	11	9	20	4	61
7	国家安全生产监督管理总局	15	12	11	16	7	61
9	国家民族事务委员会	18	11.5	11	11	8	59.5
10	国家文物局	18	13	10	11	7	59
10	环境保护部	20	12	9	14	3	59

续表

排名	评估对象	政府信息公开目录（满分 20 分）	政府信息公开指南（满分 20 分）	依申请公开（满分 20 分）	政府信息公开工作年度报告（满分 20 分）	预算信息（满分 20 分）	总　分（满分 100 分）
12	国家食品药品监督管理局	15	13.5	7	14	7	56.5
13	国家发展和改革委员会	15	10.5	12	14	4	55.5
14	国家旅游局	15	7.5	5	18	7	52.5
14	审计署	18	12.5	9	10	3	52.5
16	海关总署	15	14.5	9	13	0	51.5
16	教育部	15	12.5	8	16	0	51.5
18	国家邮政局	11	8.5	8	20	3	50.5
18	国家测绘局	9	8.5	6	20	7	50.5
20	国家统计局	9	10.5	7	18	5	49.5
20	国家税务总局	9	11.5	8	14	7	49.5
22	国家工商行政管理总局	11	12	8	12	6	49
22	国家质量监督检验检疫总局	9	12	11	12	5	49
24	中国地震局	6	17.5	12	8	5	48.5
24	中国保险监督管理委员会	17	6.5	12	10	3	48.5
24	民政部	17	6.5	4	16	5	48.5
27	财政部	14	13.5	7	10	3	47.5
27	新闻出版总署	6	11.5	7	16	7	47.5
29	卫生部	8	10.5	10	16	2	46.5
29	国家体育总局	17	10.5	5	9	5	46.5
31	国家知识产权局	6	10	7	16	7	46
32	国土资源部	6	10.5	10	12	7	45.5
33	工业和信息化部	17	4.5	5	14	4	44.5
33	中国证券监督管理委员会	17	6.5	5	13	3	44.5
33	国家海洋局	18	8.5	5	10	3	44.5
36	中国人民银行	12	11.5	6	12	0	41.5

续表

排名	评估对象	政府信息公开目录（满分20分）	政府信息公开指南（满分20分）	依申请公开（满分20分）	政府信息公开工作年度报告（满分20分）	预算信息（满分20分）	总分（满分100分）
36	公安部	15	6.5	4	14	2	41.5
38	人力资源和社会保障部	6	10.5	5	16	3	40.5
38	国家粮食局	6	8.5	7	14	5	40.5
40	中国民用航空局	8	11	11	8	2	40
40	国家宗教事务局	6	11	7	16	0	40
42	国务院国有资产监督管理委员会	6	12.5	8	10	2	38.5
43	国家电力监管委员会	15	6.5	4	8	3	36.5
44	国家广播电影电视总局	6	9.5	4	12	4	35.5
45	文化部	6	6.5	4	15	3	34.5
46	司法部	4	10	5	12	0	31
47	外交部	6	7.5	7	10	0	30.5
47	国家信访局	6	5.5	4	15	0	30.5
47	国家烟草专卖局	2	6.5	6	16	0	30.5
50	中国银行业监督管理委员会	6	11.5	2	4	3	26.5
51	铁道部	6	0	2	10	7	25
52	水利部	6	0	0	8	7	21
53	国家外国专家局	6	0	14	0	0	20
54	国家外汇管理局	0	7	6.5	6	0	19.5
55	监察部	6	5.5	0	3	0	14.5
56	住房和城乡建设部	0	0	0	11	3	14
56	国家能源局	0	0	2	9	3	14
58	国家预防腐败局	2	7.5	0	0	0	9.5
59	国家中医药管理局	0	0	0	0	7	7

表 3　2010 年政府透明度指数评估结果（较大的市政府）

单位：分

排名	评估对象	政府信息公开目录（满分 20 分）	政府信息公开指南（满分 15 分）	依申请公开（满分 20 分）	政府信息公开工作年度报告（满分 15 分）	房屋拆迁信息（满分 15 分）	食品安全信息（满分 15 分）	总　分（满分 100 分）
1	宁波市	16	8.5	13	11.5	10.5	11.5	71
2	福州市	15	9	11	13.5	11	10	69.5
3	大连市	15	9.5	16	10	6	12.5	69
4	青岛市	15.5	11.5	16	10	8	7	68
5	珠海市	15	10.5	14	9	4	13	65.5
6	贵阳市	11	8	14	12	11	8	64
7	杭州市	9	7	13	13	7	13.5	62.5
8	南京市	15	6	11	10	7	13	62
9	合肥市	15	9	8	9.5	4	16	61.5
10	无锡市	16	4	12	11.5	12.5	5	61
10	成都市	14	8	9	12	8	10	61
10	西安市	17	9	13	10	6	6	61
10	厦门市	16.5	6.5	12	11	7	8	61
14	济南市	12	7	7	14	9	11	60
15	徐州市	8	6.5	9	12	9	10.5	55
16	广州市	6	14	4	14	6.5	10	54.5
16	南昌市	14	7.5	9	10	6	8	54.5
16	深圳市	14	9.5	5	7	6	13	54.5
19	长沙市	12	13	8	8	1	10	52
20	石家庄市	15.5	5	10	10	5	4	49.5
21	哈尔滨市	15	6.5	3	8	8	8.5	49
22	淄博市	11	11	2	9	5	10	48
23	汕头市	9.5	6.5	10	9	2	10	47
24	沈阳市	15	8	7	7	4	3	44
24	洛阳市	14	6.5	10	8	2	3.5	44
26	海口市	12	5.5	5.5	11	2.5	6.5	43

排名	评估对象	政府信息公开目录（满分20分）	政府信息公开指南（满分15分）	依申请公开（满分20分）	政府信息公开工作年度报告（满分15分）	房屋拆迁信息（满分15分）	食品安全信息（满分15分）	总　　分（满分100分）
27	太原市	11	9.5	7	8.5	1	5	42
27	苏州市	10	4	9	7	16	2	42
27	武汉市	10	0	8	6	10.5	7.5	42
27	郑州市	6.5	7.5	10	9	3	6	42
31	大同市	8.5	6	8	5	9	4	40.5
32	长春市	8	4.5	4.5	11.5	6	5	39.5
33	淮南市	16	6.5	8	1	2	5.5	39
34	邯郸市	15	7	1	11.5	0	4	38.5
35	鞍山市	9	8.5	6	10.5	2	0.5	36.5
36	唐山市	9	7	1	6	2	9	34
37	本溪市	9	4	4.5	8.5	1	2	29
38	昆明市	14	7	2.5	0	0	3	26.5
39	吉林市	5	5	3.5	10	1	0	24.5
40	西宁市	5	5.5	0	0	2	4	16.5
41	齐齐哈尔市	1.5	0	8	0	4	2	15.5
42	抚顺市	7	0	0	0	0	7.5	14.5
43	兰州市	0	0	0	0	4	2	6

三　2011年政府透明度指数评估结果

表4　2011年政府透明度指数评估结果（国务院部门）

单位：分

排名	评估对象	政府信息公开目录（满分25分）	政府信息公开指南（满分15分）	依申请公开（满分25分）	政府信息公开工作年度报告（满分15分）	规范性文件（满分20分）	总分（满分100分）
1	商务部	18	7.5	10	12.5	19	67

续表

排名	评估对象	政府信息公开目录（满分 25 分）	政府信息公开指南（满分 15 分）	依申请公开（满分 25 分）	政府信息公开工作年度报告（满分 15 分）	规范性文件（满分 20 分）	总分（满分 100 分）
2	国家人口和计划生育委员会	21	8.5	19	10.5	7.5	66.5
3	环境保护部	20	10.5	11	9.5	13	64
4	国家安全生产监督管理总局	13	11	19	7	12	62
5	交通运输部	13.5	11	10.5	13.5	12.5	61
6	国家邮政局	16	8.5	14	13.5	8	60
7	中国保险监督管理委员会	21	7.5	12	7	12	59.5
7	水利部	15	10.5	16	10.5	7.5	59.5
9	国家发展和改革委员会	12	8.5	16	10	12.5	59
10	国务院国有资产监督管理委员会	18	8.5	12.5	7.5	12	58.5
11	教育部	21	7.5	5.5	13	11	58
12	财政部	17	8.5	6.5	12.5	13	57.5
13	工业和信息化部	16	7.5	10.5	10	12	56
13	国家中医药管理局	16	7.5	15.5	8	9	56
15	海关总署	16.5	9.5	11.5	10	8	55.5
16	农业部	10.5	7	11.5	13	13	55
17	中国民用航空局	15.5	8.5	16.5	6	7.5	54
18	中国气象局	16.5	9.5	13	7	7.5	53.5
18	民政部	18	7.5	7.5	11	9.5	53.5
20	科学技术部	9	6	18.5	11	9	53.5
21	国土资源部	18	7.5	9.5	8.5	9.5	53
22	国家林业局	18	8	8.5	7.5	10	52
23	国家体育总局	17	7.5	11.5	9	6.5	51.5
24	卫生部	10.5	7.5	10.5	13	9.5	51
24	国家粮食局	6	7.5	15.5	10.5	11.5	51
26	公安部	16.5	6	7.5	12.5	7	49.5

续表

排名	评估对象	政府信息公开目录（满分25分）	政府信息公开指南（满分15分）	依申请公开（满分25分）	政府信息公开工作年度报告（满分15分）	规范性文件（满分20分）	总分（满分100分）
27	中国银行业监督管理委员会	9	8.5	15.5	10	6	49
28	住房和城乡建设部	21	4.5	4.5	9.5	9	48.5
28	国家外国专家局	9	7.5	17.5	6	8.5	48.5
28	国家知识产权局	13	9.5	6.5	10	9.5	48.5
28	审计署	15.5	9.5	13.5	7	3	48.5
32	中国证券监督管理委员会	21	4.5	4.5	11	7	48
33	国家质量监督检验检疫总局	8	7	11.5	8	13	47.5
34	中国人民银行	9	8.5	11	8	10.5	47
35	国家民族事务委员会	9	11	13	5	7.5	45.5
35	国家电力监管委员会	18	5.5	4	13.5	4.5	45.5
37	国家工商行政管理总局	6	10	14.5	8.5	6	45
38	国家文物局	9	7.5	15	6.5	6	44
38	国家测绘地理信息局	8	11	6.5	9.5	9	44
40	外交部	12	5	12.5	7	7	43.5
41	国家食品药品监督管理局	4	8.5	14	7.5	9.5	43.5
42	新闻出版总署	9	8.5	5.5	10.5	9	42.5
43	国家广播电影电视总局	9	7.5	9.5	8.5	7.5	42
43	国家税务总局	8	9.5	7.5	7.5	9.5	42
45	国家统计局	9	7.5	9.5	11	3	40
46	中国地震局	5	11	7.5	10	5	38.5
47	国家烟草专卖局	2	8.5	9.5	9.5	8	37.5
48	国家宗教事务局	2	11	6.5	10	5	34.5
49	人力资源和社会保障部	2	6	7.5	10.5	5	31
50	司法部	3	10	6.5	8	3	30.5
51	国家海洋局	2	6	4.5	9	8.5	30

续表

排名	评估对象	政府信息公开目录（满分25分）	政府信息公开指南（满分15分）	依申请公开（满分25分）	政府信息公开工作年度报告（满分15分）	规范性文件（满分20分）	总分（满分100分）
52	国家信访局	6	5	12.5	5	0	28.5
53	文化部	3	6	4.5	8.5	5.5	27.5
53	铁道部	1	4.5	8.5	8.5	5	27.5
55	国家旅游局	1	7.5	3.5	9	5	26
56	国家预防腐败局	9	4	0	4	8	25
57	监察部	6	4.5	0	4.5	5.5	20.5
58	国家外汇管理局	0	8	0	4	8	20
59	国家能源局	0	8.5	0	6.5	3.5	18.5

表 5 2011 年政府透明度指数评估结果（省级政府）

单位：分

排名	评估对象	政府信息公开目录（满分25分）	政府信息公开指南（满分15分）	依申请公开（满分25分）	政府信息公开工作年度报告（满分15分）	环境信息（满分20分）	总分（满分100分）
1	北京市	18	10	15.5	13	16	72.5
2	天津市	16	10	16	13.5	13.5	69
3	江苏省	15	9	18	9.5	15	66.5
4	福建省	10	8.5	22.5	13	11.5	65.5
5	上海市	14	10.5	10	13.5	15.5	63.5
6	广东省	19	8	14.5	8	13	62.5
7	吉林省	14.5	8.5	17	12	9	61
7	重庆市	16	6	13.5	11.5	14	61
9	四川省	21	9.5	4.5	12.5	12.5	60
10	河北省	21	8.5	7.5	8	14	59
11	海南省	16	3	18.5	11.5	8	57
12	河南省	10	8.5	15.5	9	13.5	56.5
13	江西省	13.5	8	11	13	9	54.5

续表

排名	评估对象	政府信息公开目录（满分25分）	政府信息公开指南（满分15分）	依申请公开（满分25分）	政府信息公开工作年度报告（满分15分）	环境信息（满分20分）	总分（满分100分）
14	云南省	17	6	3	13.5	14	53.5
15	贵州省	13	8.5	12	12.5	7	53
16	山西省	14	8.5	13.5	7.5	9	52.5
17	陕西省	11.5	8.5	10	6.5	13	49.5
18	安徽省	10	9	6.5	9	14.5	49
18	青海省	12	8.5	5.5	11	12	49
18	黑龙江省	14	6.5	9	8	11.5	49
21	辽宁省	7	6.5	6.5	11	14.5	45.5
21	湖北省	9	11	5.5	7.5	12.5	45.5
21	湖南省	18	6	2	9	10.5	45.5
24	甘肃省	9	7.5	8.5	8	10.5	43.5
25	浙江省	13	7.5	3	8.5	10.5	42.5
26	山东省	11	3	3	9.5	10	36.5

表 6　2011 年政府透明度指数评估结果 （较大的市政府）

单位：分

排名	评估对象	政府信息公开目录（满分20分）	政府信息公开指南（满分15分）	依申请公开（满分20分）	政府信息公开工作年度报告（满分15分）	食品安全信息（满分15分）	行政审批信息（满分15分）	总分（满分100分）
1	福州市	15	15	17	12.5	5.5	10.75	75.75
2	西安市	14.5	12	16	7	6.5	13	69
3	无锡市	13	7.5	13	11	7.5	13.85	65.85
4	大连市	14	10	14	9.5	9	9.15	65.65
5	青岛市	13	11	13	10	5.5	12.2	64.7
6	宁波市	12	8.5	15	10	7	11.1	63.6
7	厦门市	12.5	9.5	15.5	11	5.5	9.5	63.5

续表

排名	评估对象	政府信息公开目录（满分20分）	政府信息公开指南（满分15分）	依申请公开（满分20分）	政府信息公开工作年度报告（满分15分）	食品安全信息（满分15分）	行政审批信息（满分15分）	总　分（满分100分）
8	济南市	14	6.5	6.5	13	9.5	13.95	63.45
9	珠海市	12	11	11	9	5.5	12.65	61.15
10	广州市	14	12	7	11.5	5.5	11.1	61.1
11	贵阳市	16	10	7	12	7	9	61
12	长沙市	14	13	14	7	7.5	4.75	60.25
13	成都市	15	7.5	9.5	12	3.5	11.85	59.35
14	淄博市	13	9.5	10	8.5	6	10.25	57.25
15	杭州市	10	10.5	10.5	13	6.5	6.5	57
16	南昌市	13	9	11	8	3	12.7	56.7
17	深圳市	10	11	4.5	8	12	10.85	56.35
18	徐州市	12	8.5	11	9.5	4	11	56
19	洛阳市	13	8.5	14	7.5	3	8.15	54.15
20	淮南市	16.5	9	3.5	7.5	6	11.5	54
21	石家庄市	15.5	8.5	11	9.5	8.5	0	53
22	合肥市	14	7.5	7	7.5	6	10.85	52.85
23	昆明市	11.5	10	2.5	10.5	6.5	11.5	52.5
24	南京市	14	5.5	10	8.5	4	9.5	51.5
25	苏州市	13	3	11	7	4	13.25	51.25
26	大同市	10	6.5	9.5	9	3.5	12.35	50.85
27	郑州市	6.5	8.5	13	12.5	8	1.75	50.25
28	唐山市	15	7.5	0	7	6	14.5	50
29	邯郸市	13.5	8.5	0.5	10	5	12.35	49.85
30	长春市	10.5	10.5	5	11	3	8.6	48.6
31	哈尔滨市	12	5.5	7	9	4.5	10.35	48.35
32	武汉市	9	9.5	14	6.5	6.5	2.15	47.65
33	兰州市	18	0	3.5	7	8.5	9.95	46.95
34	沈阳市	11	11	0.5	7.5	7.5	6	43.5

排名	评估对象	政府信息公开目录（满分20分）	政府信息公开指南（满分15分）	依申请公开（满分20分）	政府信息公开工作年度报告（满分15分）	食品安全信息（满分15分）	行政审批信息（满分15分）	总　分（满分100分）
35	海口市	15	2	4.5	8	3	10.35	42.85
36	汕头市	8.5	5.5	5	6	7.5	8	40.5
37	齐齐哈尔市	11	0	10.5	5	2	8.75	37.25
38	西宁市	6	7.5	3	10	4	6.5	37
39	太原市	11.5	4	12	0	6	2.15	35.65
40	鞍山市	2	6.5	0	10	6.5	10.25	35.25
41	本溪市	1	6	2.5	8.5	5.5	7.25	30.75
42	吉林市	14	0	9	0	7	0	30
43	抚顺市	2	0	0	7.5	6	6	21.5

四　2012年政府透明度指数评估结果

表7　2012年政府透明度指数评估结果（国务院部门）

单位：分

排名	评估对象	政府信息公开目录（总分20分）	工作信息（总分20分）	规范性文件（总分25分）	依申请公开（总分25分）	政府信息公开工作年度报告（总分10分）	总分（满分100分）
1	商务部	17	10	14	18	7.85	66.85
2	国家质量监督检验检疫总局	14.75	16	13	13	7.45	64.2
3	水利部	12.5	15.25	10	17	7.7	62.45
4	国家安全生产监督管理总局	15	10.25	15.5	12	8.7	61.45
5	国家邮政局	17	6.5	12	17	7.7	60.2
6	国家人口和计划生育委员会	17	12.75	8.5	15	6.7	59.95

排名	评估对象	政府信息公开目录（总分 20 分）	工作信息（总分 20 分）	规范性文件（总分 25 分）	依申请公开（总分 25 分）	政府信息公开工作年度报告（总分 10 分）	总分（满分 100 分）
7	国家体育总局	15.75	8	7.5	19	8	58.25
8	卫生部	10	12	16.5	10	8.2	56.7
9	中国银行业监督管理委员会	14	15.5	9	11	7.2	56.7
10	环境保护部	17	8	12.5	13	6.2	56.7
11	工业和信息化部	13.75	10	12.5	14	6.2	56.45
12	中国民用航空局	15.75	11	11	14	4.7	56.45
13	国家发展和改革委员会	12.75	9.5	13	14	6.7	55.95
14	农业部	17	7	13.5	11	7.2	55.7
15	科学技术部	6	16	12.5	14	7.2	55.7
16	国家知识产权局	15	17.25	8	8	6.2	54.45
17	国务院国有资产监督管理委员会	15.75	14.25	14	4	5.7	53.7
18	中国保险监督管理委员会	15.75	9	12	12	4.7	53.45
19	民政部	13.75	11.5	12	7.5	7.85	52.6
20	交通运输部	13.75	10.5	13	9	6.35	52.6
21	文化部	10	12	12.5	12	6	52.5
22	国家食品药品监督管理局	11.75	8	15	11	5.7	51.45
23	教育部	10.75	11	14	7.5	8.2	51.45
24	住房和城乡建设部	18	9.75	10.5	7	5.7	50.95
25	国土资源部	15	11	11	8.5	5.2	50.7
26	财政部	14.75	10.25	14	3	7.7	49.7
27	国家能源局	14	6	13.5	10	5.7	49.2
28	国家宗教事务局	8.75	16.5	4	15	4.2	48.45
29	国家民族事务委员会	14	10.25	6.5	11	6.5	48.25
30	国家林业局	17	11.25	12	3	4.85	48.1
31	国家粮食局	6	6.5	12.5	14	8.2	47.2

续表

排名	评估对象	政府信息公开目录（总分20分）	工作信息（总分20分）	规范性文件（总分25分）	依申请公开（总分25分）	政府信息公开工作年度报告（总分10分）	总分（满分100分）
32	国家中医药管理局	14.75	13	7.5	5	6.7	46.95
33	中国证券监督管理委员会	15.75	6.75	10	7	6.7	46.2
34	海关总署	12.5	6	8.5	11	7.2	45.2
35	新闻出版总署	8	7.25	12.5	10.5	6.7	44.95
36	国家工商行政管理总局	6	16.5	9	6.5	5.7	43.7
37	审计署	14	10.5	7	6	4.7	42.2
38	中国人民银行	7	7.5	12	8.5	6.7	41.7
39	中国气象局	12.75	9.5	8.5	6	4.7	41.45
40	国家文物局	12.5	9.75	7	12	0	41.25
41	国家测绘地理信息局	8	13.5	8.5	5	6	41
42	外交部	11	7	11	7	4.7	40.7
43	公安部	14.75	6.5	6	6	6.95	40.2
44	国家外汇管理局	17	3.5	10.5	6	1.95	38.95
45	国家税务总局	8	12.5	8.5	5	4.5	38.5
46	国家外国专家局	13	6.5	8	5.5	4.2	37.2
47	国家烟草专卖局	2	8	10	9.5	6.7	36.2
48	国家海洋局	8	8.5	8	6	4	34.5
49	国家电力监管委员会	15	7.5	2	4	5.7	34.2
50	人力资源和社会保障部	2	6	11	7	7.2	33.2
51	中国地震局	2	8.5	5.5	10.5	6.7	33.2
52	国家统计局	8	5.5	5	7.5	5.2	31.2
53	国家旅游局	2	10.25	7	5	3.25	27.5
54	国家广播电影电视总局	2	7.25	8.5	2	5.7	25.45
55	司法部	2	8	6	4	5	25
56	国家预防腐败局	8	7.5	5	0	3	23.5
57	铁道部	2	5.5	4	6	5.7	23.2
58	国家信访局	6	8.5	0	3	4.2	21.7
59	监察部	6	6.5	4.5	0	2.8	19.8

表 8　2012 年政府透明度指数评估结果（省级政府）

单位：分

排名	评估对象	政府信息公开目录（总分 15 分）	政府公报（总分 5 分）	规范性文件（总分 15 分）	环境保护信息（总分 15 分）	行政审批信息（总分 15 分）	依申请公开（总分 25 分）	政府信息公开工作年度报告（总分 10 分）	总分（满分 100 分）
1	海南省	10.5	3	12.5	9	12.4	15	8.25	70.65
2	四川省	13	4.5	9.25	10	13.3	13	6.7	69.75
3	上海市	10	4	9	12	7.25	17	8.75	68
4	天津市	10.5	4	5.75	9	12.1	18	7.95	67.3
5	江西省	11	5	9	12.25	7.75	14	7.95	66.95
6	浙江省	13	4.5	8.75	11.5	6.75	15	6.2	65.7
7	北京市	9.5	4.5	10	12.5	8.5	11.5	8.5	65
8	福建省	7	4.5	10.25	11	8.25	16	7.75	64.75
9	安徽省	10.25	4.5	6.75	12.5	10.05	12.5	6.5	63.05
10	陕西省	7	4	10	9.5	8.6	16	5.2	60.3
11	河南省	6	3	9	11	6	19	5.5	59.5
12	江苏省	7.5	4	10.25	10.5	7.5	13.5	6.2	59.45
13	广东省	9.5	4.5	8.5	12.5	9	9	5.7	58.7
14	重庆市	11	4	7.25	12.5	7	11	5.7	58.45
15	湖南省	10	4.25	7.75	7	10	12	6.7	57.7
16	山西省	8	4	7.25	9.5	8.5	13	7.25	57.5
17	湖北省	9	3.5	8.25	11.75	9.5	5	5.45	52.45
18	吉林省	8	3	7.5	8	3.8	14	7.7	52
19	河北省	12	4	7	10	8.25	5.5	4.5	51.25
20	辽宁省	4	4.5	6	6	9	12.5	6.95	48.95
21	贵州省	6	4	6	8.5	6.75	8.5	8	47.75
22	青海省	6	3	4.75	10.75	5.5	11.5	5.7	47.2
23	甘肃省	6	4	6.5	10	7	9	3.85	46.35
24	黑龙江省	10	3	8.75	7.25	4.5	7	4.85	45.35
25	山东省	3	4.5	7.5	6	5.5	9	7.75	43.25
26	云南省	9.5	4.5	5.75	9.75	2	2	7.95	41.45

表9　2012年政府透明度指数评估结果（较大的市政府）

单位：分

排名	评估对象	政府信息公开目录（总分15分）	规范性文件（总分15分）	环境保护信息（总分10分）	食品安全信息（总分10分）	行政审批信息（总分15分）	依申请公开（总分25分）	政府信息公开工作年度报告（总分10分）	总分（满分100分）
1	宁波市	11	9.5	6.5	6	11.35	19	6.2	69.55
2	成都市	9	9.25	6.75	6.5	11.15	19	7.2	68.85
3	南京市	10.5	11	5.75	7.25	10.35	17	6.95	68.8
4	贵阳市	12.75	8	4.375	3.5	12.35	16	8.2	65.175
5	广州市	11	10.5	7	8.5	8.5	10	8.5	64
6	合肥市	12	9	6.5	4	10.65	16	5.7	63.85
7	青岛市	12	7.5	5.125	4	11.85	17	6	63.475
8	无锡市	9.5	9	5.75	4.75	13.55	13	7.25	62.8
9	福州市	11.25	7.75	5.375	4.75	8.75	14	8.25	60.125
10	杭州市	7.5	10.5	4.25	5.75	7.8	16	7.95	59.75
11	济南市	10	8.75	3.625	4.25	14.05	12	6.7	59.375
12	珠海市	12.5	7.75	6.25	6.25	12.05	8	5.2	58
13	淄博市	12	7.75	4.5	1.75	9.35	15	7.5	57.85
14	苏州市	10	6.25	6.75	5	11	14	4.7	57.7
15	大连市	11	8	6.675	4	9.9	12	5.95	57.525
16	吉林市	8.5	7	4.375	2.5	12.8	15	7.2	57.375
17	西安市	10	6	4.5	4.5	11	16	5.25	57.25
18	深圳市	8.5	9.25	5	7.25	10.75	10	5.95	56.7
19	南昌市	9.5	7.5	3.25	3.5	9.8	16	6.45	56
20	徐州市	8.5	8.5	5.375	4.75	9.15	12	7.25	55.525
21	淮南市	12	3.25	5.25	3	8.75	15	7.2	54.45
22	武汉市	9.5	7	6	5.25	8.05	14	4.1	53.9
23	海口市	11.5	9.25	2.625	0	9.1	14	7.2	53.675
24	太原市	7.75	6.75	3	2.5	11.1	16	5.25	52.35
25	洛阳市	7	5.5	4.75	1.5	9.35	18	4.95	51.05
26	长沙市	9	8.5	2.75	3.75	10.15	9	5.2	48.35

续表

排名	评估对象	政府信息公开目录（总分15分）	规范性文件（总分15分）	环境保护信息（总分10分）	食品安全信息（总分10分）	行政审批信息（总分15分）	依申请公开（总分25分）	政府信息公开工作年度报告（总分10分）	总分（满分100分）
27	石家庄市	12	7.25	6	4.5	7.75	5	5.2	47.7
28	郑州市	6.5	7	5	4.5	2.25	16	6	47.25
29	哈尔滨市	12	7.5	4.75	3.75	7.35	7	4.85	47.2
30	唐山市	12	3	5.25	2.25	10.65	9	4.2	46.35
31	厦门市	10	8.25	3.25	4.75	7.55	4	8.45	46.25
32	昆明市	8.5	5.5	4.25	5.75	6	3	9.2	42.2
33	齐齐哈尔市	8.5	4	3	0.5	9	13	3.7	41.7
34	沈阳市	10	7.25	2.375	4	6.7	5	6.2	41.525
35	汕头市	9	7.5	3.875	1.75	8	5	4.35	39.475
36	兰州市	12	3.5	3.5	2.5	7.8	4	3.85	39.15
37	大同市	10	4	1.75	3	9.85	7	2.75	38.35
38	长春市	7	6.5	3.25	4	8.15	1	6.7	36.6
39	邯郸市	11	3.25	1.75	2	10.6	3	4.45	36.05
40	鞍山市	1	4.5	3.5	5	10.4	5	6.45	35.85
41	西宁市	8.5	3.25	3.25	0	8.6	2	5.5	31.1
42	本溪市	3	6.25	1.25	4	7	3	4.7	29.2
43	抚顺市	4	4.5	2.25	3	0	0	5.2	18.95

五　2013年政府透明度指数评估结果

表10　2013年政府透明度指数评估结果（国务院部门）

单位：分

排名	评估对象	政府信息公开目录（15%）	工作信息（25%）	规范性文件（25%）	依申请公开（25%）	政府信息公开工作年度报告（10%）	总分（满分100分）
1	教育部	12	15.5	18.75	8.2	10.625	65.075

排名	评估对象	政府信息公开目录（15%）	工作信息（25%）	规范性文件（25%）	依申请公开（25%）	政府信息公开工作年度报告（10%）	总分（满分100分）
2	国家安全生产监督管理总局	8.4	15.75	15.5	7.5	16.875	64.025
3	国家发展和改革委员会	10.5	16.75	13.75	6.2	16.25	63.45
4	商务部	9.9	13	14	7.85	16.875	61.625
5	国家质量监督检验检疫总局	11.4	15	17.5	8.7	8.125	60.725
6	中国民用航空局	11.4	13.25	9.5	5.7	20.625	60.475
7	国家卫生和计划生育委员会	9.9	15	12.5	7.45	14.375	59.225
8	国家知识产权局	7.5	12.5	22.5	5.35	10.625	58.475
9	环境保护部	12	17.75	12	6.2	10	57.95
10	科学技术部	7.5	14.25	13.5	6.2	15.625	57.075
11	国家邮政局	7.65	15	8.25	8.2	16.875	55.975
12	农业部	9.3	15.5	9.25	7.2	14.375	55.625
13	水利部	8.4	14	9.5	6.7	16.875	55.475
14	工业和信息化部	11.4	18	12.75	7.2	5.625	54.975
15	国家能源局	10.5	14.5	6.25	5.45	18.125	54.825
16	国家测绘地理信息局	9.6	12.5	20	5	7.5	54.6
17	国家食品药品监督管理总局	8.4	14.25	11.25	5.7	14.375	53.975
18	民政部	9.15	15.25	10	7.35	11.875	53.625
19	中国证券监督管理委员会	9.9	14.25	9.25	5.7	14.375	53.475
20	中国地震局	7.65	10.75	7.5	4.7	21.875	52.475
21	海关总署	8.4	9.25	16.25	7.2	11.25	52.35
22	国有资产监督管理委员会	12	13.75	13.25	4.85	8.125	51.975
23	新闻出版总署	9	9.75	9.75	7.2	16.25	51.95
24	中国银行业监督管理委员会	6.9	13.5	12.5	7.7	11.25	51.85
25	人力资源和社会保障部	9.9	15.25	14.25	6.7	5.625	51.725
26	交通运输部	9.3	13.5	11.75	7.85	8.125	50.525
27	国家中医药管理局	12	10.5	16.25	6.7	5	50.45
28	国家民族事务委员会	7.95	9.75	13.75	5.2	13.75	50.4

排名	评估对象	政府信息公开目录（15%）	工作信息（25%）	规范性文件（25%）	依申请公开（25%）	政府信息公开工作年度报告（10%）	总分（满分100分）
29	国家税务总局	7.5	11.5	15	5	11.25	50.25
30	财政部	10.65	17.25	12.5	7.7	1.875	49.975
31	国土资源部	7.5	10.5	15	5.2	10.625	48.825
32	国家文物局	8.4	8	16.25	5.25	10.625	48.525
33	审计署	9.75	5.75	16.25	5.7	10.625	48.075
34	中国人民银行	4.5	10	14.75	8.2	10.625	48.075
35	国家工商行政管理总局	7.5	11	11	6.7	11.25	47.45
36	国家外国专家局	13.2	10.75	11.25	4.2	7.5	46.9
37	国家宗教事务局	4.05	5.75	22	7.2	7.5	46.5
38	中国气象局	9.9	10	13.75	4.7	8.125	46.475
39	国家林业局	6.9	8.25	18.25	4.7	6.25	44.35
40	国家烟草专卖局	7.5	8.75	10.5	5.7	11.875	44.325
41	住房和城乡建设部	12	13	5.75	5.7	7.5	43.95
42	国家体育总局	9.9	7.5	9	6.7	10.625	43.725
43	国家海洋局	7.5	15.5	10.75	4.2	5.625	43.575
44	国家外汇管理局	13.2	7.75	10	4.2	6.25	41.4
45	文化部	8.25	6.75	12	7.2	6.875	41.075
46	国家旅游局	7.5	10.5	13.75	2.95	6.25	40.95
47	中国保险监督管理委员会	6.9	13.5	7.5	4.7	6.875	39.475
48	公安部	9.75	9.25	8.5	8.2	3.125	38.825
49	国家粮食局	1.5	12	9.25	5.2	10	37.95
50	国家统计局	4.5	8.25	8.75	4.2	8.125	33.825
51	国家广播电影电视总局	4.5	5	8.5	5.2	10	33.2
52	外交部	4.5	1	10	4.2	5.625	25.325
53	司法部	1.5	7.5	9.25	2.65	4.375	25.275
54	国家信访局	4.5	0	6.75	3.7	5	19.95
55	国家铁路局	0	0	0	0	0	0

表 11　2013 年政府透明度指数评估结果（省级政府）

单位：分

排名	评估对象	政府信息公开目录（满分15分）	规范性文件（满分15分）	环境保护信息（满分15分）	行政审批信息（满分15分）	政府信息公开工作年度报告（满分10分）	依申请公开（满分30分）	总分（满分100分）
1	天津市	6.60	6.60	10.50	11.18	9.50	27.38	71.75
2	安徽省	8.85	9.30	7.95	11.03	6.75	27.56	71.44
3	江苏省	8.85	10.65	12.90	7.50	5.45	25.88	71.23
4	广东省	9.90	10.50	13.50	10.13	6.45	19.31	69.79
5	海南省	8.85	10.35	11.25	11.63	7.25	19.13	68.45
6	福建省	7.65	9.15	12.90	9.00	7.75	20.25	66.70
7	浙江省	9.00	6.30	11.55	11.25	6.95	18.38	63.43
8	贵州省	7.80	5.25	12.15	5.63	7.20	21.94	59.96
9	北京市	7.95	10.35	8.25	6.75	9.00	16.50	58.80
10	重庆市	9.90	11.10	13.50	6.38	6.95	10.50	58.33
11	四川省	9.60	6.90	11.70	13.28	7.95	8.25	57.68
12	上海市	8.70	7.80	9.75	7.13	9.20	12.19	54.76
13	内蒙古自治区	4.88	10.20	10.50	3.38	8.20	17.25	54.40
14	山东省	10.50	7.50	12.45	6.38	7.25	7.88	51.95
15	山西省	7.50	5.25	10.05	6.00	6.25	16.88	51.93
16	青海省	8.85	8.70	12.90	10.13	5.95	5.06	51.59
17	河北省	10.50	6.75	10.80	8.63	4.70	10.13	51.50
18	江西省	10.80	7.35	13.95	7.88	7.95	2.25	50.18
19	陕西省	11.40	6.60	11.85	2.25	4.70	12.75	49.55
20	广西壮族自治区	1.50	7.35	13.65	6.38	6.20	12.75	47.83
21	湖南省	6.90	7.50	6.90	9.00	8.45	9.00	47.75
22	湖北省	8.40	4.80	8.55	11.25	6.10	8.25	47.35
23	河南省	6.90	8.10	11.40	7.50	5.75	5.63	45.28
24	吉林省	6.00	6.30	7.20	9.08	7.70	8.44	44.71
25	黑龙江省	7.35	7.80	9.75	8.25	4.45	6.56	44.16
26	宁夏回族自治区	3.75	4.95	8.70	7.28	4.45	14.44	43.56

续表

排名	评估对象	政府信息公开目录（满分15分）	规范性文件（满分15分）	环境保护信息（满分15分）	行政审批信息（满分15分）	政府信息公开工作年度报告（满分10分）	依申请公开（满分30分）	总分（满分100分）
27	新疆维吾尔自治区	4.95	5.25	6.75	4.50	5.75	14.63	41.83
28	甘肃省	6.60	8.25	11.10	6.00	3.85	6.00	41.80
29	云南省	7.58	6.60	11.70	1.50	7.45	6.19	41.01
30	西藏自治区	8.70	0.00	3.90	3.75	8.25	15.56	40.16
31	辽宁省	3.45	9.45	7.35	4.50	6.95	6.00	37.70

表 12　2013 年政府透明度指数评估结果（较大的市政府）

单位：分

排名	评估对象	政府信息公开目录（满分10分）	规范性文件（满分15分）	食品安全信息（满分15分）	环境保护信息（满分15分）	行政审批信息（满分15分）	政府信息公开工作年度报告（满分5分）	依申请公开（25%）	总分
1	成都市	7.00	10.05	8.40	8.85	11.25	3.98	24.38	73.90
2	广州市	6.60	7.50	12.60	12.30	8.78	4.10	20.31	72.19
3	宁波市	7.20	8.85	6.45	10.65	10.28	3.48	23.75	70.65
4	福州市	6.80	6.75	8.10	7.50	9.38	5.00	25.00	68.53
5	合肥市	7.30	10.05	5.85	6.75	8.78	2.98	25.00	66.70
6	南京市	5.80	7.80	7.65	9.90	9.90	4.60	20.63	66.28
7	无锡市	6.30	11.70	9.45	7.50	12.75	3.48	14.38	65.55
8	苏州市	7.80	9.30	10.20	11.70	13.13	2.35	10.63	65.10
9	大连市	6.30	5.55	4.20	8.85	9.15	3.48	24.38	61.90
10	汕头市	5.80	9.45	7.65	9.00	12.00	2.48	15.00	61.38
11	贵阳市	8.00	8.70	5.40	7.50	9.75	3.60	16.88	59.83
12	昆明市	6.30	7.65	5.85	9.30	13.20	4.60	10.00	57.50
13	深圳市	5.60	9.60	10.95	6.45	9.38	3.35	11.72	57.04
14	厦门市	5.00	8.55	6.00	9.00	8.25	4.88	15.00	56.68
15	南宁市	2.00	10.95	7.65	9.30	8.63	3.75	11.56	53.84
16	珠海市	6.00	7.20	8.85	10.95	13.73	2.88	2.34	51.94

排名	评估对象	政府信息公开目录（满分10分）	规范性文件（满分15分）	食品安全信息（满分15分）	环境保护信息（满分15分）	行政审批信息（满分15分）	政府信息公开工作年度报告（满分5分）	依申请公开（25%）	总分
17	西安市	4.40	8.10	8.10	2.85	9.90	2.85	14.69	50.89
18	淮南市	6.70	6.90	5.40	10.35	8.25	3.48	9.38	50.45
19	杭州市	4.80	7.50	5.40	6.75	8.10	4.75	12.81	50.11
20	青岛市	7.20	10.35	5.40	7.65	9.68	3.38	6.41	50.06
21	淄博市	8.40	7.05	2.70	7.95	8.63	3.35	11.88	49.95
22	济南市	6.60	7.65	5.85	4.95	9.15	3.00	12.34	49.54
23	石家庄市	7.00	6.45	6.00	6.90	6.75	2.35	14.06	49.51
24	沈阳市	7.00	6.00	5.70	4.20	9.98	3.60	12.19	48.66
25	武汉市	4.10	4.50	8.70	9.90	8.55	2.63	10.00	48.38
26	徐州市	6.00	9.60	5.40	4.50	8.25	3.48	10.63	47.85
27	长春市	4.40	5.85	3.60	3.00	10.65	3.35	12.81	43.66
28	大同市	6.20	4.50	5.85	6.00	12.68	1.98	6.25	43.45
29	海口市	6.00	7.50	0.00	5.40	9.38	3.75	9.84	41.87
30	南昌市	6.30	5.25	4.35	2.85	9.30	2.98	10.00	41.03
31	哈尔滨市	7.60	7.35	2.10	4.50	9.75	2.73	6.88	40.90
32	长沙市	4.90	5.85	2.85	4.95	4.13	2.35	15.63	40.65
33	邯郸市	6.30	5.25	4.80	3.30	10.35	0.75	9.69	40.44
34	郑州市	2.80	6.90	6.00	9.45	0.75	2.85	11.25	40.00
35	呼和浩特市	5.00	4.80	9.00	5.25	8.55	1.63	5.63	39.85
36	兰州市	6.60	6.30	4.35	5.70	7.88	2.30	6.56	39.69
37	齐齐哈尔市	5.90	8.10	1.20	2.85	7.13	2.10	10.94	38.21
38	银川市	4.00	0.00	7.05	4.20	10.88	4.38	5.94	36.44
39	吉林市	4.80	6.75	0.75	3.30	8.78	0.00	11.88	36.25
40	洛阳市	3.50	2.55	3.90	5.85	8.03	3.00	7.66	34.48
41	包头市	5.40	4.95	8.85	3.45	4.88	3.73	2.50	33.75
42	太原市	2.25	8.10	3.90	7.05	8.25	3.23	0.63	33.40
43	西宁市	1.00	3.75	0.90	5.55	9.90	2.50	7.50	31.10

排名	评估对象	政府信息公开目录（满分10分）	规范性文件（满分15分）	食品安全信息（满分15分）	环境保护信息（满分15分）	行政审批信息（满分15分）	政府信息公开工作年度报告（满分5分）	依申请公开（25%）	总分
44	鞍山市	1.00	3.75	3.90	4.65	9.90	2.30	5.00	30.50
45	唐山市	5.15	3.75	1.20	5.10	7.50	2.10	5.31	30.11
46	本溪市	1.00	4.50	3.15	3.60	6.75	2.23	8.44	29.66
47	乌鲁木齐市	2.50	6.00	4.65	4.95	3.75	0.75	3.75	26.35
48	拉萨市	3.70	4.50	0.00	5.25	1.88	2.60	8.13	26.05
49	抚顺市	0.00	0.00	3.60	2.40	6.00	3.85	5.31	21.16

六　2014 年政府透明度指数评估结果

表 13　2014 年政府透明度指数评估结果（国务院部门）

单位：分

排名	评估对象	政府信息公开目录（20%）	工作信息（20%）	规范性文件（25%）	依申请公开（25%）	政府信息公开工作年度报告（10%）	总分（满分100分）
1	国家卫生和计划生育委员会	93.3	70	70	75.6	77	76.76
2	教育部	83.3	60	75	81.5	77	75.49
3	商务部	86.7	55	65	87.5	87	75.17
4	国家安全生产监督管理总局	81.7	70	63	85	77	75.04
5	国家发展和改革委员会	76.7	68	69	88	62	74.39
6	国家质量监督检验检疫总局	66.7	75	80	65.9	90	73.82
7	科学技术部	70	63	57	100	77	73.55
8	国家宗教事务局	60	90	45	100	72	73.45
9	环境保护部	81.7	45	80	87.5	62	73.42
10	交通运输部	66.7	55	75	94	63.5	72.94
11	中国保险监督管理委员会	78	30	87	96.9	52	72.78
12	国家知识产权局	56.7	93	52	87.5	73.5	72.17

续表

排名	评估对象	政府信息公开目录（20%）	工作信息（20%）	规范性文件（25%）	依申请公开（25%）	政府信息公开工作年度报告（10%）	总分（满分100分）
13	中国人民银行	53.3	48	72	90	75	68.26
14	水利部	65	58	54	94	54.5	67.05
15	国家邮政局	66.7	38	60	90.9	83.5	67.02
16	中国证券监督管理委员会	83.3	30	60	80.9	87	66.59
17	国家信访局	67	65	75	62.5	55.5	66.33
18	财政部	65	50	70	86.9	39.5	66.18
19	海关总署	66.7	65	53	81	62	66.04
20	国家铁路局	66.7	55	58	80.9	60	65.07
21	农业部	73.3	34	69	77.9	62	64.39
22	国家食品药品监督管理总局	73.3	55	72	57.5	52	63.24
23	民政部	60	30	69	81	77	63.2
24	中国民用航空局	76.7	35	72	84.6	10	62.49
25	国家体育总局	85	43	39	87.75	52	62.49
26	人力资源和社会保障部	76.7	50	64	56.9	67	62.27
27	中国银行业监督管理委员会	71.7	40	34	90	79.5	61.29
28	国家林业局	56.7	71	65	56.9	52	61.22
29	国有资产监督管理委员会	80	65	48	60	43.5	60.35
30	国家民族事务委员会	60	55	42	94	32	60.2
31	文化部	66.7	50	47	77.9	55	60.07
32	公安部	85	27	40	77.9	77	59.58
33	国土资源部	50	65	39	90	38.5	59.1
34	国家税务总局	50	70	60	60	50	59
35	审计署	76.7	65	23	78	52	58.79
36	住房和城乡建设部	91.7	45	27	83.8	35	58.54
37	中国气象局	78.3	47	30	72.5	68.5	57.54
38	国家能源局	66.7	33	46	68.4	72	55.74
39	新闻出版广电总局	76.7	40	37	62.5	72	55.42

续表

排名	评估对象	政府信息公开目录（20%）	工作信息（20%）	规范性文件（25%）	依申请公开（25%）	政府信息公开工作年度报告（10%）	总分（满分100分）
40	国家工商行政管理总局	46.7	50	45	71.5	65	54.97
41	工业和信息化部	73.3	48	69	31	57	54.96
42	国家粮食局	26.7	52	55	74.6	59.5	54.09
43	国家旅游局	33.3	63	42	84	29.5	53.71
44	国家测绘地理信息局	43.3	60	68	47.5	40	53.54
45	国家统计局	33.3	35	55	81.2	55	53.21
46	国家文物局	60	45	37	75.3	37	52.78
47	国家海洋局	33.3	38	57	80.7	39.5	52.64
48	外交部	66.7	40	35	74.6	38.5	52.59
49	中国地震局	48.3	33	22	100	57	52.46
50	国家烟草专卖局	65	40	30	62.5	50	49.13
51	国家外国专家局	83.3	27	20	83.8	10	49.01
52	司法部	16.7	35	42	86.9	42	46.77
53	国家外汇管理局	16.7	50	45	62.4	47	44.89
54	国家中医药管理局	83.3	35	27	41.3	10	41.74

表 14　2014 年政府透明度指数评估结果（省级政府）

单位：分

排名	评估对象	政府信息公开目录（15%）	规范性文件（15%）	行政审批信息（15%）	环境保护信息（15%）	依申请公开（30%）	政府信息公开工作年度报告（10%）	总分（满分100分）
1	广东省	63.33	72	100	100	77.8	67	80.34
2	上海市	77.78	45	80	95	88	92	80.27
3	安徽省	56.67	67	90	92	94	57.5	79.8
4	浙江省	71.11	70	100	98	68.4	67	78.09
5	山东省	62.22	57	86	90	86	77.5	77.83
6	天津市	57.78	45	65	95	100	77	77.12

续表

排名	评估对象	政府信息公开目录（15%）	规范性文件（15%）	行政审批信息（15%）	环境保护信息（15%）	依申请公开（30%）	政府信息公开工作年度报告（10%）	总分（满分100分）
7	海南省	68.22	75	95	84	75	62.5	77.08
8	河南省	63.33	57	90	98	78	65	76.15
9	福建省	57.78	57	70	100	88	67.5	75.87
10	北京市	50	48	100	64	90	87.5	75.05
11	四川省	76.67	37	100	88	74.6	69.5	74.58
12	贵州省	60	73	75	96	62.5	90	73.35
13	湖北省	70	57	100	74	72.4	58.5	72.72
14	江苏省	62.22	40	100	98	70	64.5	72.48
15	湖南省	54.44	44	100	90	81.5	30	70.72
16	重庆市	65.56	50	60	98	74.9	72	70.7
17	青海省	46.11	32	90	91	84	59.5	70.02
18	辽宁省	47.78	49	100	83	69	72	69.87
19	江西省	63.33	37	60	98	79	67	69.15
20	云南省	66.67	47	75	93	60	88.5	69.1
21	甘肃省	60	50	90	80	60.6	77	67.88
22	陕西省	53.33	45	70	91	80.6	42	67.28
23	吉林省	56.67	45	100	71	56.5	72	65.05
24	内蒙古自治区	54.44	52	85	66	56.5	82	63.77
25	广西壮族自治区	11.11	44	85	94	65.5	57	60.47
26	山西省	50.56	25	55	94	66.3	65	60.07
27	新疆维吾尔自治区	32.22	35	65	93	51.3	55	54.67
28	黑龙江省	58.89	33	80	94	28	47	52.98
29	西藏自治区	63.33	55	80	47	20	82.5	51.05
30	河北省	53.33	45	45	92	47.5	14.5	51
31	宁夏回族自治区	22.22	35	60	87	47.5	52.5	50.13

表 15　2014 年政府透明度指数评估结果（较大的市政府）

单位：分

排名	评估对象	政府信息公开目录（15%）	规范性文件（15%）	行政审批信息（15%）	环境保护信息（15%）	依申请公开（30%）	政府信息公开工作年度报告（10%）	总分（满分100 分）
1	广州市	66.67	69	100	78	96.9	80	84.12
2	宁波市	87.78	77	100	96	75.3	72	83.91
3	无锡市	82.22	59	100	82	94	62	82.88
4	苏州市	88.33	67	75	83	100	39.5	80.95
5	厦门市	70	72	90	75	87.5	82.5	80.55
6	杭州市	54.44	65	85	77	100	79.5	80.17
7	青岛市	64.44	67	100	62	96.9	70	80.09
8	长沙市	66.67	60	100	60	94	42	75.4
9	成都市	88.89	82	85	90	50	77	74.58
10	福州市	69.56	68	100	80	55	100	74.13
11	徐州市	77.22	54	75	57	90	75	73.98
12	珠海市	63.33	67	90	89	70	64.5	73.85
13	南京市	66.67	57	90	86	66.1	87	73.48
14	合肥市	68.89	77	85	78	81.25	25	73.21
15	贵阳市	93.33	57	90	60	66.1	80	72.88
16	大连市	77.78	68	90	79	54	82	71.62
17	郑州市	70	45	100	94	59	75	71.55
18	武汉市	56.11	47	90	80	74.9	41.5	67.59
19	济南市	61.11	69	85	48	70	67	67.17
20	南昌市	62.22	47	75	40	91	62	67.13
21	深圳市	53.33	61	90	78	56.9	54.5	64.87
22	兰州市	33.33	47	100	59	71.8	72	64.64
23	哈尔滨市	72.22	77	85	49	47.5	39.5	60.68
24	洛阳市	30	73	80	57	62.4	57.5	60.47

排名	评估对象	政府信息公开目录（15%）	规范性文件（15%）	行政审批信息（15%）	环境保护信息（15%）	依申请公开（30%）	政府信息公开工作年度报告（10%）	总分（满分100分）
25	西宁市	11.11	55	90	56	77.9	42	59.39
26	西安市	36.67	47	80	62	63.75	52	58.18
27	长春市	48.89	42	80	28	71.8	67	58.07
28	淮南市	62.22	63	80	67	40	49.5	57.78
29	淄博市	66.67	60	90	56	34	64.5	57.55
30	汕头市	75.56	42	95	81	28	38.5	56.28
31	抚顺市	37.78	39	90	37	60	47	53.27
32	南宁市	17.78	64	50	74	56.5	42	52.02
33	齐齐哈尔市	77.78	55	90	59	10	59.5	51.22
34	昆明市	57.78	30	70	70	24	92.5	50.62
35	唐山市	77.78	53	75	88	10	24.5	49.52
36	海口市	70	59	70	56	10	75	48.75
37	吉林市	50	35	85	67	10	77	46.25
38	包头市	37.78	25	80	55	44.4	27	45.69
39	石家庄市	70	59	65	64	10	27	44.4
40	邯郸市	68.89	30	85	76	10	22	44.18
41	鞍山市	11.11	27	80	23	60	48.5	44.02
42	沈阳市	64.44	40	65	43	10	62	41.07
43	太原市	56.67	32	80	45	10	52	40.25
44	银川市	54.44	27	60	25	40	5	37.47
45	拉萨市	61.67	30	85	5	10	45	34.75
46	呼和浩特市	0	47	70	55	28	5	34.7
47	乌鲁木齐市	48.89	27	95	35	10	5	34.38
48	本溪市	11.11	55	60	34	10	42	31.22
49	大同市	74.44	30	0	29	10	30	26.02

七 2015 年政府透明度指数评估结果

表 16 2015 年政府透明度指数评估结果（国务院部门）

单位：分

排名	评估对象	政府信息公开专栏（15%）	规范性文件（25%）	财政信息（20%）	政府信息公开工作年度报告（15%）	依申请公开（25%）	总分（满分100分）
1	海关总署	76.00	75.00	95.00	93.25	100.00	88.14
2	交通运输部	76.00	60.00	100.00	85.30	100.00	84.20
3	中国证券监督管理委员会	90.00	49.50	100.00	88.05	100.00	84.08
4	国家食品药品监督管理总局	76.00	64.50	100.00	93.25	90.00	84.01
5	国家信访局	100.00	51.00	95.00	88.48	87.50	81.90
6	水利部	76.00	45.00	100.00	93.16	100.00	81.62
7	教育部	76.00	45.00	100.00	91.20	100.00	81.33
8	国家发展和改革委员会	76.00	56.20	100.00	79.62	90.00	79.89
9	国家安全生产监督管理总局	76.00	54.55	100.00	81.24	90.00	79.72
10	国家体育总局	76.00	49.50	100.00	72.96	100.00	79.72
11	中国民用航空局	76.00	63.30	95.00	87.61	80.00	79.37
12	中国气象局	100.00	37.80	97.50	81.24	90.00	78.64
13	国家林业局	76.00	55.50	100.00	62.94	92.50	77.84
14	中国银行业监督管理委员会	56.00	45.00	100.00	86.43	100.00	77.61
15	工业和信息化部	76.00	45.00	100.00	81.21	90.00	77.33
16	商务部	76.00	25.50	95.00	100.00	100.00	76.78
17	中国保险监督管理委员会	76.00	49.50	100.00	85.33	77.50	75.95
18	国家宗教事务局	76.00	21.00	100.00	93.70	100.00	75.71
19	国家测绘地理信息局	76.00	21.00	100.00	90.01	100.00	75.15
20	国家卫生和计划生育委员会	76.00	21.00	100.00	93.25	90.00	73.14
21	住房和城乡建设部	76.00	45.00	100.00	51.42	90.00	72.86

排名	评估对象	政府信息公开专栏（15%）	规范性文件（25%）	财政信息（20%）	政府信息公开工作年度报告（15%）	依申请公开（25%）	总分（满分100分）
22	财政部	60.00	45.00	100.00	77.61	83.75	72.83
23	国家外汇管理局	66.00	21.00	100.00	81.05	100.00	72.31
24	环境保护部	66.00	49.50	100.00	82.41	70.00	72.14
25	国家能源局	66.00	40.50	97.50	86.40	77.50	71.86
26	人力资源和社会保障部	56.00	25.50	100.00	77.61	100.00	71.42
27	科技部	56.00	25.50	97.50	79.26	100.00	71.16
28	国家民族事务委员会	76.00	21.00	95.00	86.37	90.00	71.10
29	外交部	80.00	25.50	97.50	71.22	90.00	71.06
30	中国人民银行	56.00	21.00	100.00	81.25	100.00	70.84
31	国家税务总局	76.00	40.50	100.00	65.64	77.50	70.75
32	民政部	76.00	34.95	97.50	89.56	67.50	69.95
33	国家旅游局	76.00	12.00	100.00	69.24	100.00	69.79
34	国家新闻出版广电总局	71.00	21.00	100.00	75.87	90.00	69.78
35	国家粮食局	76.00	36.00	100.00	82.86	67.50	69.70
36	国家统计局	46.00	21.00	95.00	88.05	100.00	69.36
37	国家知识产权局	66.00	12.00	90.00	86.43	100.00	68.86
38	公安部	56.00	21.00	95.00	90.46	90.00	68.72
39	国家外国专家局	56.00	39.90	100.00	70.86	77.50	68.38
40	国家质量监督检验检疫总局	100.00	49.50	100.00	100.00	20.00	67.38
41	国家铁路局	56.00	21.00	97.50	60.42	100.00	67.21
42	审计署	56.00	21.00	100.00	71.22	90.00	66.83
43	国家工商行政管理总局	56.00	36.00	90.00	79.65	77.50	66.72
44	中国地震局	56.00	12.00	100.00	76.24	77.50	62.21
45	国家海洋局	46.00	16.50	100.00	78.01	77.50	62.10
46	司法部	56.00	12.00	92.50	59.07	90.00	61.26

排名	评估对象	政府信息公开专栏（15%）	规范性文件（25%）	财政信息（20%）	政府信息公开工作年度报告（15%）	依申请公开（25%）	总分（满分100分）
47	国家邮政局	76.00	36.00	100.00	86.40	20.00	58.36
48	文化部	66.00	45.00	100.00	81.21	20.00	58.33
49	国土资源部	76.00	36.00	100.00	82.41	20.00	57.76
50	农业部	66.00	28.80	100.00	79.65	20.00	54.05
51	国家中医药管理局	76.00	12.00	90.00	84.61	20.00	50.09
52	国家文物局	66.00	12.00	100.00	86.37	10.00	48.35
53	国有资产监督管理委员会	76.00	21.00	97.50	59.34	10.00	47.55
54	国家烟草专卖局	76.00	25.50	0.00	87.99	20.00	35.97

表 17 2015 年政府透明度指数评估结果（省级政府）

单位：分

排名	评估对象	政府信息公开专栏（10%）	规范性文件（15%）	财政信息（15%）	行政审批信息（15%）	环境保护信息（15%）	政府信息公开工作年度报告（10%）	依申请公开（20%）	总分（满分100分）
1	上海市	76.00	81.75	58.33	89.00	93.00	100.00	100.00	85.91
2	北京市	76.00	55.50	73.33	98.00	100.00	90.75	100.00	85.70
3	河南省	100.00	57.75	53.33	88.00	100.00	95.95	100.00	84.46
4	福建省	76.00	65.50	66.67	92.00	100.00	79.50	100.00	84.18
5	江苏省	100.00	51.75	51.67	77.00	100.00	95.95	100.00	81.66
6	四川省	86.00	49.50	46.67	80.00	100.00	100.00	100.00	80.03
7	浙江省	76.00	55.50	46.67	94.00	100.00	100.00	90.00	80.03
8	安徽省	76.00	55.50	58.47	86.00	100.00	93.52	90.00	79.95
9	湖北省	76.00	49.50	45.00	100.00	100.00	95.95	90.00	79.37
10	山东省	76.00	55.50	57.08	92.00	100.00	100.00	80.00	79.29

排名	评估对象	政府信息公开专栏（10%）	规范性文件（15%）	财政信息（15%）	行政审批信息（15%）	环境保护信息（15%）	政府信息公开工作年度报告（10%）	依申请公开（20%）	总分（满分100分）
11	广东省	76.00	85.90	60.00	61.00	93.00	81.10	90.00	78.70
12	辽宁省	100.00	27.75	52.50	86.00	88.00	100.00	100.00	78.14
13	贵州省	76.00	55.50	58.33	85.00	67.00	95.95	100.00	77.07
14	湖南省	56.00	55.50	53.33	77.00	100.00	85.56	100.00	77.03
15	内蒙古自治区	76.00	54.00	57.50	77.00	86.00	100.00	90.00	76.78
16	天津市	66.00	40.50	50.00	94.00	86.00	94.80	100.00	76.66
17	河北省	76.00	21.00	60.00	92.00	100.00	91.90	90.00	75.74
18	黑龙江省	76.00	58.00	60.00	92.00	80.00	85.17	80.00	75.62
19	甘肃省	66.00	81.75	45.00	65.00	80.00	100.00	90.00	75.36
20	陕西省	100.00	25.50	40.00	83.00	100.00	100.00	90.00	75.28
21	重庆市	56.00	55.50	53.33	68.00	100.00	97.57	90.00	74.88
22	云南省	46.00	49.50	53.33	77.00	76.80	100.00	74.26
23	江西省	56.00	18.75	47.50	92.00	100.00	95.95	90.00	71.93
24	山西省	76.00	49.50	35.83	80.00	100.00	84.07	60.00	67.81
25	吉林省	66.00	25.50	20.00	82.00	74.00	91.90	100.00	66.02
26	青海省	76.00	16.50	26.67	87.00	100.00	95.95	70.00	65.72
27	广西壮族自治区	56.00	25.50	27.50	77.00	100.00	89.61	62.50	61.56
28	新疆维吾尔自治区	66.00	21.00	33.75	73.00	94.00	76.10	70.00	61.47
29	海南省	80.00	25.50	43.33	59.00	80.00	90.75	10.00	50.25
30	宁夏回族自治区	40.00	25.50	29.17	75.00	100.00	70.72	20.00	49.52
31	西藏自治区	56.00	21.00	15.00	34.00	63.00	94.80	20.00	39.03

表 18　2015 年政府透明度指数评估结果（较大的市政府）

单位：分

排名	评估对象	政府信息公开专栏（10%）	规范性文件（15%）	财政信息（15%）	行政审批信息（15%）	环境保护信息（15%）	政府信息公开工作年度报告（10%）	依申请公开（20%）	总分（满分100分）
1	厦门市	100.00	79.50	46.67	92.00	74.00	92.80	90.00	81.11
2	成都市	80.00	57.30	53.33	73.00	100.00	100.00	100.00	80.55
3	宁波市	76.00	70.90	40.00	92.00	74.00	100.00	100.00	79.14
4	淄博市	100.00	79.50	43.33	94.00	54.00	100.00	90.00	78.63
5	汕头市	80.00	63.70	43.33	92.00	100.00	67.26	90.00	77.58
6	杭州市	100.00	49.50	36.67	92.00	67.00	100.00	100.00	76.78
7	福州市	76.00	49.50	30.00	98.00	88.00	92.80	100.00	76.71
8	南昌市	76.00	49.50	43.33	92.00	74.00	91.80	100.00	75.62
9	长沙市	100.00	55.50	46.67	92.00	57.00	78.36	100.00	75.51
10	苏州市	76.00	51.40	46.67	74.00	100.00	79.08	90.00	74.32
11	青岛市	76.00	64.50	41.25	92.00	60.00	95.95	90.00	73.86
12	南京市	100.00	44.55	20.00	83.00	86.00	94.80	90.00	72.51
13	吉林市	66.00	79.50	6.67	95.00	60.00	88.30	100.00	71.61
14	大连市	100.00	40.50	40.00	72.00	60.00	95.95	100.00	71.47
15	沈阳市	46.00	55.50	31.67	94.00	74.00	84.72	100.00	71.35
16	深圳市	100.00	49.50	40.00	75.00	81.00	85.15	80.00	71.34
17	合肥市	66.00	55.50	52.08	75.00	100.00	88.32	67.50	71.32
18	郑州市	56.00	27.75	48.54	80.00	87.00	91.90	100.00	71.28
19	石家庄市	56.00	42.75	46.67	92.00	79.00	85.94	90.00	71.26
20	无锡市	76.00	39.90	40.00	77.00	60.00	94.80	100.00	69.62
21	徐州市	76.00	45.00	46.67	65.00	72.00	95.95	90.00	69.50
22	邯郸市	100.00	21.00	43.33	79.00	66.00	79.90	100.00	69.39
23	济南市	66.00	40.50	42.50	90.00	46.00	94.80	100.00	68.93
24	鞍山市	76.00	42.30	40.00	95.00	46.00	91.90	90.00	68.29

续表

排名	评估对象	政府信息公开专栏（10%）	规范性文件（15%）	财政信息（15%）	行政审批信息（15%）	环境保护信息（15%）	政府信息公开工作年度报告（10%）	依申请公开（20%）	总分（满分100分）
25	武汉市	66.00	25.50	53.33	92.00	61.00	82.90	92.50	68.17
26	哈尔滨市	66.00	79.50	53.33	60.00	40.00	83.95	90.00	67.92
27	广州市	100.00	95.50	46.67	77.00	86.00	87.60	10.00	66.54
28	淮南市	66.00	27.00	57.50	63.00	74.00	86.32	90.00	66.46
29	珠海市	56.00	52.80	50.00	81.00	34.00	79.50	92.50	64.72
30	南宁市	46.00	21.00	40.00	85.00	67.00	91.90	90.00	63.74
31	海口市	46.00	21.00	41.67	99.00	40.00	95.95	90.00	62.45
32	包头市	100.00	21.00	16.67	90.00	57.00	54.48	90.00	61.15
33	西安市	76.00	75.00	36.67	85.00	73.00	90.75	20.00	61.13
34	兰州市	66.00	27.75	35.00	92.00	37.00	72.50	90.00	60.61
35	大同市	66.00	25.50	36.67	96.00	32.00	70.90	90.00	60.22
36	齐齐哈尔市	100.00	40.50	60.00	88.00	66.00	78.75	20.00	60.05
37	长春市	66.00	40.50	10.00	90.00	32.00	86.70	90.00	59.15
38	呼和浩特市	40.00	21.00	33.33	77.00	60.00	79.45	90.00	58.65
39	洛阳市	76.00	21.00	35.00	75.00	100.00	83.50	20.00	54.60
40	贵阳市	90.00	25.50	52.92	77.00	48.00	100.00	20.00	53.51
41	抚顺市	66.00	49.50	21.67	84.00	60.00	91.40	20.00	52.02
42	昆明市	26.00	45.00	38.33	77.00	74.00	91.90	20.00	50.94
43	唐山市	70.00	21.00	21.67	30.00	58.00	59.88	90.00	50.59
44	本溪市	66.00	49.50	25.00	67.00	51.00	88.75	20.00	48.35
45	西宁市	46.00	42.75	30.00	77.00	52.00	83.95	20.00	47.26
46	太原市	76.00	21.00	40.00	60.00	67.00	69.10	20.00	46.71
47	拉萨市	66.00	21.00	30.00	32.00	4.00	84.27	90.00	46.08
48	乌鲁木齐市	46.00	25.50	40.42	87.00	40.00	46.50	20.00	42.19
49	银川市	0.00	45.00	0.00	62.00	29.00	65.13	20.00	30.91

八　2016 年政府透明度指数评估结果

表 19　2016 年政府透明度指数评估结果（较大的市政府）

单位：分

排名	评估对象	政府信息公开平台（10%）	规范性文件（15%）	行政审批信息（15%）	行政处罚信息（15%）	环境保护信息（15%）	棚户区改造信息（10%）	政府信息公开工作年度报告（5%）	依申请公开（15%）	总分（满分100分）
1	厦门市	100.00	87.40	81.12	100.00	83.67	70.00	90.40	92.00	88.15
2	广州市	100.00	74.20	93.52	88.00	94.00	60.00	89.72	100.00	87.94
3	成都市	90.00	77.40	81.52	100.00	87.33	70.00	97.60	100.00	87.82
4	合肥市	100.00	80.00	81.12	100.00	70.33	90.00	94.52	92.00	87.24
5	宁波市	91.00	72.80	60.40	100.00	80.67	100.00	85.60	100.00	85.46
6	青岛市	100.00	85.20	50.52	100.00	79.00	100.00	95.20	85.00	84.70
7	苏州市	85.00	46.00	80.40	100.00	97.00	100.00	81.84	84.00	83.70
8	济南市	91.00	88.80	56.52	70.00	87.00	100.00	67.60	100.00	82.83
9	杭州市	70.00	66.40	63.12	100.00	71.67	100.00	97.60	100.00	82.06
10	南宁市	73.00	55.00	75.12	70.00	86.67	100.00	92.12	100.00	79.92
11	福州市	80.00	70.00	75.12	75.50	80.67	70.00	92.80	100.00	79.83
12	武汉市	85.00	55.00	43.20	100.00	77.67	100.00	95.20	100.00	79.64
	无锡市	85.00	40.80	74.40	92.50	94.00	60.00	97.60	100.00	79.64
14	大连市	40.00	66.00	72.00	100.00	83.67	70.00	94.00	100.00	78.95
15	贵阳市	70.00	66.40	100.00	88.00	91.00	100.00	97.60	30.00	78.19
16	银川市	70.00	80.00	76.32	85.00	74.00	60.00	55.60	100.00	78.08
17	深圳市	85.00	91.00	77.52	70.00	94.00	60.00	91.20	60.00	77.94
18	兰州市	100.00	35.00	92.80	62.50	89.20	60.00	97.60	100.00	77.81
19	汕头市	58.00	64.00	89.92	70.00	97.00	60.00	79.44	92.00	77.71
20	长沙市	85.00	66.00	93.52	88.00	86.67	100.00	81.84	30.00	77.22
21	南京市	100.00	36.00	78.00	80.00	89.20	60.00	94.52	92.00	77.01
22	鞍山市	70.00	81.00	65.40	70.00	94.00	60.00	42.68	100.00	76.69

续表

排名	评估对象	政府信息公开平台（10%）	规范性文件（15%）	行政审批信息（15%）	行政处罚信息（15%）	环境保护信息（15%）	棚户区改造信息（10%）	政府信息公开工作年度报告（5%）	依申请公开（15%）	总分（满分100分）
23	洛阳市	76.00	36.00	71.52	100.00	60.87	100.00	65.20	100.00	76.12
24	沈阳市	58.00	46.00	73.20	85.00	94.00	60.00	86.12	100.00	75.84
25	本溪市	49.00	63.20	57.72	70.00	89.20	100.00	64.80	100.00	75.16
26	珠海市	88.00	51.40	77.52	100.00	83.67	60.00	88.00	54.00	74.19
27	西安市	65.00	65.00	61.32	70.00	82.00	60.00	96.92	100.00	74.09
28	淄博市	70.00	78.00	72.52	70.00	94.00	60.00	100.00	30.00	73.68
29	徐州市	61.00	32.40	95.20	100.00	87.00	100.00	97.60	30.00	72.67
30	哈尔滨	55.00	74.00	50.40	70.00	73.67	100.00	85.60	84.00	72.59
31	邯郸市	70.00	74.00	89.92	70.00	94.00	60.00	80.12	30.00	70.69
32	郑州市	76.00	61.00	82.12	100.00	47.53	100.00	76.00	30.00	69.50
33	吉林市	85.00	42.00	61.80	70.00	100.00	100.00	100.00	30.00	69.07
34	乌鲁木齐市	85.00	38.00	87.52	100.00	61.33	100.00	51.60	30.00	68.61
35	呼和浩特市	58.00	57.40	72.00	58.00	55.33	100.00	27.00	100.00	68.56
36	包头市	43.00	37.00	91.12	70.00	65.67	100.00	75.60	70.00	68.15
37	太原市	70.00	29.00	89.92	70.00	94.00	100.00	78.92	30.00	67.88
38	长春市	70.00	36.00	78.72	70.00	94.00	100.00	88.52	30.00	67.73
39	海口市	70.00	60.00	75.12	70.00	70.33	100.00	94.52	30.00	67.54
40	石家庄市	50.00	63.00	54.12	58.00	75.87	60.00	97.60	92.00	67.33
41	唐山市	73.00	55.00	80.40	30.00	63.87	100.00	45.76	84.00	66.58
42	南昌市	85.00	56.00	85.60	70.00	67.00	70.00	95.20	30.00	66.55
43	淮南市	76.00	54.00	71.52	50.00	84.00	100.00	96.16	30.00	65.84
44	抚顺市	55.00	41.00	77.52	70.00	82.00	100.00	76.60	30.00	64.41
45	齐齐哈尔市	55.00	66.00	70.12	60.00	55.33	100.00	65.12	30.00	60.97
46	昆明市	43.00	53.20	67.20	70.00	50.67	100.00	91.60	30.00	59.54
47	西宁市	43.00	48.20	55.12	70.00	62.67	30.00	82.52	30.00	51.32
48	大同市	79.00	36.00	58.60	28.00	88.00	30.00	78.40	30.00	50.91
49	拉萨市	40.00	16.00	40.12	40.00	13.33	30.00	45.92	100.00	40.71

表 20　2016 年政府透明度指数评估结果（区县政府）

单位：分

排名	评估对象	政府信息公开平台（10%）	规范性文件（15%）	行政审批信息（15%）	行政处罚信息（15%）	社会救助信息（10%）	教育信息（15%）	政府信息公开工作年度报告（5%）	依申请公开（15%）	总分（满分100分）
1	上海市浦东新区	100.00	66.00	78.52	96.25	52.50	89.50	80.20	92.00	82.60
2	安徽省宁国市	80.00	81.00	96.40	80.00	10.00	100.00	80.20	100.00	81.62
3	安徽省怀远县	80.00	32.00	97.12	100.00	57.50	100.00	60.16	100.00	81.13
4	天津市武清区	80.00	30.00	81.40	100.00	40.00	81.50	65.20	100.00	74.20
5	北京市顺义区	62.00	46.00	87.52	85.00	57.50	89.50	82.60	70.00	72.78
6	北京市房山区	82.00	28.00	89.92	92.50	52.50	89.50	66.40	70.00	72.26
7	上海市徐汇区	80.00	64.00	85.00	30.00	52.50	89.50	76.60	92.00	71.16
8	广东省广州市越秀区	42.00	22.00	89.92	100.00	37.50	100.00	48.92	84.00	69.78
9	浙江省永康市	42.00	26.00	90.40	100.00	32.50	85.00	49.60	92.00	68.94
10	广东省佛山市顺德区	42.00	49.00	72.52	100.00	75.00	29.00	92.12	100.00	68.88
11	河南省沁阳市	80.00	16.00	89.92	100.00	37.50	57.00	76.28	84.00	67.60
12	山东省济南市历下区	82.00	42.00	83.20	70.00	20.00	75.00	50.12	92.00	67.04
13	山东省莱西市	60.00	31.00	90.40	62.50	35.00	81.50	73.52	92.00	66.79
14	浙江省遂昌县	80.00	34.00	74.80	100.00	57.50	89.50	59.20	30.00	65.96
15	浙江省杭州市萧山区	100.00	54.00	77.52	92.50	20.00	100.00	57.08	15.00	65.71
16	湖南省长沙县	60.00	38.60	77.92	88.00	75.00	89.50	64.00	30.00	65.30
17	江苏省邳州市	80.00	16.00	76.00	100.00	50.00	28.00	97.60	92.00	64.68
18	安徽省天长市	60.00	36.00	64.60	100.00	60.00	50.00	45.08	84.00	64.44
19	福建省晋江市	80.00	21.00	69.12	70.00	50.00	74.50	58.00	84.00	63.69
20	福建省南安市	60.00	32.00	93.52	62.50	27.50	100.00	62.12	54.00	63.16
21	辽宁省鞍山市铁东区	80.00	16.00	61.12	62.50	57.50	85.50	78.40	76.00	62.84
22	北京市东城区	42.00	22.00	73.72	100.00	47.50	39.50	67.60	100.00	62.61
23	广西壮族自治区合浦县	42.00	38.80	70.00	70.00	20.00	100.00	37.44	84.00	62.49

续表

排名	评估对象	政府信息公开平台（10%）	规范性文件（15%）	行政审批信息（15%）	行政处罚信息（15%）	社会救助信息（10%）	教育信息（15%）	政府信息公开工作年度报告（5%）	依申请公开（15%）	总分（满分100分）
24	上海市静安区	60.00	15.00	77.80	22.50	52.50	100.00	67.60	92.00	60.73
25	四川省新津县	60.00	41.00	73.92	70.00	20.00	75.00	85.88	62.00	60.58
26	浙江省温州市龙湾区	88.00	54.00	38.52	100.00	35.00	74.50	65.20	30.00	60.11
27	江苏省溧阳市	42.00	30.00	66.40	70.00	57.50	60.50	69.24	84.00	60.05
28	江西省南昌县	42.00	32.00	76.72	70.00	50.00	100.00	89.04	30.00	59.96
29	福建省上杭县	60.00	32.00	85.12	40.00	70.00	100.00	68.20	30.00	59.48
30	湖北省汉川市	80.00	37.00	60.40	70.00	57.50	17.50	45.08	100.00	58.74
31	贵州省遵义市汇川区	51.00	12.00	66.40	58.00	100.00	100.00	72.68	30.00	58.69
32	山东省博兴县	80.00	37.00	82.12	100.00	32.50	35.50	80.20	30.00	57.95
33	江苏省靖江市	82.00	32.80	15.00	70.00	57.50	57.00	44.40	100.00	57.39
34	福建省福州市台江区	80.00	10.00	92.32	58.00	22.50	100.00	64.52	30.00	57.02
35	重庆市荣昌区	80.00	32.00	56.52	58.00	75.00	7.00	65.12	100.00	56.78
36	四川省攀枝花市西区	100.00	16.00	67.12	100.00	10.00	85.00	12.00	30.00	56.32
37	湖南省平江县	82.00	17.00	43.92	70.00	50.00	50.00	85.60	76.00	56.02
38	江苏省无锡市滨湖区	62.00	12.00	70.00	70.00	55.00	24.50	53.20	100.00	55.84
39	海南省万宁市	100.00	12.00	59.92	62.50	50.00	85.00	66.08	30.00	55.72
40	湖南省隆回县	80.00	38.00	43.92	40.00	75.00	100.00	45.08	30.00	55.54
41	云南省瑞丽市	62.00	6.00	44.92	40.00	27.50	100.00	58.00	100.00	55.49
42	天津市静海区	100.00	43.00	64.60	70.00	40.00	35.00	91.60	30.00	54.97
43	广西壮族自治区桂林市临桂区	80.00	16.00	56.32	40.00	67.50	100.00	73.60	30.00	54.78
44	广西壮族自治区北流市	80.00	16.00	48.52	70.00	30.00	100.00	78.68	30.00	54.61
45	新疆维吾尔自治区富蕴县	80.00	12.00	47.80	62.50	55.00	100.00	58.00	30.00	54.25

续表

排名	评估对象	政府信息公开平台（10%）	规范性文件（15%）	行政审批信息（15%）	行政处罚信息（15%）	社会救助信息（10%）	教育信息（15%）	政府信息公开工作年度报告（5%）	依申请公开（15%）	总分（满分100分）
46	内蒙古自治区呼和浩特市新城区	80.00	54.00	51.60	70.00	60.00	35.50	80.20	30.00	54.18
47	内蒙古自治区翁牛特旗	62.00	12.00	52.72	70.00	20.00	67.50	36.24	92.00	54.15
48	山东省新泰市	68.00	22.20	58.72	40.00	100.00	67.50	85.60	30.00	53.84
49	辽宁省凤城市	48.00	12.00	65.92	70.00	45.00	100.00	36.00	30.00	52.79
50	河北省唐山市丰润区	32.00	32.00	53.20	58.00	67.50	17.50	88.00	84.00	51.06
51	天津市河西区	100.00	41.00	31.80	40.00	15.00	28.00	67.60	100.00	51.00
52	陕西省勉县	80.00	24.20	56.52	70.00	85.00	32.50	45.08	30.00	50.74
53	山西省高平市	80.00	16.00	52.60	40.00	42.50	100.00	51.60	30.00	50.62
54	江西省赣州市南康区	60.00	10.00	47.80	40.00	100.00	0.00	95.20	100.00	50.43
55	青海省西宁市城东区	53.00	32.00	43.72	40.00	35.00	100.00	88.00	30.00	50.06
56	云南省安宁市	30.00	22.00	74.92	70.00	37.50	60.00	88.00	30.00	49.69
57	贵州省贵阳市乌当区	80.00	6.00	52.12	70.00	20.00	85.00	54.00	30.00	49.17
58	湖南省桃江县	60.00	49.00	39.12	70.00	32.50	57.50	46.52	30.00	48.42
59	重庆市北碚区	60.00	29.20	53.92	70.00	0.00	75.00	54.16	30.00	47.43
60	河北省晋州市	50.00	12.00	35.32	70.00	42.50	75.00	96.40	30.00	47.42
61	河南省长葛市	62.00	12.00	92.80	70.00	55.00	0.00	85.60	30.00	46.70
62	海南省海口市美兰区	60.00	6.00	48.00	70.00	50.00	53.00	82.04	30.00	46.15
63	湖北省建始县	42.00	12.00	65.80	92.50	20.00	50.00	44.20	30.00	45.96
64	四川省什邡市	60.00	12.00	43.92	70.00	37.50	100.00	0.00	15.00	45.89
65	广西壮族自治区龙州县	62.00	12.00	70.00	70.00	30.00	50.00	30.00	30.00	45.50
66	辽宁省庄河市	82.00	36.00	58.00	62.50	52.50	0.00	70.60	30.00	44.96
67	广东省新兴县	60.00	35.00	69.52	70.00	50.00	0.00	60.68	30.00	44.71

续表

排名	评估对象	政府信息公开平台（10%）	规范性文件（15%）	行政审批信息（15%）	行政处罚信息（15%）	社会救助信息（10%）	教育信息（15%）	政府信息公开工作年度报告（5%）	依申请公开（15%）	总分（满分100分）
68	黑龙江省哈尔滨市平房区	71.00	6.00	29.92	70.00	42.50	57.00	81.76	30.00	44.38
69	四川省珙县	60.00	17.00	45.12	70.00	27.50	0.00	81.08	76.00	44.02
70	湖北省宜都市	60.00	21.00	64.72	100.00	20.00	7.00	48.68	30.00	43.84
71	海南省屯昌县	48.00	12.00	48.72	70.00	25.00	50.00	94.52	30.00	43.63
72	宁夏回族自治区盐池县	100.00	18.00	62.32	40.00	50.00	17.50	50.12	30.00	42.68
73	宁夏回族自治区平罗县	91.00	23.00	60.40	40.00	62.50	0.00	81.76	30.00	42.45
74	山西省灵丘县	24.00	12.00	58.00	58.00	10.00	67.50	88.00	30.00	41.63
75	安徽省桐城市	100.00	16.00	48.52	54.00	60.00	0.00	65.20	30.00	41.54
76	湖北省武汉市武昌区	73.00	16.00	59.20	40.00	50.00	64.00	44.12	0.00	41.39
77	江西省丰城市	42.00	17.00	48.52	70.00	62.50	25.00	47.04	30.00	41.38
78	云南省腾冲市	71.00	59.00	55.60	40.00	20.00	0.00	90.68	30.00	41.32
79	重庆市南川区	62.00	32.00	73.72	34.00	12.50	32.50	60.68	30.00	40.82
80	新疆维吾尔自治区奎屯市	60.00	12.00	66.12	70.00	25.00	0.00	100.00	30.00	40.22
81	河北省任丘市	42.00	32.00	87.52	58.00	12.50	0.00	72.00	30.00	40.18
82	黑龙江省富锦市	48.00	16.00	67.12	70.00	35.00	0.00	88.00	30.00	40.17
83	青海省格尔木市	32.00	42.00	57.52	70.00	37.50	17.50	0.00	30.00	39.50
84	内蒙古自治区多伦县	42.00	16.00	59.20	40.00	65.00	17.50	64.00	30.00	38.31
85	云南省曲靖市麒麟区	50.00	12.00	81.12	40.00	50.00	0.00	66.76	30.00	37.81
86	吉林省公主岭市	42.00	32.00	30.00	70.00	62.50	0.00	60.00	30.00	37.75
87	甘肃省武山县	80.00	37.00	30.60	40.00	40.00	0.00	88.00	30.00	37.04
88	甘肃省华池县	80.00	12.00	46.80	40.00	42.50	0.00	73.00	30.00	35.22
89	吉林省白山市江源区	62.00	32.00	15.00	70.00	20.00	0.00	88.00	30.00	34.65

排名	评估对象	政府信息公开平台（10%）	规范性文件（15%）	行政审批信息（15%）	行政处罚信息（15%）	社会救助信息（10%）	教育信息（15%）	政府信息公开工作年度报告（5%）	依申请公开（15%）	总分（满分100分）
90	河北省承德市双滦区	0.00	6.00	57.72	70.00	75.00	0.00	48.68	30.00	34.49
91	吉林省敦化市	62.00	16.00	58.92	40.00	50.00	0.00	30.00	30.00	34.44
92	山西省孝义市	62.00	16.00	54.00	40.00	50.00	0.00	0.00	30.00	32.20
93	辽宁省沈阳市沈北新区	100.00	12.00	35.80	40.00	20.00	0.00	38.40	30.00	31.59
94	江西省都昌县	60.00	12.00	24.12	40.00	15.00	25.00	87.60	30.00	31.55
95	黑龙江省讷河市	82.00	32.00	31.12	30.00	25.00	0.00	33.96	30.00	30.87
96	河南省沈丘县	44.00	5.00	59.92	40.00	50.00	0.00	0.00	30.00	29.64
97	河南省义马市	70.00	12.00	15.00	70.00	20.00	0.00	0.00	30.00	28.05
98	陕西省延安市安塞区	62.00	17.00	23.40	40.00	27.50	0.00	50.04	30.00	28.01
99	西藏自治区达孜县	21.00	12.00	34.80	0.00	15.00	0.00	84.40	30.00	19.34
100	西藏自治区朗县	0.00	0.00	15.00	40.00	0.00	0.00	0.00	30.00	12.75

后　记

政府透明度指数评估是依托中国社会科学院法学研究所法治国情调研室开展的，2009 年启动时纳入法治国情调研项目，2013 年开始纳入法学研究所法治指数创新工程项目，目前是中国社会科学院国家法治指数研究中心和法学研究所法治国情调研室的拳头项目。

政府透明度指数评估已经开展了 9 年，个中的酸甜苦辣只有评估者自己才知道。第一次评估时的景象还历历在目。2009 年冬天，课题组成员从早到晚蜷居在法学研究所信息与传媒法研究室的小屋里，翻腾着政府网站，细心地查找各类信息。这种研究方法没有捷径，也没有可资借鉴的经验，全靠我们一点一点地摸索。窗外风雪漫天，大地白皑皑一片，这个冬天特别寒冷，但同事们的干劲热火朝天。开展政府透明度指数评估乃至法治指数评估，与编创"法治蓝皮书"密不可分。为让"法治蓝皮书"在开展法治实证调研的基础上具备一套法治方面的评价指标体系，课题组2009 年开始启动政府透明度指数评估工作。因此，评估报告自 2010 年面世以来，都在"法治蓝皮书"这个平台上对外首发。由此也带动了"法治蓝皮书"的兴旺。

政府透明度指数评估方法也不同于传统的法学研究。课题组经过较长时间的研发，制定了一套严格的评估指标体系，课题组成员依照评估指标体系逐项体验式地查找有关信息，信息公开了就是"好"，公开了但不便查询就是不够"好"，没有公开那就是"不好"。实践证明，这比让公众针对各种调查对象回答满意、基本满意、不满意更为客观和科学。因为，比对结果，可以直截了当地知道某个评估对象究竟哪里不好，避免了一些被调查者因为没有直接和有关评估对象打过交道而无从回答或者因为其他的主观好恶而作出不客观的判断。

评估秉持了公众本位的导向，即从公众是否能够获取信息、是否查询便利等角度来判断公开工作的成效和优劣。起步阶段，实际的评估工作是由所内外几位研究人员亲自操刀完成的，大家一家一家浏览政府网站，查找信息、保存截屏。最困难的是那些做得不理想的网站，为了确定其确实没有公开相关内容，不但要把网站翻个底朝天，还要多人反复核对，打不开网页的还要更换计算机、网络、时间来反复验证，每个网站都要保持数百张截屏。事后，有记者问课题组，你们给有的政府打了低分甚至给零分，有没有找它们沟通或者核实情况？我们的回答是，没有沟通、核实，也不需要，因为，指标是统一的，适用于所有对象，没有任何偏向，而且，以我们这些专门研究政府信息公开的学者的能力都找不到所要的信息，那公众就更困难了。这也就是迄今为止一直坚持的"坚持以结果为导向，以公众视角为出发点"。评估的内容也在不断深入，从最初的公开机制、栏目设置、目录，转向了实质性的内容，如财政信息、环保信息、食品安全信息、保障房信息、教育信息等的公开。根据指标体系，评估出来的结果最初让人很震惊，也很不能接受。多数政府不及格，政府信息公开令人很不满意。但随着评估的深入，近两年各级政府的信息公开工作已经令人刮目相看。这样的研究成果也获得了公众的好评，有网友评论说，"这才是社科院应该做的事"，这种评价让我们感到非常欣慰。

评估伊始，政府透明度指数还是一个较为敏感的概念，以至于2011年当课题组欲对外发布研究成果的时候，还有领导不以为然，认为"政府透明又咋地，不透明又咋地，你们最好别添乱"，并以此给课题组施加了很大的压力。政府机关对这项工作的认可也有一个过程。最初，有的政府机关气势汹汹地打来电话：谁让你们做的？——我们是科研单位，做什么研究还需要你们批准吗？不少政府机关不理解，你们一个学术机构有什么权力为政府打分评价。——大概它们已经习惯了对着企业和老百姓指手画脚，颇不习惯被人"说三道四"。但这样的局面很快就改变了。2014年开始，课题组连续3年受国务院办公厅政府信息与政务公开办公室委托，对全国政务公开工作进行第三方评估。对政务公开工作进行第三方评估也写进了中共中央办公厅、国务院办公厅《关于全面推进政务公开工作的意见》及国务院办公厅和不少地方和部门的政务公开工作要点中，让科研单位等第三方机构为政务公开工作挑毛病已经成为常态，更加成为治理体系和治理能力现代化的重要抓手。

到今天为止，可以说，政府透明度指数评估对政府，也对全社会产生了巨大的影响。第三方评估不仅开创了一个研究机构评估政府的先河，而且还有力地促动了政府信息公开，使中国政府变得越来越开放，越来越自信。从原来的畏首畏尾、遮遮掩掩、胆小怕事到今天的敢于面对、公开透明、勇于承担。第三方评估还带动了全国的同类研究，各大学、各地社科院纷纷加入评估行列，对促进政府开放、规范政府行为起到了很好的作用。

这些研究不仅让我们熟悉了政府信息公开和政务公开工作，也让我们在政府管理和政府法治方面拓展了研究视野，参与评估的学术助理、在校研究生在实践中增长了知识、找到了研究方向，迅速成长起来。今天，他们当中的许多人都走上了工作岗位，成为政府公务员、法官、检察官和律师，相信这段经历将使他们终身受益。

在长达9年的评估过程中，我们本着客观反映制度运行情况、建设性地推动制度完善的目的，找出了透明政府建设中的问题，提出了完善的建议。我们欣喜地看到，不少问题引起了有关地方和部门的重视，不少建议被吸纳到其工作中。特别是我们处在一个难得的时代，公权力的运行愈发开放、自信，在自上而下推进公开透明的大趋势下，我们适时推出的这项科研成果发挥了一定的助推作用、帮到了一点小忙。最关键的是，公开透明的政府管理让每一个人受益，包括我们自己，因此，我们也为开展了这样一项有益国家、有益社会、有益学术的研究活动而感到自豪！

这项评估从一开始就是由法治国情调研室及法学研究所其他研究室、中国社会科学院其他研究所的科研人员参与论证并实际进行数据采集和分析的，随着项目的逐年开展，还有大量的在校研究生、课题组学术助理参与。参与过评估工作的研究人员包括：王小梅、田禾、冉昊、吕艳滨、刘雁鹏、吴峻、余少祥、陈欣新、周方冶、栗燕杰、徐斌、谢韫、缪树蕾（按照姓名汉字笔画顺序排列）。参与过评估工作的学术助理包括：马小芳、王旭、王昱翰、王洋、田纯才、刘迪、孙斯琪、纪玄、杨芹、张文广、张誉、郑博、赵千羚、诸悦、曹雅楠、常君（按照姓名汉字笔画顺序排列）。参与过评估工作的研究生包括：万琪珑、王凤艳、王英、王述珊、王洪峤、王贺、王艳萍、王素敏、王晓莉、王梓涔、王笛、王楠楠、王璐、尹小忙、冯焘、宁妍、吕升运、朱绍勍、任佳薇、任培锋、刘永利、刘宇燕、刘迭、刘雅茜、刘雅萍、刘婷婷、许娜、许琳、许默、阮雨晴、孙宝民、孙琳、李一岚、李敏、李越、李蔚、杨桢、杨德世、肖旭芬、吴杨、邱强、邹奕、沙元冲、宋立梅、宋君杰、张扬、张多、张丽、张林泉、张轶男、张娜、张爽、陈佳敏、陈钰艺、陈醒、邵文楠、周妮、周俊、周震、庞悦、郑瑶、赵凡、赵西玉、赵雪、荣海波、段如霞、段啸安、姚小敏、袁野、徐蕾、郭明丽、郭海姣、黄贤达、黄恩浩、康蒙西、梁坤、彭悦、焦若媛、甄叶、廉天娇、窦克平、慕寿成、蔡瑞高、熊金鑫、颜云云、冀敏、魏增春（按照姓名汉字笔画顺序排列）。不少学术助理和研究生都先后不同程度参与过部分内容的评估分析和报告撰写。在此，我们向参与过这项工作的研究人员和同学们，向支持我们工作的各位领导表示衷心感谢，并祝愿你们身体健康，学习和工作顺利。

吕艳滨　田　禾

2017 年 7 月

图书在版编目（CIP）数据

中国政府透明度：2009-2016 / 吕艳滨，田禾著
. -- 北京：社会科学文献出版社，2017.10
　（法治国情与法治指数丛书）
　ISBN 978-7-5201-1278-9

　Ⅰ.①中…　Ⅱ.①吕…②田…　Ⅲ.①国家行政机关
-信息管理-评估-中国-2009-2016　Ⅳ.①D630.1

　中国版本图书馆 CIP 数据核字（2017）第 202357 号

法治国情与法治指数丛书
中国政府透明度（2009~2016）

著　　者 / 吕艳滨　田　禾

出 版 人 / 谢寿光
项目统筹 / 王　绯
责任编辑 / 曹长香

出　　版 / 社会科学文献出版社·社会政法分社（010）59367156
　　　　　地址：北京市北三环中路甲 29 号院华龙大厦　邮编：100029
　　　　　网址：www.ssap.com.cn
发　　行 / 市场营销中心（010）59367081　59367018
印　　装 / 三河市东方印刷有限公司

规　　格 / 开本：787mm×1092mm　1/16
　　　　　印张：18.25　字数：285 千字
版　　次 / 2017 年 10 月第 1 版　2017 年 10 月第 1 次印刷
书　　号 / ISBN 978-7-5201-1278-9
定　　价 / 79.00 元